Johannes Stockmayer

Sonntagsgeschichten

Erzählungen quer durchs Kirchenjahr

Luther-Verlag

Bibliographische Information der Deutschen Nationalbibliothek
Die Deutsche Nationalbibliothek verzeichnet diese Publikation
in der Deutschen Nationalbibliographie;
detaillierte bibliographische Daten sind im Internet
über http://dnb.d-nb.de abrufbar.
ISBN: 978-3-7858-0607-4

Umwelthinweis:
Dieses Buch wurde auf chlorfrei gebleichtem Papier gedruckt.
© Luther-Verlag, Bielefeld 2012

Umschlaggestaltung: Vogelsang Design, Aachen
Druck und Bindung: ROSCH-Buch Druckerei GmbH, Scheßlitz
Printed in Germany

Inhalt

Vorwort: Der Sonntag

„Am Anfang schuf Gott Himmel und Erde …" – der Sonntag ist Gottes Anfang. Aus dem Nichts schuf Gott das Leben, und gleichzeitig gestaltete er die Bedingungen so, dass das Leben sich entfalten konnte.

Gott sprach – und so wurde es. Es genügte für ihn ein Wort. Was er aussprach, bekam Gestalt, Form und eine eigene Dynamik. Durch den Hauch Gottes, seinen Atem, bekam das Leben eine Seele und der Mensch ein eigenes Wesen.

Und alles entsprach Gottes Plan und wurde zum Spiegel Gottes. Darin drückte sich Gott selbst aus – bis hin zum Menschen, der als Gottes Ebenbild geschaffen wurde. Deshalb erkennen wir den Schöpfer in dem, was er geschaffen hat, selbst; er reproduziert sich in seinem Werk – und bleibt doch einmalig, unbegreiflich, einzigartig.

Der Sonntag ist der Tag, an dem uns dies bewusst ist und immer wieder bewusst wird. Es ist ein Tag des Wirkens Gottes, ein Tag, an dem sein Schöpfungshandeln aufs Neue gegenwärtig ist. Gott ist am Werk! Er formt und gestaltet seine Schöpfung auch noch heute – und er tut das, wie er es immer getan hat:

– Er ordnet das Chaos
– Er ruft in das Leben
– Er spricht – und es geschieht
– Er ist kreativ, wie nur Gott kreativ sein kann.

Zum Sonntag gehört die Kreativität, das künstlerische Gestalten des Lebens in seinen vielfältigen Formen. Es ist ein Tag der Sprache, die Form annimmt und lebendig wird. Es ist ein Tag, an dem Gottes Ordnungen in vielen Facetten und Geschichten aufleuchten, bis ins kleinste Detail hinein.

Deshalb „Sonntagsgeschichten": Sie erzählen von Gottes schöpferischer Kraft, von seinen Möglichkeiten und seinem Handeln in vielen Variationen.

Und durch jede Geschichte, jede Handlung, sei sie erfunden oder beruhe auf Wirklichkeit, klingt das Wort Gottes: „Siehe, es war sehr gut!" Trotz aller menschlicher Tragik, allen Versagens und Verzweifelns gilt dieses ursprüngliche Prädikat Gottes als ein manchmal kaum zu hörender Nachhall – bis Gott einmal sagen wird: „Ich mache alles neu!"

Das kommt daher, weil Gott letztlich hinter dem steht, was wir erfahren, ausdenken und gestalten. Alles lässt sich auf ihn zurückführen und er ist der Urgrund auch unserer Leiderfahrungen und unserer Schwierigkeiten. Die „Sonntagsgeschichten" wollen diese Tatsache immer wieder neu aufscheinen lassen: Gott ist mit seinem Schöpfungshandeln noch nicht fertig, er ist noch am Werk!

Das zeigt sich vor allem an Ostern: Am ersten Tag der Woche, am Sonntag, steigt Jesus aus dem Grab, aus der Tiefe des Todes ans Licht! Er ist der erste der neuen Schöpfung und mit ihm beginnt der zweite Teil der Erschaffung des Menschen: Er wird ein neuer, anderer Mensch. Durch den Tod hindurch, das absolute Ende, entsteht das Neue. Der Tod wird besiegt, die Tür zur Zukunft Gottes wird geöffnet, neue Lebensmöglichkeiten brechen auf …

Auch das bedeutet Sonntag: Der neue Anfang Gottes mit den Menschen durch Jesus Christus.

Dieser Neuanfang ist so lange immer noch mit der Mühsal der alten Existenz verbunden, bis Jesus wiederkommt.

Die „Sonntagsgeschichten" möchten widerspiegeln, wie wir uns heute auf dieser Linie zwischen Alt und Neu befinden und sich unsere Vergänglichkeit und Gottes neues Leben auf eigenartige Weise miteinander verknüpfen. Der Sonntag ist ein „Brückentag" zwischen uns und Gott, zwischen unserem bedrängten Leben und Gottes Möglichkeiten, zwischen dem, was sterben muss, und dem, was aufersteht.

Wenn wir diesen Tag, diesen kostbaren Tag, dieses wunderbare Geschenk Gottes, bewusst und intensiv leben, werden wir immer wieder neu den Atemhauch Gottes spüren, seine ewig gültigen Worte hören und sehen, wie sie Wirklichkeit werden. Wir werden spüren, wie unser Leben eine neue Tiefe gewinnt und eine Perspektive, die uns Hoffnung macht und den Mut gibt, in die Zukunft hineinzugehen, die Gott uns öffnet.

Das Kirchenjahr

In diesem Buch gibt es für jeden Sonntag im Kirchenjahr eine Geschichte, die dem Thema dieses Sonntags zugeordnet ist. Jeder Sonntag hat einen Namen und einen Wochenspruch, einen passenden Bibelvers. Damit ist der Schwerpunkt, das Thema angegeben.

Da aber jedes Kirchenjahr im Verlauf seiner Sonntage anders ist, erfordert es einige Aufmerksamkeit herauszufinden, an welchem Sonntag wir uns gerade im Kirchenjahr befinden.

Das Kirchenjahr hat zwei feste Termine: Der eine ist der 24. Dezember mit dem Heiligen Abend bzw. dem Christfest und der andere ist das Osterfest. Ostern wird immer am Sonntag nach dem Frühlingsvollmond gefeiert, dem ersten Vollmond nach Frühlingsanfang (20. März).

Da der eine Termin unbeweglich ist (nämlich der 24.12.), der andere sich aber je nach Jahr verändert (weil er sich eben nach dem Frühlingsvollmond richtet), sind zwei „Pufferzeiten" nötig: Das sind die Sonntage nach dem Erscheinungsfest (Epiphanias, 6. Januar) – davon gibt es maximal sechs – und die Sonntage nach dem Dreieinigkeitsfest (Trinitatis) – davon gibt es bis zu 24 Sonntage.

Dadurch bekommt jedes Kirchenjahr sein eigenes Gesicht! Liegt Ostern sehr früh, dann gibt es um so mehr Sonntage nach Trinitatis, liegt Ostern spät, dann gibt es mehr Sonntage nach Epiphanias. In dieser „Schaukelbewegung" gestaltet sich unser Kirchenjahr.

Übrigens beginnt das Kirchenjahr mit dem 1. Advent, mit der Vorbereitung auf die Ankunft Jesu: Er ist der Anfang! Und es endet mit dem Totensonntag, mit der Erfahrung unserer Endlichkeit, um dann wieder mit der Hoffnung auf den wiederkommenden Jesus, den Herrn der Welt, zu beginnen. Das ist der ewige Kreislauf der Liebe Gottes! Durch das Kirchenjahr sind wir dort mit hineingenommen und wir kommen als Christen, die Jesus nachfolgen, in seinem Verlauf an alle wichtigen Punkte unseres Glaubens.

Gehen Sie diesen Weg durch das Kirchenjahr doch einmal ganz bewusst mit!

Die Geschichten und Gedankenanstöße wollen Stationen auf diesem Weg sein. Sie laden zum Verweilen und zum Nachdenken ein. Nicht alles wird sich sofort erschließen, manche Verbindung zum Thema des Sonntags muss erst entdeckt werden. Und mancher Impuls ist ganz bewusst ein provozierender Kontrapunkt.

Die angegebenen Bibelstellen oder Liedverse oder die Nachdenksätze sind Anregungen zum Weiterdenken.

Ich wünsche Ihnen dabei gute und wichtige Entdeckungen auf Ihrem Weg durch das Kirchenjahr.

Metzingen, im April 2012   *Johannes Stockmayer*

Siehe, dein König kommt zu dir, ein Gerechter und ein Helfer.
(Sacharia 9,9)

Wenn die Tür aufgeht

Jeden Morgen das gleiche Theater! Ilona kommt nicht aus dem Bett, braucht lange zum Anziehen, nimmt im Schneckentempo das Frühstück ein und benötigt eine Ewigkeit, bis die Zähne geputzt sind. Die Mutter ist durch den täglichen Kampf mit den Nerven am Ende. „Du wirst es noch einmal bitter erleben müssen, wie es ist, wenn man zu spät kommt! Und dabei gehst du schon in die zweite Klasse", sagt sie resigniert. Aber Ilona erreicht ihr Klassenzimmer immer in letzter Sekunde.

An einem freundlichen Morgen geht Ilona wie gewohnt zu spät aus dem Haus. Unterwegs beobachtet sie eine Katze, die auf einen Baum klettert. Das fasziniert sie so, dass sie die Zeit vergisst. Diesmal kommt sie viel zu spät zum Schulhaus. Die Schulglocke hat den Unterrichtsbeginn schon lange eingeläutet. Niemand ist mehr auf dem Schulhof und auch das Foyer ist menschenleer. So kennt Ilona die Schule nicht. Ein unbehagliches Gefühl beschleicht das Mädchen. Mit zitternden Beinen geht es durch die gewohnten Gänge, alles ist wie ausgestorben – nur hinter den Türen hört es die Stimmen der Lehrer und Schüler.

Vor seinem Klassenzimmer bleibt Ilona unschlüssig stehen. Sie traut sich nicht, die Klasse zu betreten. Was wird sie erwarten, was wird geschehen, wenn sie zu spät in den Unterricht kommt? Sie hat die drohenden Worte der Mutter im Ohr und eine riesengroße Angst kommt über das Mädchen.

Ilona setzt sich auf den Boden vor der Tür zum Klassenzimmer. Sie ist allein, mutterseelenallein, von allem Vertrauten und Gewohnten ausgeschlossen. Das Leben verläuft hinter der Tür, weit weg. Das Mädchen kommt sich vor, als sei es in einer anderen Welt. Es scheint ihm, als sei es nicht da, in einer anderen Wirklichkeit. Weit entfernt von allem, was das Leben sonst ausmacht.

Mit großen Augen fixiert Ilona die Tür. Was wird geschehen, wenn die Tür aufgeht? Bedeutet das dann das Ende, darf sie nun nicht mehr in die Schule kommen? Das Mädchen will fliehen, fortlaufen, aber wohin? Die Beine sind wie gelähmt, ganz erstarrt kauert es auf dem Boden. Die Zeit verrinnt unendlich langsam.

15

Dann endlich ertönt die Schulglocke, die Mitschüler stürmen aus der Klasse, sehen Ilona auf dem Boden sitzen und johlen. Wie aufgezogen tanzen sie um das Mädchen herum und lachen es aus. Sie sehen seine Angst und wissen nicht, wie sie damit umgehen sollen. Das Leben platzt zu plötzlich in die Erstarrung des Mädchens hinein, es kann sich nicht rühren. Es ist alles wie ein Spuk, ein unwirklicher Traum. Gehört das Lachen und der Spott der Mitschüler zur Strafe dazu?

Dann kommt die Lehrerin. Sie tritt auf Ilona zu, hebt sie auf und nimmt sie in die Arme. „Du Dummchen, warum bist du nicht hereingekommen? Du gehörst doch in unsere Klasse, auch wenn du zu spät bist. Wir freuen uns, wenn du noch kommst und den Mut hast, auch nach Unterrichtsbeginn den Klassenraum zu betreten!" Sie führt Ilona behutsam an ihren Platz. Ein paar Mitschülerinnen bringen den Schulranzen. Wie benommen sitzt sie da. So hat sie sich das überhaupt nicht vorgestellt, wie es sein wird, wenn die Tür plötzlich aufgeht.

Zum Weiterdenken:
– Wo gibt es für Sie verschlossene Türen?
– Welche Sorgen, Fantasien oder Sichtweisen hindern Sie,
  Gott die Tür ins eigene Leben zu öffnen?

Machet die Tore weit und die Türen in der Welt hoch,
dass der König der Ehre einziehe!
(Psalm 24,7)

Seht auf und erhebt eure Häupter, weil sich eure Erlösung naht.
(Lukas 21,28)

Als dem Pfarrer die Weihnachtsfreude fehlte

Pfarrer Gebhardt war unruhig. Nun war es kurz vor dem ersten Advent, aber die für seine vor ihm liegenden zahlreichen Dienste erforderliche adventliche Stimmung war nicht zu spüren.

Sonst war es anders gewesen. In jedem Jahr konnte er bereits im September auf Weihnachten umschalten. Es fiel ihm dann nicht schwer, die richtigen Krippenspiele auszusuchen, Adventsfeiern zu planen und die Festordnung für die Gottesdienste der Feiertage festzulegen.

Nur in diesem Jahr klappte es nicht! Er wusste nicht einmal, woran es lag. Aber die übliche feierliche Stimmung wollte sich nicht einstellen. Ganz im Gegenteil: Wenn er nur in den Geschäften auf schokoladene Weihnachtsmänner stieß, wurde ihm übel, Spekulatius und anderes saisonales Gebäck, das ihm bald bei jedem Gemeindebesuch gereicht wurde, erzeugten in ihm Widerwillen. Auch schon weihnachtliche Musik oder Christbäume mit Festbeleuchtung erregten in ihm einen Brechreiz. Weihnachtsdekorationen in den Schaufenstern und in den Häusern taten ihm richtiggehend körperlich weh. Er traute sich deshalb kaum noch aus dem Haus.

Das war eine Katastrophe! Denn die Advents- und Weihnachtszeit war ja für ihn die Hauptarbeitszeit. In diesen Wochen hatte er seinen Beruf am meisten genossen, er betrachtete sich als Festverwalter und Festgestalter, als Organisator von Gefühlen und Stimmungen – jetzt war er gefragt, jetzt war er wichtig! Und heuer fühlte er sich nicht einmal in der Lage zu einem adventlichen Gruß an alle Mitarbeiter. Dabei war ja doch bald der erste Advent!

Er hatte noch keine Weihnachtsgeschenke für die treuen Helfer in seiner Gemeinde, obwohl er sich doch auf die Zeremonie des stolzen Austeilens der kleinen handverschnürten Päckchen schon das ganze Jahr freute!

Pfarrer Gebhardt fühlte sich krank. Es kam ihm vor, als ob er fieberte. Dabei war doch übermorgen die Adventsfeier mit den betagten Gemeindegliedern. Er sah schon die erwartungsvollen Gesichter „seiner Alten" vor sich, die schon lange dieser festlichen Gelegenheit entgegengelebt hatten und sich nun gerne gütlich taten an Weihnachtsgebäck, Lebkuchen und Christstollen – alles eine alte Tradition –, die sich freuten auf den feierlichen Klang des Posaunenchores – auch eine Tradition, und die dann eine festliche Ansprache erwarteten, die in jedem Jahr dieselbe war. Dann konnte es für sie Weihnachten werden!

Pfarrer Gebhardt stöhnte, wenn er an den Nachmittag dachte, der vor ihm lag. Er hatte noch nichts organisiert, an nichts gedacht, Weihnachten wollte einfach nicht in seinen Kopf. Er fühlte sich so leer, so ausgebrannt, so angewidert von all diesen Traditionen. Ihm wäre es am liebsten gewesen, wenn Weihnachten in diesem Jahr ausgefallen wäre. Oder man hätte es zumindest auf den Februar oder März verschieben können …

So kam der Adventsnachmittag für die Senioren heran. Nichts war vorbereitet. Die alten Menschen kamen in einen leeren Gemeindesaal, die Tische waren nicht adventlich dekoriert, keine Kerzen brannten. Schnell wurde von einer herbeigeeilten Mitarbeiterin Tee zubereitet, weihnachtlich angehaucht mit ein paar Glühgewürzbeutelchen, die vom letzten Jahr übrig geblieben waren und die Zeit überdauert hatten. Es gab kein Gebäck, der Posaunenchor blieb aus, da er nicht eingeladen war. Der Pfarrer kam schleppenden Schrittes, mühsam und mit seinem leeren Kopf verzweifelt in den Saal. Er fühlte sich, als ob er der Älteste in dieser Runde wäre. Er haderte mit seinem Schicksal. Warum gab es nur Weihnachten? Was hatte er damit zu tun?

Während ein paar der Besucher den Saal wieder erbost oder enttäuscht verließen, wurde anderen klar, dass es ihrem Pfarrer nicht gut ging. Und es dauerte nicht lange, bis eine alte Dame den Mut fasste, aufstand und anhob: „Das erinnert mich an das Weihnachten 1944. Wir hatten nichts. Wir saßen um einen leeren Tisch. Wir hatten keine Kerze und nichts zu essen. Aber wir hatten uns. Und wir rückten zusammen, erzählten und redeten von früheren Weihnachtsfesten, und während wir einander zuhörten, war es, als würde es festlich in der kalten Stube. Wir konnten den Kerzenschimmer sehen, wir rochen den Duft der guten Speisen, hörten das Knacken des Feuers im Kamin und dabei wurde es uns richtig warm.

Damals merkten wir, dass es gar nicht auf das Drumherum ankommt, sondern wichtig ist, warum wir Weihnachten feiern! Wir feiern Weihnachten, weil Jesus in unsere Welt kam. Er kam in einen kalten Stall, in eine leere Krippe, in die bittere Not der Menschen. Und dabei wurde uns klar: So wie wir jetzt Weihnachten feiern, ist es ein originales Weihnachten, so kommt es der Wirklichkeit am nächsten. Und auf einmal wurde uns ganz feierlich zumute."

Die Alten hatten bewegt zugehört. Einige nickten und manchen standen Tränen in den Augen. Und auf einmal ging es los, fast jeder Besucher erzählte von einem Weihnachten von früher, alte Erinnerungen wachten auf, lustige und traurige Begebenheiten wurden lebendig. Die Wangen der Senioren glühten, als hätten sie Punsch getrunken, sie lachten, als hätte der Pfarrer eine fröhliche Weihnachtsgeschichte vorgetragen und sie waren alle sehr zufrieden.

Ja, Weihnachten begann im Herzen und dort war so viel Weihnachtsfreude, hier war eine richtige Schatztruhe voll mit Weihnachtserinnerungen. Sie mussten nur auspacken. Das war kostbarer als viele Geschenke, das war ihr eigener Schatz, den sie heben und an dem sie sich freuen konnten.

Pfarrer Gebhardt hatte sich verstört im Hintergrund gehalten. Es war ihm furchtbar peinlich. Aber je fröhlicher die Stimmung wurde und je lauter und lebhafter die Gespräche, desto mehr taute er auf und langsam kroch auch in sein Herz die Weihnachtsfreude. Ganz langsam, ganz leise, wachte sie tief in seinem Inneren auf und es war eine ganz andere Freude als in all den Jahren zuvor. Er verstand, er begriff Weihnachten von innen, er wusste auf einmal, was Weihnachten war, ohne Zierrat und Schmuck, ganz einfach, ganz arm und ganz klar: Gott beschenkt unsere Herzen!

Am Ende des Nachmittages verabschiedete sich ein Gast bei Pfarrer Gebhardt: „Vielen Dank, das war die schönste Weihnachtsfeier, die ich je erlebt habe!"

Und da war es plötzlich da – dieses wunderbare, leichte, flockige Weihnachtsgefühl. Es war einfach da, er musste es nicht selber machen und sich künstlich in Stimmung bringen. Und es blieb bei ihm wie ein helles Licht, das ständig scheint. Es blieb als ein Grundgefühl, unabhängig von allen äußeren Bedingungen und es blieb auch noch nach Weihnachten, es war ein Gefühl der Freude und der Sicherheit, das ihn fortan begleitete.

Zum Weiterdenken:
– Freude ist ein Geschenk – wir können sie nur empfangen, nicht machen!
– Aber auch weitergeben – wie denn?

Er kam in sein Eigentum; und die Seinen nahmen ihn nicht auf.
(Johannes 1,11)

Bereitet dem Herrn den Weg;
denn siehe, der Herr kommt gewaltig.
(Jesaja 40,3.10)

Das Leid des Weihnachtsmannes

Es war ein Weihnachtsmann, der liebte seinen Beruf. Das ganze Jahr über war er unterwegs, sammelte seine Informationen und machte seine Vermerke. In dicken Heften und Büchern verzeichnete er alle guten und schlechten Taten der Menschen seines Bezirkes. Dann im November wurde ein Strich gezogen, alles Positive und Negative zusammengezählt, das Schlechte vom Guten abgezogen, und was dabei herauskam war der Geschenk-Index.

Mit dieser Zahl konnte der Weihnachtsmann das Geschenk für die jeweilige Person berechnen. Das war eine recht einfache Rechnerei, die dem Weihnachtsmann immer viel Vergnügen bereitete. Wenn der Index in den Minusbereich ging, dann gab es eine Rute, wenn sie im positiven Bereich war, gab es Geschenke, kleine und größere, je nachdem, wie diese Zahl aussah.

Am 5. Dezember hatte er alles errechnet, Ruten und Geschenke eingepackt und zog nun los, um in den Häusern seine Last auf den Türschwellen und in den bereitgestellten Schuhen zu deponieren. Dann hatte er noch kurze Zeit mit Nachlieferungen und Reklamationen zu tun, fuhr anschließend zufrieden in den Jahresurlaub – denn in der Weihnachtszeit sind sowieso alle Menschen brav –, um dann im Januar wieder mit seiner genauen Statistik zu beginnen.

Nur in diesem Jahr sah es anders aus. Der Weihnachtsmann war tief bekümmert. Er saß im November an seinem Schreibtisch, um wie gewohnt den Geschenk-Index für jede Person zu berechnen, aber jedes Mal, bei jeder Berechnung kam eine Minuszahl heraus. Die Menschen waren einfach im Lauf der Jahre immer schlechter geworden.

Nun war es eindeutig: Es gab keine guten Menschen mehr. Er konnte seinen Beruf an den Nagel hängen. Geschenke konnte er keine mehr verteilen, und nur sich mit Ruten auf den Weg zu machen, kam ihm doch zu jämmerlich vor. Wenn das so weiterging, konnte er seine ganze Geschenksammlung auf den Müll geben und einen Dauervertrag mit einer Ruten-Binde-Fabrik abschließen! Das machte keinen Spaß!

Aber in diesem Jahr blieb ihm nichts anderes übrig, als sich der Wahrheit zu stellen. Er musste ja den Menschen mitteilen, wie die Sache stand, er konnte sich nicht einfach davonstehlen oder so tun, als sei alles wie im letzten Jahr. Er hoffte nur, dass die Menschen aufwachten und sich änderten, wenn sie vor jeder Haustüre und in jedem Schuh nur eine Rute bemerkten.

Der Weihnachtsmann seufzte und schüttelte bekümmert den Kopf. Er war zu sehr Realist, der die Menschen kannte, als dass er so etwas für möglich gehalten hätte. Die Menschen wollten sich nicht ändern, sie wollten böse sein – das gehörte zum modernen Leben dazu. Sie würden über seine Ruten lachen und sich lustig machen über die altmodischen Ansichten eines Weihnachtsmannes. Sie würden bestimmt sagen: „Ja, ja, der Weihnachtsmann ist doch von gestern. Heute kann man gar nicht mehr gut sein; das müsste er endlich einsehen!"

In der Nacht zum 6. Dezember zog der Weihnachtsmann tief bekümmert seinen Sack durch die Nacht. Obwohl die Ruten leichter waren als die Geschenke, drückte er ihn fast zu Boden. Er zog seine rote, pelzbesetzte Mütze tief in die Stirn, damit ihn niemand erkannte. Er schämte sich an jeder Türe, wenn er eine Rute ablieferte, und sah zu, dass er schnell weiterkam.

Er wünschte sich nichts mehr, als dass die Menschen umkehrten und sich veränderten, dass sie ihr böses Leben aufgaben und ein gutes führten. Er wollte ihr Herz erreichen, und vor lauter Kummer über die Schlechtigkeit der Menschen weinte er auf seinem Weg still vor sich hin.

Weil es so kalt war, froren die Tropfen seiner Tränen an den Ruten fest. Sie waren wie kleine Glaskristalle, die das trockene Braun der Ruten verzierten.

Und siehe da, am anderen Morgen, als die Menschen nach ihren Schuhen schauten und die Haustüren öffneten: Da fanden sie überall die Ruten, aber sie waren nicht mehr braun und trocken, sondern sie waren erblüht. An den Ästen hatten sich wunderbare weiße Blüten entfaltet, so dass es aussah, als ob in den Schuhen richtige Blütensträuße standen.

Die Menschen begriffen! Die Ruten standen für ihre schlimmen Taten, aber die Blüten zeigten ihnen, dass sie noch eine Chance hatten, sich zu ändern. Dort, wo ihr Leben negativ und schlecht war, wuchsen doch aus Gnade und Barmherzigkeit die weißen Blüten der Unschuld und des Neuanfangs. Sie spürten in ihren Herzen: Es gab Vergebung, sie mussten nicht so weitermachen wie bisher.

Und was der Weihnachtsmann nicht im Traum zu hoffen gewagt hatte – die Menschen veränderten sich so, dass er im nächsten Jahr nur noch Geschenke verteilen konnte!

Zum Weiterdenken:
– Man kann nur das verändern, was man angenommen hat und akzeptiert.
– Kennen Sie Situationen in Ihrem Leben, die Sie zur Umkehr bewegt haben?

Weißt du nicht, dass dich Gottes Güte zur Buße leitet?
(Römer 2,4)

4. Sonntag im Advent

Freut euch in dem Herrn allewege, und abermals sage ich:
Freuet euch! Der Herr ist nahe!
(Philipper 4,4.5)

Der ganz andere Chef

Das Arbeitsklima in seiner Firma war sehr gut. Er liebte diese Arbeitsstelle. Hermann war gern an seinem Arbeitsplatz in seinem Büro, das er mit einer Kollegin teilte. Immer wieder ein kleines Schwätzchen auf dem Flur oder eine Tasse Kaffee in der Mittagspause in der Kantine mit den Kollegen – hier fühlte er sich angenommen, das war seine Welt.

Diese Welt wäre auch eine heile und harmonische Welt gewesen, hätte es nicht den einen Umstand gegeben, der dieses schöne Leben für Hermann immer wieder verdarb: Das war sein Chef, genau genommen der Seniorchef, Wilhelm Knopp.

Wilhelm Knopp war der alte Herr in der Firma, er hatte sie gegründet. Und er war derjenige, der über allem wachte. Nicht so, dass er seine Nase in jede Abteilung steckte, nein, eigentlich war er überhaupt nicht anwesend. Und trotzdem thronte er über allem und er spielte eine große Rolle in den Gesprächen der Mitarbeiter der Firma. Alle hatten Respekt – und teilweise auch Angst vor ihm. Er war einfach präsent, eine Respektsperson, die man fürchtete und der man am liebsten nie begegnete. Ständig war man auf der Lauer, ob er nicht plötzlich auftauchte – obwohl er niemals auftauchte!

Gerüchte von scharfen Maßregelungen machten die Runde, von denen niemand wusste, ob sie stimmten. Ein paar Mitarbeitern sei auch schon fristlos gekündigt worden, wurde gemunkelt – aber niemand konnte sagen, wem tatsächlich der Stuhl vor die Türe gesetzt worden war. Mit dem „alten Herrn" sei nicht gut Kirschen essen, er hätte nur den Erfolg seiner Firma im Auge, die einzelnen Mitarbeiter seien ihm egal – wurde hinter vorgehaltener Hand gemunkelt, obwohl ihn niemand wirklich kannte. Hermann hörte so viele Schauergeschichten über seinen Chef, dass er für ihn eine gefährliche Bedrohung seines Arbeitsfriedens wurde. Schon allein wenn der Name Wilhelm Knopp ausgesprochen wurde, bekam er feuchte Hände. Dabei hatte er den Seniorchef nur einmal bei seiner Einstellung gesehen und das war auch nur ganz kurz gewesen, er hatte ihm zur Begrüßung nervös die Hand geschüttelt. Im Eingangsbereich hing ein großes Foto von dem Firmengründer, aber es zeigte ihn in jungen Jahren.

Dieses Jahr fand die jährliche Betriebsfeier in der Kantine der Firma statt. Ein stattliches Buffet war aufgebaut worden und eine Einmannkapelle sorgte für gute Stimmung. Hermann genoss diesen Abend, das war die Krönung seines Arbeitsalltags. Und er genoss die unkomplizierten Gespräche mit einem älteren Mitarbeiter, der neben ihm saß. Er hatte ihn noch nie in der Firma gesehen, wahrscheinlich war es ein Rentner, denn auch ehemalige Betriebsangehörige wurden zu solchen Festen eingeladen. Mit diesem Ruheständler ließ es sich gut lachen, er war wie ein Kumpel, der keine Scheu hatte, auf einen Menschen zuzugehen. Sogar über den „alten Herrn" konnten sie Witze reißen, kurzum es war ein anregender und freundschaftlicher Tischnachbar. Sie leerten einige Gläser Wein miteinander.

Der Ältere fragte dabei auch immer wieder interessiert, wie es Hermann in der Firma gefallen würde und wie das Arbeitsklima so sei. Dahinter spürte Hermann echte Anteilnahme, er fühlte sich nicht ausgefragt oder kontrolliert. So konnte er alles Mögliche erzählen, wo ihm die Arbeit Freude machte und wo sie für ihn beschwerlich war. Auch bei seiner Klage über den gestrengen Seniorchef hörte sein Gesprächspartner aufmerksam zu. Er erwiderte nichts darauf, sondern wurde nur sehr ernst und nachdenklich.

Spät abends verabschiedeten sie sich fröhlich und kameradschaftlich voneinander.

Im Foyer stieß Hermann auf seine Kollegin, mit der er das Büro teilte. Sie fragte ihn: „Na, hat dir der Abend gefallen? Du hast dich ja sehr angeregt mit dem „alten Herrn" unterhalten!" Sie wies dabei auf die große Fotografie an der Wand.

Tatsächlich, zwischen diesem Bild und seinem Gesprächspartner bestand eine gewisse Ähnlichkeit, die ihm aber jetzt erst bewusst wurde. Konnte es sein ...?

Zum Weiterdenken:
– „Du sollst Dir kein Bildnis machen!" –
Auch nicht von Gottes Ebenbild?

Fürwahr, der Herr ist an dieser Stätte, und ich wusste es nicht!
(1. Mose 28,16)

Heiliger Abend

Das Wort ward Fleisch und wohnte unter uns,
und wir sahen seine Herrlichkeit.
(Johannes 1,14)

Die Tür zum Stall

Alex hatte ein Geschwisterchen bekommen, die Geburt war im November kurz vor der Adventszeit erfolgt. „Es ist fast ein Christkind", sagten die Leute – aber der kleine Junge konnte sich nicht freuen. Bisher war er das einzige Kind gewesen. Nun war das Geschwisterchen wichtiger als er, alles drehte sich nur noch um dieses Kind. Verwandte kamen, um den neuen Erdenbürger zu bewundern, aber Alex blieb unbeachtet, er war unwichtig geworden. Freilich bekam er auch Geschenke, aber die schienen ihm nichts wert zu sein, nur ein billiger Ersatz für das, was er verloren hatte.

So hatte er auch einen Adventskalender bekommen. Es sei ein ganz besonderer, erklärte ihm seine Tante. Wenn Alex gewissenhaft an jedem Tag sein Türchen öffnen würde, dann wäre der Heilige Abend ein ganz besonderer Tag. Die Tante meinte damit: Wenn er so gründlich und folgsam gewesen sei, könne der Junge stolz sein, und dann mit Fug und Recht in großer Zufriedenheit über seine Gewissenhaftigkeit Weihnachten feiern. Aber eigentlich wollte Alex keinen Adventskalender, er wollte sich auch nicht auf Weihnachten freuen. Da jeder sagte: „Da habt ihr aber ein schönes Geschenk bekommen mit diesem kleinen Kind", wollte er gar kein anderes Geschenk, er wollte überhaupt kein Geschenk mehr. Nein, seine Eltern wollte er wiederhaben, und zwar ohne Einschränkung.

Trotzdem war der kleine Junge gewissenhaft: An jedem Morgen ging er als erstes zu seinem Adventskalender, suchte nach dem richtigen Türchen für diesen Tag, öffnete es und bewunderte pflichtgemäß das, was er sah: ein Auto, ein Ball, eine Puppe, einen Nikolaus – lauter bunte Bildchen mit harmlosen Spielsachen. Sie kamen ihm aber eher bedeutungslos vor. Wie sollte er sich daran freuen, wenn er nun ein Geschwisterchen hatte, das wichtiger war als er und das ihm sicher bald alle seine schönen Spielsachen wegnehmen würde?

Dann kam das letzte Türchen, das mit der Zahl vierundzwanzig und einem goldenen Stern, das ganz besondere Türchen, das Ziel war erreicht! Dies-

25

mal hatte es sogar zwei Flügel und es war seltsam: Sie ließen sich nur ganz schwer öffnen. Alex musste alle Kraft aufwenden und mit aller Kraft ziehen, sonst hätte er die beiden Türhälften nicht aufbekommen. Es war so, als wären sie schon lange nicht mehr geöffnet worden. Die Scharniere der Angeln quietschten und Staub fiel von den Balken.

Als er das Tor endlich offen hatte, stand der kleine Junge am Eingang zu einem Stall und staunte. Heuduft schlug ihm entgegen. Das Licht einer Stalllaterne blitzte vor ihm auf und verlockte zum Eintreten. Auf dem Boden lag Stroh, so dass es mit jedem Schritt raschelte. In der Ecke hörte er ein paar Mäuse piepsen. Vorsichtig lugte er um die Ecke. Dort stand eine Kuh, die Eisenkette um den Hals klirrte leise, als sie ihren Kopf wendete und ihn mit sanften Augen anschaute. Dahinter erblickte Alex einen Esel, der sich gerade in diesem Moment schüttelte, so dass der Staub aus seinem dicken Winterfell stob. Er schien damit auszudrücken: Was willst du, bleib draußen, du nicht auch noch hier! Aber der kleine Junge ließ sich nicht abweisen.

Er machte ein paar Schritte. Dann sah er die Frau auf dem Strohballen sitzen, blass und erschöpft sah sie aus, dick eingehüllt in ein großes Tuch. Neben ihr standen ein Krug und ein Teller mit einem Brot, das nur zur Hälfte gegessen war. Die Frau lächelte, als sie Alex sah. Nun bemerkte er auch den Mann, er lehnte in der Ecke und schien im Stehen zu schlafen. Nein, er hatte nur den Blick gesenkt, denn nun nickte er dem Knaben zu, als wollte er sagen: Es ist gut, dass du hier bist, es macht gar nichts aus, dass du hereingekommen bist. Der kleine Junge fühlte sich seltsam froh. Ja, es machte nichts aus, dass er hierher geraten war, es war nicht schlimm, im Gegenteil, seine Anwesenheit schien genau richtig zu sein.

Und dann, ganz zuletzt, sah er das kleine Baby. Es lag in einem großen Korb, der dazu benutzt wurde, um Heu für die Tiere zu transportieren. Gut ausgepolstert mit dem trockenen Gras und eingeschlagen in wollene Tücher lag das kleine Kind und schlief.

Unwillkürlich legte Alex den Finger an die Lippen, so wie es seine Mama tat, wenn er das Geschwisterchen nicht wecken sollte. Er trat an den Korb und betrachtete das Neugeborene. Es sah aus wie sein Geschwisterchen. Nein, tatsächlich, es war sein Geschwisterchen! Wie war das möglich?

In diesem Augenblick schlug das Baby seine Augen auf und strahlte ihn an, so wie ein Geschwisterchen den Bruder anlächelt. Und alle Traurigkeit, alle Bitterkeit, aller Neid erloschen in Alex, er strecke ihm seine Hand entgegen, streichelte das kleine Händchen und war entzückt, als sich die winzigen Fingerchen um seinen großen Zeigefinger schlossen.

„Aufwachen", hörte Alex seine Mutter sagen, „aufwachen! Du darfst heute das letzte Türchen deines Adventskalenders öffnen. Heute ist Heiliger Abend."

> Zum Weiterdenken:
> – Schau das Kind in der Krippe an: Wem sieht es ähnlich?

Er kam in sein Eigentum; und die Seinen nahmen ihn nicht auf. Wie viele ihn aber aufnahmen, denen gab er Macht, Gottes Kinder zu werden.
(Johannes 1,11–12)

Christfest

Das Wort ward Fleisch und wohnte unter uns, und wir sahen seine Herrlichkeit.
(Johannes 1,14)

Das Weihnachten, an dem es kein Geschenk gab

Es war jedes Jahr dasselbe: Bereits lange vor der Adventszeit, wenn die Schaufensterdekorationen in den Geschäften signalisierten, dass es Zeit wäre, sich um Weihnachtsgeschenke zu kümmern, sagte mein Vater: „Wir beschließen miteinander, in diesem Jahr gibt es keine Geschenke zu Weihnachten! Einverstanden?"

Dieser Vorschlag war nicht ernst gemeint, das wussten wir alle. Deshalb sagten wir feierlich „Ja!" und nickten ernsthaft mit dem Kopf. Umso geheimnisvoller war dann das Heraussuchen und Besorgen der Geschenke. Jeder tat so, als gäbe es nichts, aber im Geheimen entwickelten wir eine intensive Aktivität, um ja das Richtige zu finden.

Kurz vor Weihnachten sagte Papa dann: „Ich verstehe nicht, warum alle so in Hektik sind. Sollen sie es doch so machen wie wir: Bei uns gibt es keine Geschenke, deshalb haben wir auch keinen Stress!", und dann konnte es sein, dass er noch einmal bei uns allen nachfragte: „Nicht wahr, wir verzichten doch alle freiwillig auf die Geschenke?" Wieder nickten wir und mein Vater verzog sich in sein Büro, um noch einige dringende Dinge zu erledigen, die jetzt vor Weihnachten getan werden mussten. Wir hörten es dann durch die Tür rascheln und andere Geräusche, die nach Geschäftigkeit klangen. Er schien tatsächlich noch einiges Anstrengende zu tun zu haben.

Das Seltsame war zudem, dass plötzlich der Karton mit den Geschenkpapieren und den Schleifen verschwunden war, der dann unvermittelt wieder auftauchte, wenn Papa seinen Arbeitsbereich verließ. Er war dann meistens sehr vergnügt und pfiff sich eins. Wenn dann am Heiligen Abend kurz vor Geschäftschluss mein Vater in das Wohnzimmer stürzte, sich die Haare raufte und verkündigte: „Jetzt habe ich tatsächlich kein einziges Geschenk besorgt", dann wussten wir, dass auch das zu diesem Spiel gehörte, dann war für uns klar, dass alles in Ordnung war.

Nur an diesem Weihnachtsfest sollte alles ganz anders sein. Am Heiligen Abend hatte sich mein Vater wieder geheimnisvoll in sein Zimmer zurückgezogen. Wenn wir zum Spaß an die Tür klopften, hörten wir nur: „Nein, ich kann gerade nicht! Ich bin beschäftigt!" Oder wenn sich gar jemand von uns erkühnte, die Tür zu öffnen, um einen Blick in das Zimmer zu erhaschen, war er wie der Blitz an der Tür und hielt den ungebetenen Besucher ab. Dann machten wir uns unseren Spaß und kamen mit vielerlei Anliegen ganz unbekümmert an seine Tür, um ihn in Schwierigkeiten zu bringen. Denn wenn er uns abwies, fragten wir ihn mit Unschuldsmiene: „Was ist denn los? Versteckst du etwas? Wir haben doch ausgemacht, dass es keine Geschenke gibt."

Das ging so weit, dass er seine Bürotür abschloss, um seine Ruhe zu haben. Und als er dann seinen Arbeitsraum endlich verließ, wieder zufrieden und betont jovial, schloss er auch diesmal seine Türe hinter sich zu. Na, das musste ja etwas ganz Besonderes geben, dachten wir, die wir alle seine Handlungen genau beobachteten.

Dann vollzog sich der normale Ablauf eines Heiligen Abends. Die ganze Familie warf sich in Schale für den Gang zur Kirche, anschließend kam das gute Abendessen, dann das Entzünden der Christbaumkerzen und schließlich der Moment, wo mein Vater sich in einem gespielten Erschrecken, so als würde er sich gerade erinnern, an den Kopf schlug und ausrief: „Moment mal! Da habe ich doch, glaube ich, ein paar Geschenke irgendwo gesehen …" Er sprang auf, um die Geschenke für uns zu holen, die er dann unter dem Christbaum aufstapeln wollte, ganz stolz, dass er doch an etwas gedacht hatte und „ausnahmsweise" – wie er sagte – seinem Vorhaben nicht treu gewesen war.

Diesmal hörten wir aber aus dem Flur nur einen entsetzlichen Schlag und den Aufschrei meines Vaters. Das war typisch für ihn. Im Eifer des Gefechtes hatte er vergessen, dass er sein Zimmer abgeschlossen hatte, er war mit vollem Schwung auf die Tür zugestürmt, um sie aufzureißen – aber die bildete ein unbewegliches Hindernis und sein Tempo war unvermittelt gedrosselt worden. Der laute Knall rührte daher, dass er mit dem Kopf gegen das Holz geprallt war, dort auf der Stirn schwoll nun eine Beule.

Aber das war noch nicht die ganze Tragik dieses besonderen Heiligen Abends. Denn nun ging die Suche nach dem Schlüssel los.

„Ich hatte ihn doch in meine Hosentasche getan", stöhnte mein Vater. Aber dort war der Schlüssel nicht mehr. Freilich, er hatte sich ja umgezogen! So stürzte er nun ins Schlafzimmer auf der Suche nach der anderen Hose, aber die war zur Dreckwäsche gewandert. Die nächste Etappe der Suche wurde ins Badezimmer verlegt, wo er den Wäschekorb durchwühlte.

„Wer hat meine Hose gesehen?", hörte man ihn aus den Tiefen der Wäscheberge rufen.

„Wahrscheinlich habe ich sie bereits in die Waschmaschine getan", erwiderte meine Mutter. Tatsächlich, sie hatte schnell vor dem Kirchgang noch eine Wäsche angestellt. Aber die Waschmaschine war leer. „Im Keller", rief meine Mutter, die aus dem Wohnzimmer mitbekam, dass sich mein Vater nun über die Waschmaschine hermachte. Wir saßen alle beim Christbaum und feixten. Das war typisch mein Vater! Zuerst machte er kein Aufhebens um die Geschenke, aber dann holte er alles nach und veranstaltete ein großes Tamtam. Wenn auch diesmal unfreiwillig.

Wir hörten den Vater in den Keller trampeln, dann war es eine Weile ruhig, bis er wieder die Treppe heraufpolterte. Mit der noch feuchten Hose in der Hand taumelte er ins Wohnzimmer, die Taschen waren auf links gedreht und standen wie große Ohren von der Hose ab. „Wo ist der Schlüssel?", keuchte mein Vater. Meine Mutter zuckte ratlos mit den Schultern.

„Habt ihr den Schlüssel gesehen?", fragte er nun uns Kinder. Auch wir verneinten. Langsam wurde es ernst. Nun durften wir nicht mehr grinsen. Auf jeden Fall war der überraschende Moment, an dem er wie nebenbei mit seinen Geschenken im Arm ins Zimmer spazieren würde, dahin.

„Wahrscheinlich ist er beim Waschen aus der Tasche gefallen", sagte ich, einfach um einen Vorschlag zu machen. Das hatte zur Folge, dass mein Vater die Waschmaschine aufschraubte und die Trommel herauszog. Aber außer vielen Fusseln war nichts zu finden.

Gemeinsam durchsuchten wir Schlafzimmer und Bad. Der Wäschekorb wurde umgestürzt und alles genau untersucht.

Aber der Schlüssel blieb verschwunden. Mein Vater ließ seinen Kopf hängen: „Dann gibt es in diesem Jahr wirklich keine Geschenke", sagte er kleinlaut. Nur er bekam welche: von uns Kindern, von Mutter, von den Großeltern – aber er konnte nichts zurückschenken, das schien ihn doch sehr zu bekümmern, denn den Abend über war er seltsam ruhig und gedämpft, nicht so lustig wie sonst.

Die Tür zu den Geheimnissen in seinem Zimmer blieb verschlossen, der Zugang zu der besonderen Überraschung, die er uns machen wollte, versperrt. Was es wohl gewesen war? Mit was er uns wohl in diesem Jahr eine Freude machen wollte? Wir wussten es nicht. Mein Vater tat mir leid, seine ganze wie unabsichtlich erscheinende Großzügigkeit war dahin. Er hatte nichts in Händen, der Scherz war Wirklichkeit geworden!

Erst einige Tage später, als die Wäsche im Keller längst abgehängt war und bereits die nächste Ladung aufgehängt werden sollte, entdeckte meine Schwester im Keller den Schlüssel. Er war offensichtlich beim Aufhängen der Hose auf den Boden gefallen und hatte sich im Dunkel des Kellerraumes in eine Ecke verkrochen.

Es war seltsam, nun einige Zeit nach Heiligabend die Geschenke von meinem Vater zu bekommen. Da das Drumherum fehlte, waren sie gar nichts Bedeutsames mehr. Sie hatten nicht mehr den Nimbus der Unschuld, des zufälligen Entdeckens. Sie waren grau, gewöhnlich, alltäglich.

Seit diesem Jahr verzichtete mein Vater auf seine gewohnten Sprüche, dieses Jahr würde es keine Geschenke geben. Sie hätten ihn zu sehr an dieses eine Weihnachten erinnert, als er tatsächlich mit leeren Händen dastand.

Zum Weiterdenken:
– Manchmal ist das kostbarste Geschenk unsere Armut und Bedürftigkeit – das nackte Herz.

Er kam in sein Eigentum; und die Seinen nahmen ihn nicht auf.
(Johannes 1,11)

Barmherzig und gnädig ist der Herr, geduldig und von großer Güte.
(Psalm 103,8)

Der Weg zur Arbeit

Seit Erwin in der großen Fabrik arbeitete, stand er an jedem Werktagmorgen um fünf Uhr auf und verließ genau um 5.30 Uhr seine Wohnung. Vor dreißig Jahren hatte er nach Beendigung seiner Lehre dort eine Stelle in der Produktion bekommen. Und so wie er es einmal begonnen hatte, ging er jeden Tag den gleichen Weg zu seiner Arbeit und den gleichen Weg wieder zurück. Diese Strecke hatte er damals, als er angefangen hatte, als die beste herausgefunden.

Im Lauf der Zeit hatte sich die Landkarte verändert, Straßen wurden gebaut, neue Häuser und die dazugehörenden Zugänge, Abkürzungen entstanden. Aber Erwin kümmerte sich nicht darum. Er hatte seinen Weg und wusste, dass er genau 27 Minuten zu seiner Arbeitsstelle brauchte.

Im letzten Jahr nun hatte der Nachbarsjunge eine der begehrten Lehrstellen in seiner Firma bekommen. Er musste nun auch an jedem Morgen um 6 Uhr an der Stempeluhr sein und hatte genau die gleiche Entfernung zur Fabrik. Am Anfang waren die beiden gemeinsam zur Arbeit gegangen. „Komm, ich zeige dir den Weg", sagte der erfahrene Alte, „dann bist du immer pünktlich!"

Dann war der Junge morgens nicht mehr erschienen. Der Alte machte sich Sorgen, war der Lehrling krank geworden? Aber pünktlich kurz vor 6 Uhr trafen sie sich am Fabriktor. „Wo bist du denn gewesen? Ich habe auf dich gewartet?" Der Junge sagte zu Erwin: „Ich habe einen viel kürzeren Weg gefunden! Wenn ich diese Strecke gehe, brauche ich 17 Minuten weniger zur Arbeit", und es lag ein triumphierender Ton in seiner Stimme.

Nachdenklich ging der Erwin an seinen Arbeitsplatz: Sollte er tatsächlich Jahr für Jahr einen langen Umweg gemacht haben? Hätte er jeden Morgen 17 Minuten später aus dem Haus gehen können? Musste der Junge ihm, dem Erfahrenen, zeigen, dass er anders hätte viel kürzer gehen können?

Und mit dieser Frage, die sein bisheriges Leben, seine gewohnte Ordnung und Sicht in Frage stellte, geriet alles ins Wackeln. Der alte Mann wusste auf einmal gar nicht mehr, was er tun sollte. Spät in der Nacht fand ihn die Polizei, wie er verwirrt durch die Stadt irrte und nach seinem Zuhause suchte.

Am nächsten Tag fehlte er in der Fabrik. Fast eine Woche war er krank geschrieben. Dann, am Montag drauf, klingelte es bei dem jungen Lehrling früh morgens an der Haustür. Verwundert öffnete er – da stand Erwin.

„Entschuldige bitte, wenn ich so früh störe. Ich dachte, du könntest mir einmal deinen Weg zeigen. Ich kann dann ja immer noch entscheiden, welche Strecke zur Arbeit ich zukünftig gehen möchte."

Und gemeinsam machten sie sich auf den Weg.

Zum Weiterdenken:
– Viele Wege führen nach Rom – aber nur einer ist deiner.
– Wie finden Sie Ihren Lebensweg heraus?

Jesus Christus sagt: „Ich bin der Weg, die Wahrheit und das Leben."
(Johannes 14,6)

Neujahrstag

Alles, was ihr tut mit Worten oder mit Werken, das tut alles im Namen des Herrn Jesus und dankt Gott, dem Vater, durch ihn.
(Kolosser 3,17)

Wo geht's lang?

Susi und Karl waren ein Ehepaar wie man es sich nicht unterschiedlicher vorstellen kann. Susi liebte das Außergewöhnliche und war ständig bereit für Überraschungen. Karl dagegen hatte seinen Plan, den er einhielt. Er setzte auf Pünktlichkeit und er mochte es nicht, wenn ihm etwas in die Quere kam. Dann war er unfreundlich und brauchte eine längere Zeit, bis er wieder in seinem gewohnten Tages-Ablauf war.

Für Susi gab es viele Wege, ständig war sie dabei, neue auszuprobieren. Immer nur den gleichen Weg zum Bäcker zu gehen, kam ihr langweilig vor. Selten ging sie zweimal hintereinander die gleiche Route irgendwo hin. Und so fand sie immer wieder neue Möglichkeiten, Schleichwege und Abkürzungen. Dabei entdeckte sie interessante Winkel, verschlafene Hinterhöfe und die absonderlichsten Ecken der Stadt, wohin sie nie gekommen wäre, hätte sie sich stur an den normalen Gang gehalten.

So wie Karl es tat. Er hatte seinen Weg, den ging er geradlinig und schnell. Für ihn gab es kein Links und kein Rechts, er ließ sich durch nichts und niemanden ablenken. In seinen Gedanken war er auf sein Ziel hin ausgerichtet, das er auch erreichte, da konnte man sicher sein – und sogar pünktlich erreichte, er ließ niemals jemanden warten.

Bei Susi dagegen konnte es sein, dass sie sich gewaltig verspätete. Mancher Weg erwies sich als Umweg oder Sackgasse. Aber das machte ihr nichts aus. „Wieder um eine Erfahrung reicher", dachte sie dann, kehrte um und versuchte es auf andere Weise. Und die Erfahrungen, die sie machte, waren vielfältig: Sie traf Menschen, hatte die seltsamsten Begegnungen und erlebte ständig etwas Neues.

Für Karl wäre das zu abenteuerlich und zu unberechenbar. Für ihn war die tägliche Arbeit Abenteuer genug und es kostete viel Kraft und Energie, das zu erreichen, was er sich vorgenommen hatte. Hier konnte er sich keine Ablenkung erlauben! Natürlich hatte er deswegen auch nicht so viele Kontakte, ja er kannte nicht einmal die Nachbarn. In seinen Gedanken war er nicht gegenwärtig, deshalb erlebte er im Alltag auch kaum etwas. Aber er war damit zufrieden. Für die Begegnungen und die vielfältigen Wege war ja seine Frau zuständig. Sie kannte sich aus.

Bis eines Tages Susi krank wurde. Eine Grippe hielt sie im Bett. Karl war gezwungen einzukaufen. Und das war überhaupt nicht sein gewohnter Weg, da wusste er nicht Bescheid! Und er sollte auch noch zur Apotheke gehen, wie sollte er sie nur finden! Susi erklärte ihm mit fiebriger Stimme den Weg. Sie versuchte es auf die eine Weise, merkte aber, dass er sich ihre Beschreibung nicht vorstellen konnte. Dann versuchte sie es mit einem anderen Weg. Es gab ja so viele. Sie erklärte ihm auch noch ein paar Abkürzungen, damit er nicht so lange weg sein musste. Aber das verwirrte ihn nur noch mehr. Er würde sich bestimmt verlaufen.

Und tatsächlich, so geschah es: Da er von seinem gewohnten Weg abweichen musste, kam er so durcheinander, dass er sich heillos verirrte. Und da er keine Kontakte hatte und es auch nicht gewöhnt war, jemanden anzusprechen, traute er sich nicht, die Menschen nach dem Weg zu fragen. Zum Schluss musste er sich tatsächlich ein Taxi nehmen, das ihn wieder heimbrachte.

Da wurde Karl klar, wie einspurig sein Leben bisher verlaufen war und dass er von den vielen Wegen, die ihm das Leben bot, nur den einen gegangen war, von dem er gedacht hatte, dass er ihn sicher zum Ziel bringen würde. Aber er hatte ihn in Wirklichkeit immer nur von einem Ort zum anderen gebracht, er hatte sich in Wirklichkeit überhaupt nicht von der Stelle bewegt und war dem Ziel seines Lebens nicht näher gekommen. Sein ganzes bisheriges Leben war zwar einlinig, aber langweilig verlaufen.

An diesem Abend sagte er zu seiner Frau: „Wir müssen öfters miteinander deine Routen gehen, damit mein Weg für mich nicht zur Sackgasse oder zur Straße ohne Fortsetzung wird."

Und Susi, seine verständige Frau, las ihm einen Vers aus der Bibel vor: „Herr, zeige mir deine Wege und lehre mich deine Steige!" (Psalm 25,4)

Zum Weiterdenken:
– Umleitungen, Umwege und Sackgassen sind die Gelegenheiten, neue Wege zu entdecken.
– Sind Sie bereit dafür?

2. Sonntag nach dem Christfest

Wir sahen seine Herrlichkeit, eine Herrlichkeit als des eingeborenen Sohnes vom Vater, voller Gnade und Wahrheit.
(Johannes 1,14)

Die Wahrheit

Julia bewundert ihren Vater. Wenn Wann immer es nur geht, kommt sie zu ihm und schaut ihm bei der Arbeit zu. Sie ist stolz auf ihn und es gefällt ihr nichts mehr, als zu beobachten, wie der Vater mit den Kunden redet und wie es ihm meistens gut gelingt, seine Waren zu verkaufen. Und was für Waren da liegen auf dem Tisch: glitzernder, wertvoller Schmuck, ein Stück schöner als das andere.

Der Vater verkauft alles für viel gutes Geld und es geht ihnen finanziell gut damit. Er fährt ein großes Auto und sie wohnen in einem schönen Haus. Dabei hat der Vater gar keinen richtigen Laden, sondern nur einen kleinen Stand in der belebten Fußgängerzone ganz nahe bei dem großen Denkmal, zu dem viele Touristen von weither reisen.

Ganz selten kommt es vor, dass einige Kunden zurückkommen und den gekauften Schmuck wieder hergeben möchten. Sie schimpfen mit dem Vater und sind aufgeregt. Das kann Julia nicht verstehen. Wie kann man ihren Vater nur so anschreien, der doch ganz wertvollen Schmuck weit unter dem eigentlichen Wert verkauft – wie er immer beteuert?

So bewundert Julia ihren Vater für das, was er tut und für seinen Erfolg. Erst später kommen ihr Zweifel. Eines Tages geht sie aus Neugier in ein teures Juweliergeschäft mit prunkvollen Edelsteinen und schaut sich die ausgelegten Schmuckstücke dort einmal ganz genau an. Sehr nachdenklich verlässt sie nach einer Viertelstunde den Laden und geht nach Hause.

Zum Weiterdenken:
– Die Wahrheit ist oft schmerzlich – aber dadurch kostbar.
  Wie kann Ihnen das im Leben weiterhelfen?

Unser Wissen ist Stückwerk, und unser prophetisches Reden ist Stückwerk. Wenn aber das Vollkommene kommen wird, so wird das Stückwerk aufhören.
(1. Korinther 13,9–10)

Wenn die Zeit Pause macht

Ich suche die Stille, aber finde sie nur schwer. Ich wünsche mir Momente der Ruhe, trotzdem gelingt es mir nur selten, Zeit für eine Auszeit zu haben.

Nur heute wurden mir ein paar dieser kostbaren Augenblicke geschenkt. Ich war beim Arzt. Trotz Anmeldung sollte ich im vollen Wartezimmer warten. Kein Problem, denn hier gab es viel zu lesen. Außerdem konnte ich die Menschen beobachten, die in der gleichen Lage waren wie ich.

Aber kaum hatte ich die erste Zeitschrift in die Hand genommen, wurde ich schon ins Sprechzimmer gebeten. Und hier saß ich nun und kam mir vor, als wäre ich von aller Welt vergessen worden, auf dem Abstellgleis in einer verborgenen Nische der Zeit, unentdeckt, weitab aller sonstigen Einflüsse.

Es gab keine Ablenkung. Meine Tasche mit allen möglichen Notwendigkeiten stand in der Garderobe. Von fern hörte ich Geräusche wie aus einer anderen Welt. Reden, Schritte, Türen, die geschlossen wurden, Hektik. War ein Notfall dazwischengekommen? Ich war mit mir allein.

So betrachtete ich die Bilder an der Wand: bunte Quadrate in allen Variationen. Ein System in ihrer Anordnung konnte ich nicht erkennen. Sonst war dieses Besprechungszimmer puristisch eingerichtet: die Liege, der Schreibtisch, ein paar gefährlich aussehende Werkzeuge im Regal. Gedämpftes Licht von oben, die Jalousien geschlossen. Ich musste mich wohl oder übel mit mir selbst beschäftigen.

Ähnliche Situationen beim Arzt fielen mir ein, unangenehme Untersuchungen, frühere Krankheiten. Konnte die Schmerzen förmlich spüren. Ich sah mein Leben aus der Perspektive des Kranken, mich als einen Menschen mit Fehlern und Mängeln. Das Ende stand mir vor Augen, der Tod, die Endlichkeit des Lebens wurde mir bewusst. Unruhig rutschte ich auf meinem Stuhl herum. Sollte ich hinausgehen und auf mich aufmerksam machen? Nein, ich wollte diese Situation aushalten, die Stille in mich aufnehmen.

Also konzentrierte ich mich auf meinen Herzschlag, spürte meinen Puls. Bestimmt wird sich gleich zeigen, dass der Blutdruck zu hoch ist. Immer wieder komme ich doch an meine eigenen Grenzen. Der Computer unter dem Tisch summte. Was dieses Gerät wohl alles über mich schon wusste? Hier waren meine Krankheitsdaten gespeichert. Ich getraute mir nicht, auf den Monitor zu schauen, um einen Blick in mein Innerstes zu tun. Vielleicht würde ich etwas über mich lesen, was nicht gut für mich war?

Ganz und gar auf mich angewiesen, schloss ich die Augen und lauschte wieder auf meinen Atem. Je mehr ich ihn beobachtete, desto flatteriger schien er zu werden. Ich wurde nicht ruhiger, sondern nur noch nervöser. Es gelang mir nicht, mich in den Zustand eines wohligen Dämmerns zu versetzen, was mir sonst in ungemütlichen Situationen gut gelang. Ich war hellwach.

Dann betrachtete ich meine Hände mangels anderer nahe liegender Gegenstände. Sie waren momentan zum Stillhalten verurteilt. Ich ballte eine Faust. Spürte den Ärger in mir, die Wut über die vergeudete Zeit, über das nutzlose Herumsitzen, das Warten auf dem Abstellgleis. Aber dann wurde mir klar, dass hinter dieser Wut die Ohnmacht steckte: Ich konnte nichts tun, konnte nichts ändern. Ich musste diesen Zustand aushalten, meine Hilflosigkeit ertragen, das erniedrigende Gefühl, nicht Herr meiner selbst zu sein, nicht Subjekt meines Handelns, sondern Objekt.

Da wurde es ruhig in mir. Aus den verkrampften Händen formte sich eine Schale. Ich öffnete mich: „Herr, komm in mir wohnen, lass mein Geist auf Erden, dir ein Heiligtum noch werden." Ich konnte etwas tun! Ich konnte mich öffnen, aufnehmen, Gefäß sein für Gott. Ich konnte mich ihm hinhalten. Er war bei mir, der Raum um mich und das Leben in mir. Mein Körper entspannte sich, meine Gedanken wurden freundlicher, der Blick nach vorn zuversichtlicher.

Dann endlich kam der Arzt. Er entschuldigte sich, dass er mich hatte warten lassen. Nach kurzer Untersuchung war seine Diagnose: „Alles in Ordnung. Sie sind kerngesund!"

Geläutert und erneuert trat ich aus der Praxis an die frische Luft des neuen Tages. Ich fühlte mich tatsächlich wie neugeboren. Ob es an der medizinischen Diagnose oder an der Wartezeit lag?

> Zum Weiterdenken:
> – Meine Meinung ist: Im Leid entdecken wir Gottes Herrlichkeit, denn hier strahlt sie am hellsten. Wie gehen Sie mit den dunklen Seiten des Lebens um?
> – Wie verhalten Sie sich gegenüber Ihrem Nachbarn, der Dunkles erfährt?

Es ist nichts verborgen, was nicht offenbar wird,
und nichts geheim, was man wissen wird.
(Matthäus 10,26)

Die Finsternis vergeht, und das wahre Licht scheint jetzt. (1. Johannes 2,8)

Das Schattenland

In einem verborgenen Land lebten viele Schatten. Wer jetzt ganz erstaunt fragt: „Was ist denn daran besonderes, gibt es denn nicht überall Schatten?", muss verstehen, dass das nicht immer so war. Zu jener Zeit lebten die Schatten in ihrem eigenen Reich, verdeckt im Verborgenen. Im Dämmerdunkel trafen sie sich und in diesem Zwielicht, das sie umgab, sprachen sie miteinander. Aber es sprachen nur die Schatten miteinander, die dazugehörenden Menschen blieben stumm. Die Schatten waren es damals, die handelten und das Geschehen bestimmten.

Und das ist doch etwas Besonders, denn bei uns heute ist es ja umgekehrt: Wir Menschen handeln und die Schatten sind dazu verdammt, alles nachzumachen. Hier bei uns haben die Schatten keine eigene Identität, kein Eigenleben, sie müssen getreu wie ein Spiegel all das machen, was wir ihnen angeben, indem wir es selbst tun. Dort aber konnten die Schatten tun, was sie wollten, sie waren die Bestimmenden!

In diesem Schattenland wurde es ständig immer dunkler. Das war eine Katastrophe, denn Schatten-Wissenschaftler hatten herausgefunden, dass in dem Moment, in dem es ganz dunkel sein würde, auch kein Schatten mehr existieren würde. So jammerten sie und klagten den ganzen Tag und beweinten schon jetzt den Moment, an dem es sie nicht mehr geben und das Land der Schatten im völligen Dunkel versinken würde.

Aber alles Heulen nützte nichts, sie mussten nur weiter feststellen, dass es wieder ein Stück dunkler geworden war und sie dadurch undeutlicher und blasser geworden waren. Mit jedem Voranschreiten der Dunkelheit wurden sie schwächer, ihre Stimmen piepsiger und ihre Bewegungen unbestimmter.

Bis eines Tages einer der berühmtesten Schatten-Wissenschaftler einen bedeutenden Gedankenblitz hatte. Er dachte angestrengt darüber nach, wodurch die Wesen überhaupt Schatten waren, er versuchte ihre Existenz zu ergründen und die Wurzeln ihres Daseins zu entdecken. Dabei hatte er die entscheidende Idee: Sie waren nur deswegen Schatten, weil es Licht gab. Dort, wo das Licht verlosch, verloren sie auch die Möglichkeit zu leben. Er erklärte ihnen: Das Licht war der entscheidende Teil ihrer Existenz! Ohne Licht gab es sie nicht. Und während sie bisher nur in die zunehmende Dunkelheit gestarrt hatten, ständig befürchtend, dass die Dunkelheit weiter zunahm und ihnen das Lebenslicht langsam ausblies, änderten sie fortan ihre Blickrichtung. Sie schauten nach dem Licht als der Quelle ihrer Lebensmöglichkeit. Dabei entdeckten sie, dass das Licht abnahm. Irgend etwas war dabei, sich zwischen sie und das Licht zu schieben und dadurch verloschen die Schatten.

Als sie das erkannten, machten sich die Schatten auf den Weg, das Licht zu suchen. Und indem sie intensiv nach ihm forschten, wurde es wieder heller um sie herum, die Schatten gewannen an Konturen, wurden deutlicher und schärfer. Sie brauchten das Licht! Sie mussten ihr Schattenreich inmitten intensivstem Licht errichten, nicht in der Verborgenheit, nicht im Versteck, abgeschnitten von allem anderen Leben. So traten sie eines Tages heraus ans strahlende Licht des Tages. Es war zwar für sie sehr ungewohnt, sich nun mitten im Rampenlicht zu wissen, aber sie spürten, dass sie sich hier am wohlsten fühlten.

Sie badeten richtig im Licht, sie genossen es, hell erleuchtet zu werden und dadurch einen kräftigen Schatten zu werfen. Zunehmend gewannen sie Mut und aus den versteckten Wesen der Dunkelheit, ohne klar erkenntliche Konturen, wurden im Lauf der Zeit muntere Gesellen, die sich fröhlich am Licht tummelten, von allen akzeptiert und bewundert.

Seit dieser Zeit sind die Schatten unsere ständigen Begleiter, für uns deutlich zu sehen, wenn die Sonne scheint. Dann führen sie ihr eigenes Leben und geben uns und unserer Umwelt die bezaubernden Konturen und klaren Linien. Seither leben Schatten und Menschen zusammen wie Freunde, manchmal sind sie die Handelnden, manchmal bestimmen die Menschen, was sie zu tun haben.

Denn die Schatten sind es in Wirklichkeit, die dafür sorgen, dass wir uns nach dem Licht sehnen und uns gern darin aufhalten. Die uns vergnügt aufleben lassen, wenn die Sonne scheint, und die uns nach dem Licht suchen lassen, wenn es grau und trübe ist. Sie achten darauf, dass wir nicht im Dunkeln und im Dämmerlicht bleiben, weil das ja ihre eigene Existenz betrifft.

Zum Weiterdenken:
– Auch der kleinste Lichtstrahl bezwingt das Dunkel.
Fallen Ihnen Beispiele in Ihrem Leben dazu ein?

Gott ist Licht, und in ihm ist keine Finsternis.
(1. Johannes 1,5)

Welche der Geist Gottes treibt, die sind Gottes Kinder.
(Römer 8,14)

Die Begegnung

Vergnügt und aufgeräumt kommt Herbert von der Arbeit. Er hat einen anregenden Tag hinter sich und fühlt sich als erfolgreicher Mitvierziger in den besten Jahren. Er ist in seinem Betrieb anerkannt und beachtet. Nur zuhause stimmt es in der letzten Zeit nicht mehr so richtig. Er hat das Gefühl, dass er hier ein anderer ist und um sein inneres Gleichgewicht ringen muss. Aber das hat er doch eigentlich gar nicht nötig, er hat ja alles erreicht, was er erreichen möchte, er ist ganz oben angekommen! Er kommt sich noch gar nicht so alt vor und in Anzug und Krawatte präsentiert er eine stattliche und ansehnliche Gestalt.

Seufzend zieht er sich um und geht wie an jedem Abend in den Keller, um seine Flasche Bier zu holen. Da er im Erdgeschoss wohnt, ist der Weg nicht weit, Herbert geht ihn wie im Schlaf, er braucht das Licht nicht, er kennt jede Stufe, automatisch greift er nach der Klinke zu seinem Kellerraum. Herbert freut sich auf eine entspannende Stunde im Sessel bei Bier und Zeitung, er hat frei und möchte alle schweren Gedanken hinter sich lassen.

Beschwingt greift er die Flasche Bier aus dem Regal und macht sich auf den Rückweg. Im dunklen Kellergang stutzt er. Hat sich da nicht etwas vor ihm bewegt? Ist noch eine andere Person hier unten? Ein Schauer kriecht ihm über den Rücken, starr bleibt er stehen, wagt nicht einmal zu atmen. Komisch – warum ist er so beunruhigt und erschreckt, er befindet sich doch in seinem eigenen Haus?

Langsam gewöhnen sich seine Augen an das Dämmerlicht. Durch das Treppenhaus dringt ein diffuses Licht in das Dunkel. Da, tatsächlich, er sieht eine bedrohliche Gestalt, die am Ende des Ganges vor ihm steht und sich nicht rührt. Doch, jetzt hat sie sich bewegt! Herbert ist zusammengezuckt, seine Muskeln krampfen sich zusammen. Ein Einbrecher? Ob er es mit ihm aufnehmen kann? Aber er spürt, wie wenig er auf eine solche Situation vorbereitet ist. Früher hätte ihm das nichts ausgemacht, er hätte sich sofort auf eine Auseinandersetzung eingelassen, aber heute? Ist er doch älter geworden und nicht mehr so mutig, wie er es einmal war?

Herbert entschließt sich zu einer Konfrontation. Vorsichtig macht er einen Schritt rückwärts. Er weiß, wo der Lichtschalter ist. Im Dämmerlicht spürt er, dass sich nun die andere Person auch bewegt. Macht sie einen Schritt auf ihn zu, greift sie ihn an? Herbert fängt an zu schwitzen. Er will nun Gewissheit haben und mit einem Ruck reißt er seinen Arm hoch und knipst das Licht an. Für einen Moment sind seine Augen, nun vom Dunkel geweitet, geblendet. Aber er sieht die fremde Gestalt jetzt vor sich stehen.

Nein, sie sieht nicht aus wie ein Einbrecher, eher wie ein Landstreicher: ein wenig ungepflegt und erschöpft, im Unterhemd, die Hose gehalten von breiten Trägern und Pantoffeln an den Füßen. Es ist eine Person, untersetzt bis dicklich mit einem müden Gesicht, meistens abends doch unrasiert, die Haare am Kopf ungekämmt. Was will dieser Mensch hier? In Herbert steigt Empörung hoch, er will in seinem Haus nichts mit solchen Gestalten zu tun haben. Er setzt schon an, um loszubrüllen: „Raus hier!" – Da bleibt ihm die Stimme im Halse stecken.

Schlagartig wird ihm klar, dass er in einen Spiegel schaut. Irgendein Hausbewohner hat einen großen Wandspiegel am Ende des Ganges abgestellt und darin hat sich Herbert für einen Augenblick selbst gesehen und – ist der Wahrheit begegnet.

Zum Weiterdenken:
– Wer sich selbst begegnet, muss sich nicht wundern, wenn er manchmal erschrickt.
– Oft treffen wir zuerst uns selbst – bevor wir Gott entdecken. Welche Erfahrungen haben Sie damit gemacht?

Erforsche mich Gott und erkenne mein Herz;
prüfe mich und erkenne, wie ich's meine.
(Psalm 139,23)

Das Gesetz ist durch Mose gegeben;
die Gnade und Wahrheit ist durch Jesus Christus geworden.
(Johannes 1,17)

Das Gold

Seine große Leidenschaft war die Goldsuche. Er hatte es sich in den Kopf gesetzt, einen großen Goldklumpen zu finden. Und er tat alles, um diesen Wunsch in die Tat umzusetzen. In jeder freien Stunde durchforschte er die Bäche und Flussufer der näheren und weiteren Umgebung. Tatsächlich entdeckte er auch hin und wieder ein kleines Stückchen Gold, aber sein Ehrgeiz war es, einen großen Brocken zu erhaschen.

Und tatsächlich, eines Tages leuchtete ihm ein großes Stück Gold aus dem tiefen Gumpen eines Bergbaches entgegen. Er war an seinem Ziel angelangt! Fieberhaft stürzte er sich in das klare Wasser, tauchte nach dem Gold – ungefähr so groß wie ein mittlerer Kürbis –, aber der Brocken saß fest und war sehr schwer. Trotzdem ließ der Schatzsucher nicht locker, er wollte jetzt nicht aufgeben und das wieder loslassen, was er sich so sehr gewünscht und für das er so viel eingesetzt hatte. Eisern hielt er fest und hielt und zerrte ...

Ein paar Tage später fand man einen ertrunkenen Leichnam. Den Rettern bot sich ein rätselhaftes Bild: Noch im Tod umklammerte der Unbekannte einen gelbschimmernden Brocken Granit.

Zum Weiterdenken:
– Die leidenschaftliche Suche verhindert oft das Finden.
– Was du besitzen willst, hat dich oft im Besitz. Können Sie diesen Sätzen zustimmen und kennen Sie Beispiele aus Ihrem Alltag?

Wenn du den Herrn, deinen Gott, suchen wirst, so wirst du ihn finden,
wenn du ihn von ganzem Herzen und von ganzer Seele suchen wirst.
(5. Mose 4,29)

Der Wahrheit auf der Spur

Eine kleine Agentur für Verkaufsförderung war in die roten Zahlen geraten. Die Aufträge hatten abgenommen und bei den Aufträgen, die sie zu bearbeiten hatten, war der große Erfolg ausgeblieben, die erzielten Umsatzzahlen waren nicht erreicht worden.

„Wir brauchen eine absolut zündende Idee, sonst versacken wir in den roten Zahlen und dann ist es aus", sagte Fred Braun, der Geschäftsführer der Agentur zu seinem Team. „Ich hab da vielleicht etwas an der Angel", Katrin Verschür meldete sich vorsichtig zu Wort – sie hatte immer die ausgefallenste Ideen – „aber das geht nur, wenn ihr mitmacht …"

Immer öfter war in den Zeitungen von einem Fred Love zu lesen, einem großartigen Erweckungsprediger aus Australien. Die Artikel sprachen von außergewöhnlichen Wundern, die durch die Tätigkeit dieses von Gott gesalbten Mannes bewirkt worden seien. Mit vielen Bildern wurde der Lebenslauf des Predigers dokumentiert: aufgewachsen in Deutschland, dann von Gott berufen und ohne weitere Ausbildung nach Australien geschickt. Dort hatte er unter den Aborigines ein segensreiches Wirken begonnen. Er war ein Missionar unter den Ureinwohnern des Landes geworden, der vollmächtig wirkte und von den Menschen dort bald „Bruder Love" genannt wurde. Nun hätte ihm Gott den Auftrag gegeben, nach Deutschland zurückzukehren. Seine Botschaft war: „Gott will eine Erweckung für Deutschland und er sei dazu ausersehen, den Funken einer neuen Welle der Ausgießung göttlicher Gnade in das geistlich trockene Deutschland zu werfen."

Diesen Berichten folgten Hinweise auf Veranstaltungen in großen Kongresssälen und Veranstaltungsorten. Die Predigten von „Bruder Love" würden begleitet von außerordentlichen Heilungen, Zeichen und Wundern, Menschen kämen neu in Berührung mit Gott, vom Heiligen Geist erfüllt könnten sie ein neues Leben führen und eine große Woge der göttlichen Kraftausgießung würde durch Deutschland rollen.

Tatsächlich waren die Veranstaltungen zum Bersten voll, die Menschen strömten in die Hallen, um Bruder Love zu hören. Und es tat sich Großes: Die Zuhörer lachten, wenn der Prediger von Gottes Güte redete, sie weinten, wenn er die Verlorenheit des Menschen beschrieb. Viele wurden geheilt, einige schoben jauchzend ihren eigenen Rollstuhl aus dem Saal. Die Presse berichtete einhellig positiv und viele begeisterte Menschen kamen zu Wort. Eine tiefe Erweckung schien sich auszubreiten.

Ich wurde als Reporter von meiner Zeitung losgeschickt, um einen Artikel über die Erweckungsveranstaltung im Nachbarort zu schreiben. Dieser Auftrag sollte für mich der letzte sein, den ich in meiner Journalistenlaufbahn bekam.

Ich war ganz unvoreingenommen an diesen Bericht herangegangen, hatte staunend wie viele andere der Botschaft des Predigers gelauscht, die begeisterte Menge gesehen und die faszinierenden Wunder erlebt. Aber mir war es trotzdem nicht wohl dabei. Ich konnte mir nicht helfen, meine innere Warnlampe blinkte und ich bin als Reporter gewöhnt, auf dieses Zeichen zu achten. Als Journalist braucht man eine Spürnase, die einem sagt, wo etwas faul ist. Ich wollte der Sache nachgehen – und das hätte ich lieber bleiben lassen sollen.

Also beantragte ich ein Interview mit Bruder Love; ich wusste, dass es schwer war, an den begnadeten Redner heranzukommen und dass es nur wenigen gelungen war, ihn persönlich zu sprechen. Auf den Veranstaltungsplakaten war eine Telefonnummer angegeben, dort rief ich an, um einen Gesprächstermin zu bekommen. Es meldete sich eine Agentur, die sich „Spirit Promotion" nannte. Eine Frauenstimme, deren Namen ich nicht verstand, wimmelte mich schroff ab. „Bruder Love kann nicht jedem kleinen Reporter ein Interview geben, das müssen Sie verstehen. Die Veranstaltungen sind sehr anstrengend für ihn, er gibt ja sehr viel göttliche Kraft an die Menschen weiter, das kostet ihn selbst auch viel Energie. Er braucht Stille und Zurückgezogenheit, um auf Gott zu hören." Damit hängte die Dame auf. Meine innere Warnglocke schrillte aber um so lauter. Ich begann zu recherchieren. Dabei kamen seltsame Dinge ans Tageslicht:

Bis auf die Details, die in jedem Artikel nachzulesen waren, war nichts über Bruder Love in Erfahrung zu bringen. Da er ohne eine Missionsgesellschaft nach Australien gegangen war, gab es keine weiteren Unterlagen über ihn. Bei den australischen Ureinwohnern Nachforschungen anzustellen, war nicht möglich. Seltsam war nur, dass von der Erweckung unter den Aborigines bisher nichts bekannt geworden war. Mühsam konnte ich ermitteln, dass der Geburtsname von Bruder Love wahrscheinlich Fred Braun war.

Als ich in den entsprechenden Verzeichnissen nach den Hintergründen der Agentur „Spirit Promotion" forschte, wurde ich fündiger. Diese Agentur gab es noch nicht sehr lange, sie war offensichtlich aus einer kleineren Agentur für Verkaufsförderungen hervorgegangen, die in die roten Zahlen geraten war. Geschäftsführer war ebenfalls ein Fred Braun. Ich konnte nicht herausfinden, ob er mit dem Fred Braun identisch war, der sich nun Bruder Love nannte, aber ich vermutete es.

Eine weitere Mitarbeiterin dieser Agentur war Katrin Verschür gewesen. In unserem Zeitungsarchiv fand ich einen Artikel von ihr, in der sie über „Der wirtschaftliche Faktor einer neuen Spiritualität" geschrieben hatte. Ich suchte mir diesen Artikel heraus und fand darin erhellende Aussagen. Sie schrieb ungefähr sinngemäß:

Die Menschen wollen Religion, weil sie ihnen Lebenssinn vermittelt. Religion hat deshalb einen hohen Marktwert bekommen. Wer Religion anbietet und verkauft, kann gute Umsätze erwirtschaften. Da die herkömmlichen Kirchen als Anbieter von Religion weitgehend ausfallen – sie werden ihr Produkt nicht mehr los – ist hier eine große Marktlücke entstanden. Wer das erkennt und es versteht, diese Marktlücke zu füllen, kann mit guten Umsätzen rechnen. Nur ist zu beachten, dass das Produkt „Religion" ganz spezielle Bedingungen erfordert. Man kann es nicht ohne Weiteres erzeugen, wie andere Produkte auch. „Religion" braucht absolute Glaubwürdigkeit, braucht eine Geschichte, die sehr wahr und authentisch wirkt und muss von Personen angeboten werden, die vertrauenswürdig und glaubwürdig sind. Das Produkt „Religion" darf nicht als Produkt erkenntlich sein, sonst wird es von den Menschen nicht wahrgenommen. Es muss deshalb in eine Geschichte verpackt und mit einem faszinierenden Mythos versehen werden. Wenn diese Verpackung gelingt, werden die Menschen selbst alles Weitere besorgen.

Durch entsprechende Massenphänomene käme es leicht zu dem gewünschten Synergieeffekt, dass Umstände geschaffen würden – Wunder, Heilungen, außergewöhnliche Phänomene –, die den Menschen das angebotene Produkt als echt und direkt von Gott kommend erscheinen ließe. Wenn dieser Punkt erreicht wäre, dann sei dieses Produkt bei einer behutsamen Vermarktung ein absoluter Selbstläufer.

Soweit der Artikel. Nun verstand ich die Zusammenhänge. Ich war wie vor den Kopf geschlagen. Wie konnten sich so viele Menschen mit dem Wertvollsten betrügen lassen, was es gab, mit der göttlichen Gnade und Größe? Ich entschloss mich, die Wahrheit ans Licht zu bringen, auch wenn ich noch nicht alle Fakten zusammen hatte und die letztendlichen Beweise fehlten. Ich wagte einen Schuss ins Blaue und schrieb einen enthüllenden Artikel.

Die Reaktionen waren fürchterlich – für mich. Eine Flut von Leserbriefen rollte heran. Ich wurde als Schmierenjournalist bezeichnet, der den Menschen den Glauben wegnehmen will. Ich hätte Gott selber in den Dreck gezogen, indem ich seinen Boten verunglimpft hätte. Ich hätte die religiösen Gefühle missachtet und wäre deshalb als menschliches Subjekt nicht mehr tragbar. Die besten Werte der Gesellschaft hätte ich in Frage gestellt und wäre deswegen ein Brunnenvergifter. Und noch viele andere – noch viel härtere – Vorwürfe prasselten auf mich nieder.

Die Redaktion entließ mich fristlos, aufgrund des Drucks von höherer Gewalt, wie man mir mitleidig bedeutete. Offensichtlich hatten sich hochrangige Politiker für Bruder Love eingesetzt. Man hatte zu verstehen gegeben, dass es egal sei, ob meine Geschichte stimme oder nicht. Die Menschen würden sie gerade für wahr halten und die positiven Ergebnisse würden für sich sprechen. Für viele Menschen sei Bruder Love ein wichtiger Hoffnungsträger in einer Zeit, in der so viele Werte zerstört würden. Er würde für gesellschaftliche Stabilität sorgen, da er den Menschen den Sinn gäbe, den sie bräuchten. Er hätte eine wichtige Funktion und dürfte nicht von einem kleinen Journalisten wie mich zerstört werden.

Als ich das letzte Mal die Räume meiner Zeitungsredaktion verließ, wusste ich: Ich war der Wahrheit auf die Spur gekommen, aber niemand wollte sie hören.

Zum Weiterdenken:
– Wenn die Wahrheit frei macht, so ist die Unwahrheit ein Gefängnis.
– Fürs eigene stille Nachdenken: Vor welcher Wahrheit verschließen Sie selbst Ihre Augen?

Wenn ihr bleiben werdet an meinem Wort, so seid ihr wahrhaftig meine Jünger und werdet die Wahrheit erkennen, und die Wahrheit wird euch frei machen.
(Johannes 4,31–32)

Es werden kommen von Osten und von Westen, von Norden und von Süden, die zu Tisch sitzen werden im Reich Gottes.
(Lukas 13,29)

Der Garten

Inmitten einer wilden Ödnis befand sich ein wunderschöner Garten. Aber der war unzugänglich und verschlossen, er lag so versteckt hinter hohen Mauern, dass kein Mensch wusste, was sich dahinter verbarg. Wenn sie gewusst hätten, wie es dahinter aussah, hätten viele versucht, die starken Wälle zu überwinden. Da aber jeder dachte, dass es gleichgültig wäre, auf welcher Seite der Einfriedung man leben würde, versuchte niemand hinüberzuklettern, was sicher mit einiger Anstrengung auch möglich gewesen wäre.

Im Garten blühte und grünte es, große ausladende Bäume gaben Schatten, frische Wiesen luden zum Verweilen ein, herrliche Blumen und bunte Blütenkaskaden gewährten immer wieder neue und überraschende Augenblicke. Große Schmetterlinge flogen von Dolde zu Dolde, schillernde Käfer kletterten durchs schattige Gebüsch, die Vögel sangen in den höchsten Tönen ihre fröhlichen Lieder und der frische Hauch eines Frühlingsmorgens durchzog den Garten.

In der Mitte entsprang eine Quelle mit klarem und reinem Wasser. Von dort aus zog ein munterer Bach plätschernd und murmelnd durch das Gras, wurde zu einem kleinen Fluss, der sich durch die Bäume schlängelte, um dann in einer kleinen Höhle zu verschwinden.

Dieser Garten war eine Welt für sich, ein Paradies voller Anmut und Stille, ein Ort des Lebens und der Freude.

Draußen, vor den Mauern, in der Einöde, war alles voller Sand und Steine. Eine glühende Hitze hatte das Gras versengt, die Bäume waren kahl und das Gebüsch dürr und trocken. Die Lebensumstände waren unwirtlich und trostlos und die Menschen, die dort lebten, entsprechend unfreundlich und mürrisch. Jeder Tag ihres Lebens war ja ein Kampf ums Überleben, ein Ringen um die nackte Existenz. Wie hart das Leben hier war, bewiesen die Gräber, die gleich neben der Mauer in großer Zahl angelegt worden waren. Ein öder Friedhof, voller Gestank und Verderben, zog sich an den Mauern am Garten entlang.

Nun geschah es an einem Ostermorgen, dass sich in einer Ecke fast lautlos ein paar Steine aus der Mauer lösten, herabfielen und einen schmalen Durchschlupf zum Garten freigaben.

Die Lücke in der Mauer war nicht leicht zu erkennen, sie lag verborgen hinter dornigem Dickicht. Aber aus dieser Öffnung strömte ein lieblicher, frischer Duft, ein Wohlgeruch, der dort am Ort des Todes noch nie wahrgenommen worden war.

Die Menschen waren erstaunt, als sie sich, angezogen von diesem seltsamen Duft, durch die Dornen gekämpft hatten. Sie schauten, als sie durch die Lücke in der Mauer spähten, in eine andere Welt.

Einige wagten es hineinzusteigen. Ihr Erschrecken war groß und ihre Überraschung überwältigte sie beinahe, als sie die Pracht und Herrlichkeit des Gartens wahrnahmen. Immer mehr Menschen schlüpften durch den schmalen Spalt und bald sah man viele von ihnen im Garten. Sie wandelten beschwingt über die weichen Wiesen, lagerten sich in kleinen Gruppen im Gras. Man konnte sie vertieft in intensive Gespräche entdecken, wie sie miteinander redend und hörend die Wege entlanggingen. Wo bisher jeder nur um sein eigenes Überlegen gekämpft hatte, erwachte nun ein Interesse aneinander, man nahm sich wahr und begann sich mitzuteilen. Es war eine herrliche Zeit in diesem Garten! Die Menschen sprachen von „ihrem" Paradies und immer öfter benutzen sie das Wort „wir". Sie begannen zu einer Gemeinschaft zusammenzuwachsen und verstanden, dass sie zusammengehörten. Das unverhoffte Geschenk des Gartens verband sie und tat ihnen wohl. Jeder erfuhr auf seine Weise Heilung, wurde satt und gesund an Leib und Seele, jeder spürte neue Lebenskräfte und merkte, wie ihm vielfältige Möglichkeiten zuwuchsen.

Bis – ja bis am vierzigsten Tag, nachdem das Loch in der Mauer entstanden war und sich der Zugang zum Garten gebildet hatte, sich mit lautem Getöse ein großes schmiedeeisernes Tor öffnete. Die Flügel des Portals schwangen von unsichtbaren Händen bewegt zurück. Und die große Tür war wie eine Einladung, nun wieder hinauszugehen, um andere einzuladen, in diesen Garten zu kommen.

Und so zogen die Menschen hinaus nach dieser kurzen Zeit im Garten, die ihnen so lang vorgekommen war. Sie waren andere geworden, stark und mutig und voller Freude – so zogen sie hinaus in den Alltag, in dem sie einst gelebt hatten.

Die Wüste und Einöde wird frohlocken, und die Steppe wird jubeln und wird blühen wie die Lilien.
(Jesaja 35,1)

Ich will Wasserbäche auf den Höhen öffnen und Quellen mitten auf den Feldern und will die Wüste zu Wasserstellen machen und das dürre Land zu Wasserquellen.
(Jesaja 41,18)

Am letzten Tag des Festes, der der höchste war, trat Jesus auf und rief: Wen da dürstet, der komme zu mir und trinke! Wer an mich glaubt, wie die Schrift sagt, von dessen Leib werden Ströme lebendigen Wassers fließen.
(Johannes 7,37–38)

4. Sonntag nach Epiphanias

Kommt her und sehet an die Werke Gottes, der so wunderbar ist in seinem Tun an den Menschenkindern.
(Psalm 66,5)

Das Tuch

Das Hochzeitsfest steuerte seinem Höhepunkt entgegen. Die Braut, schön und anmutig, war der Mittelpunkt, von allen gefeiert und verehrt. Der Bräutigam hatte es schwer an ihrer Seite, einen guten Eindruck zu machen. Nun wollten ein paar Freunde der Braut ein ganz besonderes Geschenk überreichen. Feierlich wurde ein Päckchen hereingetragen und vor der Braut abgelegt. Alle waren gespannt, was es enthielt, die Gäste rückten näher, um den Moment des Auspackens nicht zu verpassen.

Vorsichtig nahm die Braut das Geschenk in die Hand, es war leicht und weich. Auch sie war neugierig, was es wohl an Besonderem enthielt. Ungeduldig öffnete sie das Päckchen. Ein wunderbarer Stoff kam zum Vorschein, sorgfältig eingefasst und künstlerisch verziert, mit goldenen und silbernen Fäden durchwirkt, das Muster bildete ein verschlungenes Ornament. Eine wertvolle Arbeit, ein teures Stück. Er war so groß, dass die Braut sich vollständig darin einwickeln konnte, dazu war er weich, flauschig und warm, nichts an ihm war kratzig oder ungemütlich.

„Das ist eure Liebe", sagten die Freunde zu dem Brautpaar, „pflegt sie gut, dann bleibt sie immer wertvoll, sie wärmt und bedeckt euch."

Wie jedes schöne Fest, so nahm auch dieses ein Ende und der Alltag begann. Und nach kurzer Zeit begann auch der Alltag ihrer Ehe, die Phase des Verliebtseins war vorbei, viele andere Dinge wurden allmählich wichtiger als traute Zweisamkeit.

Als die Frau nach ein paar Wochen ihr Hochzeitstuch wieder einmal hervorholte und bewundern wollte, merkte sie, dass eine Ecke fehlte. Es sah so aus, als hätten Motten einen Zipfel abgefressen. Die Frau war bekümmert und mühsam versuchte sie, es zu flicken.

Dann kam der erste große Ehekrach. Eigentlich war es um eine Kleinigkeit gegangen, die hatte sich aber so aufgebauscht, dass der Ehemann zum Schluss seine Sachen packte und auszog. Freilich kam er nach ein paar Tagen wieder zurück und die beiden versöhnten sich wieder. Aber nun hatte das schöne Tuch einen tiefen Riss bekommen. Seufzend flickte ihn die Frau kunstvoll, aber der Schaden war nicht zu übersehen.

Dann kam das erste Kind und der Mann kletterte auf der Karriereleiter nach oben, die beiden hatten immer weniger miteinander zu tun. Zwar wurde das tägliche Leben organisiert und besprochen, aber dabei fanden sich die beiden Herzen immer seltener. Besorgt nahm die Frau das Tuch aus dem Schrank. Als sie es ausbreitete, sah sie, dass die goldenen und silbernen Fäden herausgezogen waren, das wertvolle, seltene Ornament war verschwunden, das Tuch war ein ganz normaler Stoff geworden. Mit Tränen in den Augen legte sie es zusammen und versteckte es weit unten im Schrank.

Die Zeit verging, die beiden hatten sich immer weniger zu sagen. Der Mann war geschäftlich viel unterwegs, oft blieb er tagelang fort. Ob er eine Freundin hatte? Die Frau hatte Angst, dass es so war, sie musste sich richtig überwinden, den Stoff ihrer Liebe zu betrachten. Tatsächlich: Er hatte viele Risse und Löcher, war verknittert und die fröhlichen Fransen fehlten völlig. Aber die Frau wollte nicht aufgeben. Mühsam flickte sie den Schaden, stopfte

Loch für Loch und nähte die Fransen wieder an. Aber es war nicht mehr das alte Tuch, es war ein vielfach geflickter Stoff, grau, armselig, und als sie sich darin einhüllen wollte, fühlte er sich hart und kratzig an. Durch die vielen Ausbesserungen war er auch viel kleiner geworden, so dass er sie nicht mehr bedeckte. Sie überlegte sich, ob sie daraus eine Jacke für ihr Kind schneidern sollte, aber auch dafür kam er nicht mehr in Frage. Zu einer Tagesdecke für ihr Ehebett war er schon längst nicht mehr zu verwenden.

Sie gab das Tuch in die Reinigung, sie versuchte es glatt zu bügeln, aber es blieb unansehnlich und war zu nichts mehr zu gebrauchen. Da nahm die Frau den Stoff und legte ihn in der Abstellkammer über die Gegenstände, die dort aus vergangenen schönen Zeiten lagerten. Dort hing auch ihr ehemaliges Brautkleid. Zumindest hier sollte das Tuch den Zweck erfüllen, Staub und Schmutz abzuhalten, um das Vergangene zu bewahren.

Dann gingen weitere, schwere Jahre ins Land, die Kinder wurden groß und gingen ihre eigenen Wege. Auch der Mann tat, was ihm gefiel.

Als die Frau eines Tages wieder einmal die Abstellkammer betrat und das Tuch der Liebe, das kostbare Geschenk ihrer Freunde zur Hochzeit, entdeckte, erschrak sie. Sie musste zweimal hinschauen, denn sie erkannte das Tuch nicht mehr. Was dort lag, war nur noch ein alter, brüchiger Lappen, der nicht einmal mehr als Putzlumpen zu verwenden war.

Was war nur mit ihrer Liebe geschehen? Wie hatte sie sich so verändern können? Mit tränenvollen Augen und einem schmerzenden Herzen setzte sich die Frau in den Sessel und dachte zurück an den Anfang, als alles noch ganz anders und ihre Liebe strahlend und schön gewesen war. Und dabei spürte sie, das die kleinen Reste der einstigen Liebe noch eine große Kraft in sich bargen. Ob daraus noch einmal etwas Neues entstehen konnte?

Zum Weiterdenken:
– Was Gott tut, das ist wohlgetan – aber das Tun der Menschen kann es zerstören. Wie können wir Gottes Handeln achten und fördern?

Also hat Gott die Welt geliebt, dass er seinen eingeborenen Sohn gab,
damit alle, die an ihn glauben, nicht verloren werden,
sondern das ewige Leben haben.
(Johannes 3,16)

*Der Herr wird ans Licht bringen, was im Finstern verborgen ist,
und wird das Trachten der Herzen offenbar machen.*
(1. Korinther 4,5b)

Der Zauberspiegel

Vor langer, langer Zeit gab es einen Gaukler, der zwar sein Handwerk verstand, den Menschen einen Spiegel vorzuhalten, dem aber der wichtigste Teil zur Ausübung seines Handwerks fehlte: der Spiegel.

Die anderen seiner Zunft hatten die tollsten Spiegel. Sie bestanden aus polierten Metallplatten, die so gewölbt waren, dass der Betrachter nur ein verzerrtes Konterfei betrachten konnte. Dabei wurde aber den Menschen, die in den Spiegel schauten, klargemacht, dass sie sich tatsächlich so wahrnehmen würden, wie sie in Wirklichkeit aussahen. Da niemand außer den Gauklern einen Spiegel besitzen durfte, konnten sie nicht überprüfen, ob das auch wirklich so stimmte, es blieb ihnen nichts anderes übrig, sie mussten es glauben.

Da sah man sich dann mit einer Nase versehen, die wie ein Schweinerüssel gestaltet war oder mit einem Mund, der so groß war wie ein gefräßiges Maul. Die beiden Augen verschmolzen zu einem einzigen Glupschauge und der Kopf war birnenförmig verzogen. Die Leute heulten vor Entsetzen, wenn sie sich so sahen, dachten sie doch, dass sie die Wahrheit schauten.

Weil nun dieser Gaukler keinen Spiegel besaß – sie waren sündhaft teuer und außerdem war er das trügerische Spiel leid –, konnte er seinen Beruf nicht so ausüben, dass die Menschen in Scharen zu ihm kamen und er davon leben konnte.

Lange sann er auf Abhilfe. Da hatte er in einer Nacht eine Idee, als er sich Dinge und Möglichkeiten so lebhaft vorstellen konnte, als seien sie tatsächlich vor seinen Augen, obwohl es ganz finster um ihn herum war. Er besorgte sich ein viereckiges Holzstück in der Größe eines Spiegels – das war billig – und bemalte es mit schwarzer Farbe, daran befestigte er einen Griff.

Mit diesem Spiegel ging er auf den Markt. Laut rufend machte er die Menschen auf seinen Zauberspiegel aufmerksam: „Wer in meinen Spiegel schaut, der sieht garantiert die Wahrheit!", rief er aus. Die Menschen kamen in Scharen und umlagerten ihn, jeder wollte die Wahrheit erblicken.

Aber der Gaukler sagte zu den Menschen, dass sie nur das in seinem Spiegel sehen könnten, was sie sich von ganzem Herzen und mit reiner Seele zu erkennen wünschten. Da gab es viele, die in den Spiegel schauten und nichts sahen als eine schwarze Fläche. Laut lachend oder auch nachdenklich zogen sie wieder von dannen.

Anderen, denen anzusehen war, dass sie mehr sehen wollten und offen für die Wahrheit waren, weil sie sich mit ganzem Herzen danach sehnten, erklärte der Gaukler, was dieser Mensch jetzt in seinem Spiegel erkennen könnte. Er malte das Spiegelbild in so bunten und lebendigen Farben, dass derjenige, der in den Spiegel schaute, tatsächlich das sah, was ihm beschrieben wurde.

Wenn der Gaukler dann merkte, dass seine Worte sichtbar wurden, konnte er weitergehen und immer mehr und immer Tieferes in seinen Spiegel hineinmalen. Er konnte den Menschen auf diese Weise das zeigen, was sie in keinem Spiegel sehen konnten, er zeigte den Betrachtern nicht nur die Oberfläche, sondern deckte Schicht um Schicht auf, was darunterlag. Die Menschen, die in seinen Spiegel blickten, sahen nicht nur etwas, sondern erkannten sich selbst.

Und der Gaukler lernte immer besser, hinter die Fassade eines Gesichtes zu blicken, er verstand die Menschen in ihrem Innersten und das beschrieb er als das, was der Spiegel zeigte.

So konnte es sein, dass jemand, der traurig zu ihm kam, fröhlich lachend weiterzog: Der Gaukler hatte das versteckte Lachen in diesem Menschen erkannt und in den Spiegel gezaubert und damit hervorgelockt. Ein anderer kam fröhlich und zog weinend weiter: Der Gaukler hatte die Tränen gesehen und ein trauriges Gesicht beschrieben. Eine Frau kam mutlos und ohne Hoffnung, aber der Spiegel entdeckte das kleine Quäntchen an Zuversicht, das sie noch besaß. Wieder ein anderer kam stolz und hochmütig daher und wollte sehen, was für ein toller Kerl er war, aber er sah in dem Spiegel nur ein kleines Häufchen Elend.

Der Spiegel wurde immer mehr als ein wahrer Zauberspiegel bekannt und gerühmt und der Gaukler wurde zu einem begehrten und wohlhabenden Mann. Bis er eines Tages in den Spiegel sah und nichts darin erblickte. Der Gaukler erschrak bis ins Mark: Hatte er anderen Menschen zur Selbsterkenntnis geholfen – aber für sich selbst war er blind geblieben? Wer half ihm, sich zu verstehen, wer sagte ihm, was *er* sah, wenn er in den Spiegel schaute?

Entsetzt warf er das eitle Holzstück weit von sich und fortan war er wieder ein ganz normaler Jahrmarktzauberer.

Wir sehen jetzt durch einen Spiegel ein dunkles Bild; dann aber von Angesicht zu Angesicht. Jetzt erkenne ich stückweise; dann aber werde ich erkennen, wie ich erkannt bin.
(1. Korinther 13,12)

Der Pfahl

Es ist schon sehr lange her, da fragt der kleine Junge seinen Vater: „Vater, warum strafst Du mich immer so sehr mit Schlägen und Verboten?"

Der Vater antwortet: „Ein krummer Baum braucht einen starken Halt. Er braucht einen festen Stecken, an dem wird er angebunden. Dann kann er gerade wachsen, dann hat er eine Orientierung, die ihm hilft, ein großer und stattlicher Baum zu werden."

Viele Jahrzehnte später macht dieser kleine Junge, inzwischen groß geworden, einen Spaziergang. Ein starker Orkan hatte vor wenigen Tagen die alten Obstbäume in der Plantage umgeworfen. Ein trauriges Bild, wie sie alle am Boden lagen, entwurzelt und zerborsten.

Der kleine Junge, der inzwischen groß geworden war, betrachtete die Bäume mit großem Mitleid, er fühlte den Schmerz, dass diese großen Stämme dem Toben der Elemente nicht Stand halten konnten.

Dann schaute er sich einen Baum genauer an, sein Wurzelwerk lag bloß und ragte in die Luft. Und mitten drin steckte ein alter Pfahl. Ist das der Stab, an den der junge Baum einst gebunden wurde, damit er Halt für sein Wachstum hatte? Der Baum hatte diesen Pfahl sich richtiggehend einverleibt, er war darum herumgewachsen, nun steckte er mitten im Baumstamm. Er war nicht verfault, nur verwittert, die Umhüllung des Baumes hatte ihn bewahrt.

So hatte zuerst der Stab den jungen Baum gehalten, dann hat der Baum den Pfahl erhalten. Zuletzt sind beide miteinander gefallen.

Nachdenklich schaut der alte Mann auf die Wurzeln des Baumes, eine Erinnerung überfällt ihn an die Zeit, als er ein Junge war. „Aber ich stehe", sagt er zu sich. Und er überlegt sich: „Steckt der Pfahl auch noch in mir?"

Zum Weiterdenken:
– Was Halt gibt im Leben, kann auch zum Gefängnis werden.
  An welchem Stab richten Sie sich auf, was empfinden Sie eher
  als einengend?

Und damit ich mich wegen der hohen Offenbarungen nicht überhebe,
ist mir gegeben ein Pfahl ins Fleisch.
(2. Korinther 12,7)

Letzter Sonntag nach Epiphanias

Über dir geht auf der Herr, und seine Herrlichkeit erscheint über dir.
(Jesaja 60,2)

Angeberei

Die Clique der Jugendlichen hat sich an ihrem gewöhnlichen Treffpunkt in einer Ecke des Schulhofes versammelt. Sie stehen zusammen und tauschen die wichtigsten Neuigkeiten aus. Es geht betont lässig und cool zu. Man zeigt sich von der besten Seite und versucht, Eindruck zu machen.

Ein etwa 16-jähriger Junge, Michael, steht heute im Mittelpunkt des Interesses. Er führt sein neues Mofa vor, das er sich selber erspart und erworben hat. Eine schnittige Maschine. Die anderen bewundern den Flitzer und sind sichtbar neidisch auf den stolzen Besitz. Der Eigentümer genießt es, von allen beachtet zu werden. Bereitwillig gibt er Auskunft über die technischen Details seiner Maschine.

Dann kommt der Zeitpunkt, wo er die geballte Kraft des Fahrzeugs vorführen soll, jetzt kommt der große Augenblick! Alle sind gespannt.

Michael betätigt den Starter, das Mofa heult auf, ein satter Sound – laut und aggressiv. Er will zeigen, was in seinem Fahrzeug steckt.

Dann legt er los und dreht den Griff, mit dem die Benzinzufuhr geregelt wird, ganz nach oben. Das Fahrzeug schießt los, schnell, unvermittelt; es bäumt sich auf und für einen Moment steht das Vorderrad steil in der Luft. Der Fahrer kann sich in dieser Lage nicht auf seinem Sitz halten. Offensichtlich ist er nicht auf diese Reaktion seines Mofas vorbereitet, vielleicht hat er selbst die dynamische Kraft des Motors unterschätzt.

Michael rutscht vom Sattel, aber er hält sich immer noch mit beiden Händen am Lenker fest. Nein, er lässt sein neues Fahrzeug nicht los. Es würde ja sonst umkippen und der schöne Lack hätte die ersten Kratzer und Dellen. So hängt der junge Mann am Lenker. Und da er sich krampfhaft festhält, dreht er immer weiter am Gasgriff. Das Mofa schießt los, es fährt mit zunehmender Geschwindigkeit. Michael zieht es mit, er will sein Eigentum ja nicht freigeben. Seine Beine schleifen über den Boden.

Die Zuschauer sind zuerst vor Schreck erstarrt. Es ist alles sehr unvermittelt und plötzlich geschehen. Nun lachen sie laut auf. Das war eine herrliche Vorstellung! Schadenfreude mischt sich in ihr Johlen und Schreien. Das hat er nun davon, der Angeber. Da seht ihr es, er kommt mit seinem Fahrzeug nicht zurecht. Ein bisschen tut er ihnen auch leid, aber das zeigen sie nicht. Es ist doch zu komisch, wie er da am Mofa hängt, das er nicht bändigen kann und das ihn nun hinter sich herschleppt.

In hoher Geschwindigkeit rast das Gefährt mit seinem hilflosen Besitzer über den Schulhof. Der macht eine jämmerliche Miene und versucht verzweifelt, auf die Beine zu kommen. Doch der Motor ist stärker. Er müsste die Geschwindigkeit drosseln, aber das geht nicht, denn da er am Griff hängt, dreht er die Geschwindigkeit immer weiter auf. Loslassen möchte er den wertvollen Besitz auch nicht, er hat so viel dafür bezahlt, das Mofa ist doch sein Ein und Alles! Eine ausweglose Situation.

Dann ist der Schulhof zu Ende, nun kommt der Gehweg und gleich darauf der Bordstein. Das Mofa schießt über den Absatz und bäumt sich dabei auf. Michael kann sein Fahrzeug nicht mehr halten, es springt ihm aus der Hand. Dann macht es noch einen großen Satz, der Motor heult noch einmal wütend auf, dann kippt es um, schlittert ein Stück mit knirschenden Geräuschen über den Asphalt und bleibt auf der Straße liegen. Der Motor ist abgewürgt, die Reifen drehen sich noch, Benzin läuft aus.

Der Junge liegt auf dem Gehweg. Die anderen Jugendlichen kommen lachend und schreiend herbeigerannt, das war eine super Show, das war nach ihrem Herzen. Jeder redet auf den Jungen ein, der sich langsam besinnt und dann mühsam aufsteht. Er bekommt nichts von dem mit, was die anderen ihm sagen. Er will nichts hören. Er redet nichts. Seine Hose ist aufgerissen, sonst hat er sich nicht verletzt. Wie im Traum geht er zu seinem neuen Mofa, das verkratzt und verbeult auf dem Boden liegt und hebt es auf.

In ihm sind Wut, Schmerz und Enttäuschung, wie wurde er vor allen anderen erniedrigt! Sein ganzer Stolz ist dahin. Er wollte groß herauskommen, den anderen zeigen, was er kann, er wollte einmal der Wichtigste sein, von allen bewundert. Und nun erntet er nur Häme und Gelächter. Aber er kann seine Gefühle nicht zeigen, das würde den Triumph für die anderen nur vergrößern. So hat er den Schaden und den Spott. Wortlos nimmt er sein Mofa und schiebt es heimwärts. Die anderen sind ihm egal, er wird nie wieder zu dieser Clique gehören. Er fühlt sich wie zerbrochen. Er fühlt sich wie sein Gefährt aussieht: zerschrammt und verbeult, nicht mehr neu und bewundernswert.

Sein Mofa hat ihn heruntergeholt von den Höhen des Triumphes auf den Boden der Wirklichkeit; was mit Angeberei begonnen hat, endete kläglich. Er ist ernüchtert über sich. Aber auch sein Mofa hat nicht nur äußerlich an Wert eingebüßt. Es ist fortan nicht mehr ein Prestigeobjekt, ein Mittel, um das eigene Selbstwertgefühl aufzumotzen, es ist nun degradiert zu einem einfachen Gebrauchsgegenstand, zu einem ganz normalen Fahrzeug, um sich fortzubewegen. Deshalb lässt der Junge die Beulen, und die Kratzer überstreicht er mit Farbe, damit das Metall nicht rostet.

Zum Weiterdenken:
– Gottes Licht scheint in das Dunkle – aber dort wo es hinscheint, wird es hell.
– Angeben – stolz sein – Christ sein: Wie geht das zusammen? Oder geht es nicht?

Wer aber die Wahrheit tut, der kommt zu dem Licht,
damit offenbar wird, dass seine Werke in Gott getan sind.
(Johannes 3,21)

*Wir liegen vor dir mit unserm Gebet und vertrauen nicht
auf unsre Gerechtigkeit, sondern auf deine große Barmherzigkeit.*
(Daniel 9,18)

Das Modellflugzeug

Nils war ein begeisterter Modellflugzeugbauer. Er stellte die schnellsten Flugzeuge selber her, versah sie mit einem kleinen Motor und jagte sie, gelenkt von einer Fernsteuerung, in den Himmel. Er liebte es, sie möglichst hoch in die Wolken zu steuern und sehnsüchtig sah er ihnen dann nach.

Dann hörte er eines Tages von Gott und er verstand das so, dass Gott dort oben im Himmel wohnt. Er überlegte sich, ob er dann Gott nicht mit einem seiner Flugzeuge erreichen könnte. Er wollte gern mit diesem Gott da oben in Kontakt kommen. Und als er sich vorstellte, wie bei Gott eines seiner Flugzeuge landete, kam ihm eine Idee: Er würde Gott eine Nachricht zukommen lassen!

So schrieb er einen kleinen Zettel.

„Hallo Gott, gibt es dich da oben? Wenn ja, dann schicke mir doch bald eine Antwort. Ich warte auf eine Nachricht von dir!"

Steckte ihn in sein stärkstes Flugzeug, stieg auf einen Berg und startete es in den blauen Himmel. Nils lenkte es so weit nach oben, bis es nur noch ein winziger Punkt und die Reichweite der Funksteuerung zu Ende war. Dann wartete er ab.

Nur eine kurze Zeit war verstrichen, dann bemerkte er, dass sein Flugzeug zurückkam. Wie ein Stein stürzte es vom Himmel und blieb zuletzt in den Baumwipfeln eines nahen Wäldchens hängen. „Das habe ich mir doch gleich gedacht", murrte der Junge, „den da oben gibt es ja gar nicht! Und jetzt ist noch mein bestes Modellflugzeug kaputt!" Er war wütend und enttäuscht. Um zu sehen, ob er seine Maschine doch noch retten und wieder reparieren könnte, stieg er auf den Baum, auf dem das Flugzeug hing.

Und da oben im Gipfel des Baumes hing noch etwas anderes: die leere Hülle eines verblichenen Luftballons, an einer kleinen Schnur hing die Karte, die sich im Geäst verfangen hatte. Darauf las er:

„Ich bin 10 Jahre alt und sehr allein. Ich liege den ganzen Tag im Bett, denn ich bin krank. Ich würde mich sehr freuen, wenn ich eine Antwort bekommen könnte!"

Nachdenklich kletterte Nils vom Baum, sein Modellflugzeug unter dem Arm und die Karte in der Hosentasche. Nachdenklich dachte er darüber nach, ob beides, sein Brief an Gott und dieser Hilfeschrei auf der Karte, etwas miteinander zu tun hatten. Ob diese Ballonpost die Antwort Gottes für ihn war?

Zum Weiterdenken:
– Vertrauen ist wie ein Bumerang: Wenn man es richtig einsetzt, kommt es wieder zurück – man muss manchmal nur lange darauf warten.

Werft euer Vertrauen nicht weg, welches eine große Belohnung hat.
(Hebräer 10,35)

Sexagesimä (60 Tage vor Ostern)

Heute, wenn ihr seine Stimme hören werdet,
so verstockt eure Herzen nicht.
(Hebräer 3,15)

Der Weinkeller

Es war sein kostbarster Schatz. Er hütete ihn wie seinen Augapfel. Das war sein Weinkeller. Und auf seinen Weinkeller war er sehr stolz. Wenn jemand zu Besuch kam, schwärmte er seinem Gast von den auserlesensten Weinen und kostbaren Flaschen vor, die in seinem Keller lagerten. Aber er kredenzte nur einen einfachen und herben Landwein. Bei jeder Schilderung wurden die Schätze kostbarer und die Weinsorten seltener, aber zu Gesicht bekam sie niemand und auch er selbst war sehr selten in den Tiefen seines Verlieses. Er machte uns den Mund wässrig, aber ließ uns nie von seinen Schätzen kosten. Wir fragten uns allmählich, ob er überhaupt diese Kostbarkeiten besaß oder ob er nur angeben wollte?

Bis es mir eines Tages gelang, ihn in seinen Keller zu locken, um mir als seinem besten Freund die Schätze wenigstens zu zeigen, wenn sie schon nicht verkonsumiert werden durften. Nach langem Bitten und Betteln wurde ich in das Gewölbe hinuntergeführt. Was ich dort sah? Einige verstaubte Flaschen mit schimmeligen Etiketten. Und als wir doch tatsächlich eine Flasche eines alten Jahrgangs öffneten, enthielt sie nichts als puren, ungenießbaren Essig.

Zum Weiterdenken:
– Nicht die Worte schaffen die Wirklichkeit –
sondern die Wirklichkeit die Worte.

Siehe, jetzt ist die Zeit der Gnade, siehe, jetzt ist der Tag des Heils.
(2. Korinther 6,2)

Der seltsame Mensch

Neulich habe ich einen Menschen kennengelernt, der mir durch eine besondere Eigenschaft auffiel. Nein, er fiel mir eigentlich überhaupt nicht auf, denn das Besondere an diesem Menschen war, dass er überhaupt nicht auffiel. Deshalb kann ich auch nicht behaupten, dass ich ihn kennengelernt habe. Im Gegenteil, dieser Mensch blieb mir ein Rätsel.

Er war einfach da. Ich weiß nicht, wie lange er schon da war, bis ich ihn wahrnahm. Er stand genau neben mir, mitten in unserer Gemeinschaft und war da. Aber er sagte nichts, er war nur da. Er schaute, bewegte sich und das alles ganz natürlich, als wäre er einer von uns. Es war nichts Auffälliges an ihm, so fiel er auch nicht auf. Er stand dabei, wenn wir redeten, und hörte zu, er ging mit uns, wenn wir uns bewegten. Aber er sagte nichts, er war nur da – wie ein Schatten, ruhig, selbstverständlich und sicher.

Es war überhaupt nicht peinlich oder seltsam, dass er auf diese Weise da war. Es schien sogar so, als wäre er schon immer gegenwärtig gewesen. Er kam mir so bekannt und so vertraut vor, sein Gesicht war so normal, dass es das Gesicht von jedem hätte sein können. Er machte einen selbstverständlichen Eindruck.

Dieser Mensch war nicht erstaunt und nicht verwirrt, äußerte keine Anerkennung und signalisierte weder Zustimmung noch Ablehnung. Seine ganze

Haltung war neutral, so als hätte er keine eigene Meinung. Aber er wirkte auch nicht devot oder betont unauffällig, er musste sich nicht bemühen, unscheinbar zu sein: Er war Hintergrund, obwohl er ganz nahe stand. Er war niemand und trotzdem war er jemand. Ein seltsamer Mensch!

Plötzlich verschwand er. Es fiel überhaupt nicht auf, dass er auf einmal nicht mehr neben mir stand, er war einfach weg und hinterließ keine wirkliche Lücke. Ich musste mir sogar überlegen, ob er jemals da gewesen war oder ob ich mir nicht alles nur eingebildet hatte. Aber er war da gewesen, ich hatte sein Gesicht noch deutlich vor Augen; er hatte ein Gesicht, wie es viele Gesichter gab, sah so aus, wie jeder aussehen konnte. Deshalb hatte ich ihn noch genau vor Augen – oder war er tatsächlich doch nur eine Einbildung?

Aber das Glas, aus dem er getrunken hatte, stand noch auf dem Tisch wie ein Beweis, dass es ihn gegeben hatte, ganz unauffällig, ganz da – und doch von niemandem richtig wahrgenommen. Keiner kannte ihn, niemand wusste seinen Namen. Aber er hatte alles gehört, was gesprochen worden war, und alles mitbekommen, was wir getan hatten.

Und nun war er fort. Und erst jetzt wurde mir so richtig bewusst, dass er da gewesen war. Jetzt war er auf einmal für mich viel mehr anwesend als vorher. Vorher hatte sich niemand um ihn gekümmert, jetzt beschäftigten sich alle mit ihm, fragten sich, wer er wohl gewesen sei, und unablässig kreisen auch heute noch meine Gedanken um diesen besonderen Menschen, der mir ganz nahe gestanden und von dem ich nichts mitbekommen hatte – außer, dass er da gewesen war.

Zum Weiterdenken:
– Unser Herz braucht Ohren – nur dann vermögen wir wirklich zu hören.
– Unser Verstand braucht Augen – damit wir das Verborgene sehen.
– Kennen Sie das Erschrecken, jemanden gut zu kennen und dann zu merken, wie wenig man von ihm wirklich weiß?

Es ist nicht verborgen, was nicht offenbar wird, und nichts geheim, was man nicht wissen wird.
(Matthäus 10,26)

Seht, wir gehen hinauf nach Jerusalem, und es wird alles vollendet werden, was geschrieben ist durch die Propheten von dem Menschensohn.
(Lukas 18,31)

Der Besuch

Seit der alte Mann zum Witwer geworden war, war er sehr einsam. Sein Sohn kam nur noch selten zu ihm zu Besuch. Er hatte seine eigene Familie und wohnte weit entfernt, da war es kein Wunder, wenn er sich nicht blicken ließ!

Da der alte Mann aber viel Zeit hatte und gern Besuch von seinem Sohn bekommen hätte, mietete er sich eine kleine Ferienwohnung in dessen Nähe. Er wollte es ihm und seiner Familie leichter machen, ihn zu besuchen, außerdem konnte ihm ein wenig Urlaub auch nichts schaden.

So reiste er frohgemut zu seinem Feriendomizil, teilte die Urlaubsanschrift auch sofort seinem Sohn mit und ließ durchblicken, dass er sich über Besuch freuen würde.

Dann besorgte er Kuchen, machte Kaffee, deckte den Tisch und wartete auf seine Angehörigen. Extra zu Ehren der Familie stellte er Blumen auf den Tisch, zog seinen besten Anzug an und band sich eine fröhliche Krawatte um. Alles war aufs beste gerichtet, die Wohnung strahlte und der alte Mann auch! So wollte er seinen Besuch empfangen!

Am ersten Nachmittag kam kein Besuch. Enttäuscht räumte der alte Mann am Abend das Geschirr ab und schüttete den Kaffee in den Ausguss. Am zweiten Nachmittag erwartete er wieder hoffnungsvoll gerüstet die Ankunft seines Sohnes – nur der Kuchen war nun nicht mehr ganz frisch. Aber auch an diesem Nachmittag blieb er allein.

So ging es noch weitere drei Tage. Der Kuchen war zuletzt ganz vertrocknet und den Kaffee machte er nicht mehr frisch, sondern wärmte nur noch den vom letzten Tag wieder auf.

Erst am fünften Tag hatte er keine Lust mehr, die Hoffnung war versiegt, dass er Besuch bekommen würde. Müde und enttäuscht blieb er einfach im Bett liegen.

Und genau an diesem Tag läutete es an der Tür. Sein Sohn kam mit der ganzen Familie! Schnell sprang der alte Mann aus dem Bett, zog sich in der Eile den Morgenmantel verkehrt herum an und eilte unrasiert und ungekämmt zur Tür, um seinen Besuch zu empfangen. Endlich! Er war glücklich.

Schnell war der Kaffee angewärmt und der Kuchen aus dem Kühlschrank geholt. In der Eile und vor lauter Begeisterung verschüttete der alte Mann die Milch und zerbrach zwei Kaffeetassen.

Seine Besucher beobachteten das alles mit großem Befremden: der alte Mann im Bademantel, unrasiert und ungekämmt, den trockenen Kuchen und den lauwarmen alten Kaffee und in einem Moment, als er in der Küche war, sagte der Sohn: „Unser Opa wird langsam komisch, ich glaube, wir müssen uns bald nach einem Platz für ihn in einem Pflegeheim umschauen." Und schüttelte dabei nachdenklich seinen Kopf.

Zum Weiterdenken:
– Unsere Sehnsucht macht uns verletzlich und durch das Warten auf die Erfüllung werden wir zu Kindern.

Selig sind die Knechte, die der Herr, wenn er kommt, wachend findet. Wahrlich, ich sage euch: Er wird sich schürzen und wird sie zu Tisch bitten und kommen und ihnen dienen.
(Lukas 12,37)

Invokavit („Er ruft mich an, darum will ich ihn erhören" Psalm 91,15)

Dazu ist erschienen der Sohn Gottes, dass er die Werke des Teufels zerstöre.
(1. Johannes 3,8b)

Der sichere Halt

Es war in den letzten Wochen des schrecklichen Krieges. Oberfähnrich Fritz hatte beim Untergang seines Schiffes im Skagerrak alles verloren und nur sein nacktes Leben gerettet. Aber immerhin das, viele seiner Kameraden waren ertrunken, und auch er konnte sich nur durch den glücklichen Umstand retten, weil er eine Rettungsinsel zu fassen bekam, an die er sich im eiskalten Wasser klammern konnte. So trieb er mit einem kleinen Rest der Besatzung im Meer, bis sie im Morgengrauen von Fischern gerettet wurden.

Nur wenige Tage danach wurde er wieder zum Einsatz abkommandiert. Das untergehende Reich brauchte jeden Mann.

Nun stand Fritz an der Reling eines anderen Schiffes, er sollte Soldaten, die im Heimaturlaub waren, wieder zurück an die Front bringen. Das ganze Schiff war vollgestopft mit müden und verzweifelten Gestalten, die sich in die Heimat zurücksehnten. Auch Fritz war mit seinen Gedanken ganz woanders. Ihm saß noch der Schock des nahen Todes in den Gliedern. Um ein Haar wäre er nun auch dort, wo jetzt viele seiner Kameraden waren: am Grund des Meeres. Ihn schauderte. Er hatte das Leben, das ihm neu geschenkt wurde, noch nicht ergriffen, so befand er sich irgendwo zwischen Tod und Leben. Er schaute in die Ferne.

Da bemerkte er, dass neben seinem Schiff ein Kanonenboot der eigenen Fregatte anlegte. Er schaute hinüber. Viele Matrosen standen an Deck, die sich auf den Landgang freuten.

„Otto!" Ein Schrei hallte hinüber zum einfahrenden Schiff. Fritz hatte seinen Freund Otto entdeckt. Wie ein Hoffnungszeichen tauchte er vor seinen Augen auf, wie ein Gruß vergangenen Lebens.

Fritz hastete die Fallreep hinunter, er kämpfte sich durch den Strom der von Bord gehenden Soldaten und fiel endlich seinem Freund Otto in die Arme. Er schluchzte. Es brauchte eine Weile, bis er stammeln konnte: „Unser Schiff ist abgesoffen. Fast alle sind ertrunken. Ich konnte mich retten. Aber ich habe alles verloren. Nicht einmal meine Bibel habe ich mehr." Der Freund holte sein eigenes neues Testament aus der Tasche: „Hier, nimm meines!"

Da ertönte auch schon die Pfeife, das Schiff von Oberfähnrich Fritz war bereit zum Ablegen. Noch eine rasche Umarmung, dann trennten sich die Freunde nach dieser kurzen Begegnung wieder. Fritz eilte auf seinen Posten zurück. Er sollte ja die vielen unglücklichen Frontsoldaten beaufsichtigen.

In der Nacht hatte Oberfähnrich Fritz Wache. Die Nacht war kalt. Fritz dachte an die Momente des Unterganges seines Schiffes. Er fror so, dass es ihn schüttelte. Wie benommen und nicht Herr seiner Sinne verließ er den Wachtposten und wickelte sich in Decken, die er in einer dunklen Ecke fand. Er wollte allein sein, er brauchte Schutz und Geborgenheit. So schlief er ein.

In der Nacht wurde das Schiff von feindlichen Fliegern angegriffen und beschossen. Es donnerte und knallte, die Leuchtspurgeschosse verfehlten nur knapp das Ziel. Die Soldaten auf dem Schiff gerieten in wilde Panik, es kam fast zu einer Katastrophe. Aber Fritz schlief und merkte von alledem nichts.

Plötzlich wurde er unsanft aufgeweckt. „Hier sind Sie also!" Zwei Männer rüttelten ihn an seiner Schulter und zogen ihm die Decken weg. Die Feldpolizei stand vor ihm und verlangte sein Soldbuch. Fritz war ganz benommen, er verstand nichts. Mit kalter Stimme wurde ihm erklärt, er habe sich eines Wachvergehens schuldig gemacht. Sie packten ihn und brachten ihn zur Arrestzelle des Schiffes.

Am anderen Morgen wurde Fritz zum befehlshabenden Offizier geschleppt. Der schrie ihn an und stauchte ihn zusammen, dass dem Oberfähnrich Hören und Sehen verging: „Sie sind schuld, dass es fast zu einer Katastrophe kam. Ich werde Sie vor das Kriegsgericht stellen und wegen Fahnenflucht anzeigen! Sie werden sich wundern! Wie können Sie einfach Ihren Posten verlassen, Sie Niete!" Oberfähnrich Fritz war ein Häufchen Unglück. Er wusste, was es heißt, vors Kriegsgericht gestellt zu werden. In diesen letzten Tagen des Krieges wurde nicht mehr lange gefackelt. Man war mit Erschießungen schnell zur Hand. Er zitterte wie Espenlaub.

„Mann, nehmen Sie sich zusammen", donnerte der Offizier, „nehmen Sie Haltung an, Sie Feigling!"

Oberfähnrich Fritz nahm die Hände an die Hosennaht und richtete sich mühsam auf. Dabei spürte er das kleine Neue Testament in seiner Hosentasche. Auf einmal wurde er ganz ruhig, eine unerklärliche Sicherheit breitete sich in ihm aus. Ja, er hatte einen Halt. Hier war die Bibel, das ewige Wort Gottes, das ihn aufbaute und ihm Mut machte. Das waren Worte des Lebens und nicht Worte des Todes, wie sie ihm gerade in den Ohren gellten. Das gab ihm Boden unter die Füße. Sein Gesicht entspannte sich, er atmete ruhiger. Wenigstens hatte er die Bibel, dann war alles andere egal.

Und eigenartig: Wie auf Kommando änderte sich auf einmal auch der Ton des Offiziers. Die harschen Worte waren wie abgeschnitten. Es war so, als hätte der wütende Ankläger auf einmal alle Macht verloren, als wäre ihm die Luft ausgegangen oder als hätte ihm jemand den Ton abgedreht. Er machte eine mühsame Handbewegung, winkte ab und drehte sich um. „Lasst ihn laufen", murmelte er zu den Feldpolizisten, „er soll als letzter das Schiff verlassen und dafür sorgen, dass alles picobello in Ordnung ist."

Wieder hatte Fritz sein Leben nur knapp gerettet. Er atmete auf, trat hinaus ins nebelige Licht des kalten Morgens über der Ostsee. Er hielt die kleine Bibel in seiner Hand und betrachtete sie ehrfürchtig. Welche Kraft steckte doch in diesem kleinen Buch!

Zum Weiterdenken:
– Was uns Halt geben soll, muss fest verankert sein –
sonst kommen wir noch mehr in Gefahr.

Allein auf Gottes Wort will ich mein Grund und Glauben bauen.
Das soll mein Schatz sein ewiglich, dem ich allein will trauen.
Auch menschlich Weisheit will ich nicht dem göttlich Wort vergleichen,
was Gottes Wort klar spricht und richt', dem soll doch alles weichen.
(Johann Walter, EG 195)

Reminiszere („Gedenke, Herr, an deine Barmherzigkeit!" Psalm 25,6)

Gott erweist seine Liebe zu uns darin, dass Christus für uns gestorben ist,
als wir noch Sünder waren.
(Römer 5,8)

Der flotte Ferdinand im Himmel

Der flotte Ferdinand war so gestorben, wie er gelebt hatte, lachend, ohne Respekt vor irgendeinem Menschen. „Nun werde ich mich dem Herrgott da oben mal vorstellen", hatte er zu seinen Angehörigen gesagt, die sich trauernd um sein Bett versammelt hatten. Kurz darauf hatte er die Augen geschlossen und seinen letzten Atemzug getan.

Im Himmel fand der flotte Ferdinand alles so vor, wie er es sich vorgestellt hatte: strahlend schön und frisch geputzt. „Genau richtig für meinen Empfang", dachte er sich und schaute sich suchend nach dem Empfangskommitee um. Während er Zeit seines Lebens niemandem Respekt erzeigt hatte, war er es gewohnt, dass man ihm mit Ehrfurcht begegnete, während er niemanden ernst nahm und alles ironisch abtat, was man ihm sagte, erwartete er von den anderen, dass seine Worte gebührend beachtet und aufgenommen wurden. Er hielt es für selbstverständlich, dass man ihn hier im Himmel so begrüßte, wie es sich seiner Person geziemte.

Aber nur ein jüngerer Mann kam auf ihn zu. Er war nicht auffällig gekleidet und stellte nichts Besonderes dar, wenn er auch eine große Freundlichkeit und Herzlichkeit ausstrahlte.

„Hallo", sagte der flotte Ferdinand zu ihm, „schön, dass sich mal jemand um mich kümmert. Was ist das für ein Management hier, habt ihr übersehen, dass ich mich heute angemeldet habe?" „O nein, durchaus nicht", entgegnete der junge Mann freundlich, „wir haben auf dich gewartet!" „Dann hätte ich aber erwartet, dass ich vom Chef persönlich begrüßt werde oder dass er mir wenigstens seinen Sohn entgegengeschickt hätte – so haben das zumindest die Pfarrer immer wieder gepredigt." Der flotte Ferdinand war aufgebracht. Er war zwar in seinem Leben nicht oft in der Kirche gewesen, aber er war sich trotzdem immer als guter und gerechter Christ vorgekommen. Er hatte ja schließlich hin und wieder eine dicke Summe gespendet und keinem etwas Böses getan!

„Ja?" Der junge Mann war immer noch von einer strahlenden Herzlichkeit. „Aber das geschieht doch gerade, ich hole dich ja ab!" Der flotte Ferdinand schaute sein Gegenüber abschätzig an, sollte er etwas falsch verstanden haben …? Aber das konnte doch nicht sein, der Sohn des großen Chefs – wie er ihn nannte – musste doch anders aussehen. Er zögerte und wusste zum ersten Mal nicht, wie er reagieren sollte.

„Ja, ich bin der, der in der Wüste gelebt hat und der dann viele Jahre mit seinen Freunden durchs Land gezogen ist." Der junge Mann wollte dem flotten Ferdinand eine Brücke bauen und ihn aus seiner Unsicherheit befreien. Aber der machte ein abweisendes Gesicht und sagte zu sich: „Das hab ich mir schon gedacht, so sieht er auch aus – ein Herumtreiber ist er, die gibt es ja anscheinend überall." Nun wurde der junge Mann eindringlicher: „Ich habe mit den Schriftgelehrten gekämpft und sie überwunden, ich habe mich auf die Seite der Armen gestellt und ihnen ihre Würde gegeben, ich habe ihnen gezeigt, dass Gott ihr Vater ist!"

Da wurde es dem flotten Ferdinand zu viel. Mit solchen Leuten hatte er es in seinem ganzen Leben zu tun gehabt, Schwätzer, Aufrührer, denen nichts recht war und die immer die ganze Welt verbessern wollten. Mit diesen Leuten hatte er stets kurzen Prozess gemacht. Oh ja, das war ihm immer gut gelungen, mit scharfen Worten diese Tagträumer und Utopisten bloßzustellen, aber jetzt wollte er den großen Herrgott persönlich sprechen, damit er endlich so behandelt würde, wie es ihm zustand.

Er wandte sich ab und wollte sich selbst den Weg in die Chefetage suchen, in diesen Bereichen kannte er sich ja aus, das würde ihm bestimmt nicht schwerfallen.

Aber der junge Mann ließ nicht locker: „Ich bin der, der alle Schuld dieser Welt auf sich genommen hat. Ich bin am Kreuz für die Sünder gestorben, ich habe mein Leben für sie gegeben!"

Der flotte Ferdinand schüttelte zornig seinen Kopf: Das ist ja peinlich! Auch hier im Himmel gibt es Verrückte, die sich einbilden, etwas Besseres als andere Menschen zu sein! Wie konnte ein Mensch sein eigenes Leben für jemand anderen opfern? Entweder war das ein Spinner oder in seinen Allmachtsphantasien übergeschnappt! Abrupt drehte sich der flotte Ferdinand um und stapfte mit wütenden Schritten energisch davon. Nein, mit so jemandem wollte er nichts zu tun haben!

„Halt", rief der junge Mann ihm nach, „du gehst in die falsche Richtung – so dort geht es wieder hinaus, du musst mit mir kommen, wenn du zum Vater willst!"

Aber der flotte Ferdinand wollte nicht hören, er hatte genug von diesem unnützen Geschwätz, er nahm seine Sache lieber in die eigene Hand, er würde schon zurechtkommen und seinen Weg finden. Einem, der sich auf so plumpe Weise für den Sohn Gottes ausgab, konnte er nicht trauen. Nein, das war ihm klar, der Sohn des großen Chefs musste ganz anders sein. Sein ganzes Leben lang hatte er vor Augen gehabt, wie er war. Immer wenn er in den Spiegel schaute, sah er ihn, denn er war doch bestimmt ein bisschen so wie er selbst! Das hatte er schließlich in vielen Predigten gehört: „Jesus ist in dir, er ist genau so wie du!"

Der junge Mann schaute ihm traurig nach: „Mit offenen Augen sieht er doch nichts, er weiß alles besser und folgt nur sich selbst. So geht er in die Irre, der arme Mensch."

Zum Weiterdenken:
– Die eigene Vorstellung verstellt uns oft den Blick
  für die Wirklichkeit.

Ein jeglicher sei gesinnt, wie Jesus Christus auch war.
Er, der in göttlicher Gestalt war, hielt es nicht für einen Raub, Gott gleich
zu sein, sondern entäußerte sich selbst und nahm Knechtsgestalt an,
ward den Menschen gleich und der Erscheinung nach als Mensch erkannt.
(Philipper 2,5–7)

> *Wer seine Hand an den Pflug legt und sieht zurück,*
> *der ist nicht geschickt für das Reich Gottes.*
> (Lukas 9,62)

Die Galerie der eigenen Bilder

Ich betrat das Haus mit großer Mühe. Es hatte langer und zäher Verhandlungen bedurft, damit mir der Eintritt überhaupt gestattet wurde. Ich hatte hoch und heilig versichern müssen, dass ich nichts berühren und verändern und mich auch jeglicher Kommentierung enthalten würde. Kein Hauch, ja keine Ahnung einer anderen Welt dürften die Räume dieses Hauses durchdringen und kein Zweifel dürfte seine Grundfesten erschüttern.

Am gut gesicherten Eingang war ich deshalb gründlich durchsucht worden und hatte alle persönlichen Gegenstände abgeben müssen. Ich war durch mehrere Sicherheitsschleusen geführt worden und fast hätte man mir dabei meine eigene Einstellung und meine ganz persönliche Sicht der Dinge auch noch abgenommen.

Dann hatte ich das Gebäude endlich betreten können. In den Räumen herrschte eine düstere Atmosphäre und ich musste mich zuerst an das Dunkel gewöhnen. Die Fenster waren dicht verschlossen, kein Licht von außen drang herein, nur hier und da gab es eine künstliche Beleuchtung, so, dass alles sehr künstlich wirkte. Dicke Teppiche dämpften die Geräusche. Dann nahm ich sie wahr: An den Wänden hingen riesige Gemälde, große, schwere in Öl geronnene Schrecknisse. Grauenhafte Bilder, unwirklich und verzerrt, eine entstellte Wirklichkeit – so empfand ich sie zumindest. Aber ich hatte ja versichern müssen, dass ich keine eigene Beurteilung abgeben würde.

Freilich wurde mir bei der näheren Betrachtung des einen oder anderen Gemäldes ein gewisser Bezug zur Wirklichkeit deutlich, ich konnte dann andeutungsweise erkennen, um was es sich handeln sollte. Aber in jedem Bild war der negative Teil der Sache, die es darstellte, krass überzogen hervorgehoben und aufdringlich dargestellt worden. So war es überall. Die ganze Galerie zeigte ein verzerrtes und unwirkliches Bild der Wirklichkeit, sie war eine Sammlung des Bösen, aber so zusammengestellt, dass man denken konnte, dass es nichts Gutes mehr auf der Welt gab. Der Sammler dieser zweifelhaften Kunstwerke musste ein absoluter Pessimist sein, verliebt in alles

Negative, der seinen Lebenssinn darin fand, in allem das Böse zu sehen und grell zu zeichnen.

Dabei fiel mir wieder ein, dass ich ja mit dem Herrn des Hauses, dem berühmten Besitzer dieser Galerie, ein Interview vereinbart hatte. Ich schaute mich um und überlegte mir, wo ich ihn wohl finden konnte. Mein Blick blieb bei einer dunklen Statue hängen, die krumm und gebeugt in einer Ecke stand. Hatte sie sich nicht gerade bewegt? Tatsächlich. Dort stand ein kleiner, in schwarz gekleideter, buckliger Mann, der sich nun seufzend aus der stummen Zwiesprache mit einem Bild löste und auf mich zukam. Er lächelte nicht, als er mir kalt die Hand gab.

Bevor ich eine Frage an ihn richten konnte, begann er das Gespräch: „Ich habe nur wenig Zeit, ich bin beschäftigt. Sie sehen, dass ich zu meinen Bildern eine besondere Beziehung habe. Es sind meine Bilder, ich spreche mit ihnen. Ich habe sie entweder selbst gemalt oder in Auftrag gegeben. Sie stellen meine Sicht der Dinge dar! Immer wieder schaue ich sie an, damit ich weiß, was wahr ist. Immer wieder versenke ich mich in diese Abbildungen, um die Welt zu verstehen. Ich habe mir von allem ein Bild gemacht, mein Bild gemacht – und diese Bilder hüte ich nun. Mir muss niemand etwas vormachen. Auch Sie nicht, junger Mann.“

Er hatte gemerkt, wie ich Luft holte, um eine Frage zu stellen. Ich wollte gern von ihm wissen, ob er an diese Bilder glaubte. Aber er ließ mich nicht zu Wort kommen.

„Je mehr ich diese Bilder anschaue – und ich tue das schon seit Jahrzehnten – desto mehr verstehe ich. Sie sind für mich lebendig geworden. Deshalb habe ich schon lange nicht mehr mein Haus verlassen. Es genügen mir meine eigenen Bilder. Sie sind die Welt, alles andere ist nur Trug, Schein, Unwahrheit.“

Er verstummte. Wir waren während seiner leidenschaftlichen Ausführungen langsam durch die Räume gewandelt und nun in einem langen Korridor angelangt. Hier hingen unzählige Portraits. Entsetzliche Gestalten, Abbilder des Grauens, verzerrte Grimassen voll Kälte und Niedertracht.

„Schauen Sie sich diese Menschen an!“, befahl er mir. „Es gibt sie wirklich. Ich habe mir von jedem Menschen, dem ich begegnet bin, ein Bild gemacht und hier aufgehängt. So habe ich diese Menschen wahrgenommen, und je mehr ich ihre Abbilder hier betrachte, umso mehr weiß ich, dass sie so sind. Sie sind so, wie ich sie sehe!“ Seine Stimme wurde triumphierend.

„Wenn ich diese Bilder betrachte, dann verstehe ich sie wirklich, dann erkenne ich sie! Und dann habe ich sie in der Hand. Sie machen mir nichts mehr vor, sie blenden mich nicht mehr mit dem, was sie gern sein möchten, ich weiß, wie sie sind!"

Der alte Mann seufzte: „Natürlich leide ich auch unter diesen Bildern. Manchmal bedrücken sie mich. Aber es ist doch besser, an den eigenen Bildern zu leiden, als an dem, was andere einem zufügen, oder? Manchmal kämpfe ich auch gegen diese Bilder – aber ich weiß doch immer, dass es keinen Wert hat, sie sind stärker als ich, denn sie sind ja wahr. Ich muss es lernen, mit ihnen zu leben. Ich muss sie annehmen, wie sie sind."

In seine Stimme mischte sich Resignation. Aber dann straffte sich seine gebeugte Gestalt mit einem Ruck und mit einer einladenden Bewegung wandte er sich mir zu. Zum ersten Mal hatte ich den Eindruck, dass er mich anschaute. Mich schauderte.

„Bleiben Sie hier, junger Mann", sagte er gönnerisch, „ich lade Sie ein, meine Sicht zu teilen. Machen Sie sich meine Abbildungen zu Ihren Bildern. Das erspart Ihnen viele Enttäuschungen. Sie sehen dann mehr, Sie werden nicht mehr geblendet von Äußerem – denn meine Bilder sind die Wahrheit! Machen Sie es sich in meiner Bildergalerie bequem, richten Sie sich hier ein. Sie können hier ein gutes und angenehmes Leben führen …"

Nun waren wir in einen großen Saal gekommen. Hier hing nur ein einziges riesiges Bild. Es war das Gemälde eines stolzen jungen Mannes, eine herrliche Gestalt von strahlender Schönheit. Ein Held in großer Kraft, ein Gott in Menschengestalt.

„Das ist mein Bild von mir", flüsterte der Alte ergriffen.

Hals über Kopf floh ich aus diesem Haus. Und ich atmete auf, als ich wieder draußen war und sehen konnte, was ich sehen wollte. In der Mittagshitze flimmerte die Luft über der Straße vor mir. Es sah aus wie eine große Wasserlache. – Eine Luftspiegelung, ging es mir durch den Kopf. Und doch, dachte ich weiter, ist sie wirklicher als alles, was ich eben in der Galerie gesehen habe.

Zum Weiterdenken:
– Wer sich ein Bild von sich selbst macht und daran festhält, muss sich nicht wundern, wenn er sich nicht verändert.

Du sollst dir kein Bildnis machen in irgendeiner Gestalt, weder von dem, was oben ist im Himmel, noch von dem, was unten ist auf Erden, noch von dem, was im Wasser unter der Erde ist.

Du sollst sie nicht anbeten noch ihnen dienen. Denn ich, der Herr, dein Gott, bin ein eifernder Gott, der die Missetat der Väter heimsucht bis ins dritte und vierte Glied an den Kindern derer, die mich hassen.
(5. Mose 5,8–9)

Lätare („Freuet euch mit Jerusalem!" Jesaja 66,10)

Wenn das Weizenkorn nicht in die Erde fällt und erstirbt, bleibt es allein; wenn es aber erstirbt, bringt es viel Frucht.
(Johannes 12,24)

Der weise Drache

Als der kleine Drache geboren wurde, war er wild und ungebändigt. Er tobte den ganzen Tag herum und setzte seine enormen Kräfte ein, die immer größer wurden. Je älter er wurde, desto gefährlicher wurde er. Mit seinen scharfen Krallen beschädigte er viele Gegenstände und verletzte Menschen, tiefe Risse und Schrunden konnte er mit ihnen schlagen. Sein Gebrüll war bedrohlich und hielt die weite Nachbarschaft in Angst und Schrecken. Sein Feueratem setzte alles Brennbare in seiner Umgebung in Flammen und seine Zähne sahen nicht nur gefährlich aus, sie hatten eine Kraft, der sogar Eisenstäbe nicht gewachsen waren.

Der kleine Drache wurde deshalb, als er ausgewachsen war, in einen sicheren Käfig gesteckt. Dort konnte er sich kaum noch bewegen, so eng war sein Lebensraum geworden. Sein Gebrüll verschwand hinter Lärmschutzwänden, nun hatte er keine weite Sicht mehr, es war aus mit der Freiheit. Die Menschen lachten über seine gefährlichen Zähne, die extra dicken Eisenstäbe gaben ihnen Sicherheit. Es gab nichts mehr, was er mit seinem Feuer anzünden konnte, feuerfestes Glas umgab ihn.

Dem armen Drachen blieb nichts anderes übrig, als sich in sein enges, eingeschränktes Schicksal der Unfreiheit zu fügen. So wurde mit den Jahren aus dem wilden Drachen ein weiser Drache.

Mit der Zeit wurde der Drache ruhiger. Es liegt aber nun mal in der Natur der Lindwürmer, ein wildes, starkes Wesen zu haben.

So begann der Drache nach und nach, seine geballte Kraft in seine Gedanken zu konzentrieren. In Windeseile lernte er die Sprache der Menschen, die ihn tagtäglich angafften. Er schnappte Wortfetzen auf, merkte sich Gesprächsthemen und drang auf diese Art immer tiefer in die menschlichen Ideen, Probleme, in ihre Träume und Sehnsüchte, ihre Verletzlichkeiten und Gefühle ein. Schon bald übertraf er an Sprachgewandtheit und Argumentationsfähigkeit die meisten Zeitgenossen.

Sein messerscharfer Verstand durchschaute die Menschen, in tiefgründigen Diskussionen hielt er ihnen den Spiegel vor.

Sein Wort hallte brüllend in den Herzen der Besucher wider und schlug manche harte Wunde, die aber wohl zur Heilung notwendig war.

Der Drache, selbst eingeschränkt in seinem Käfig, zeigte nun den Menschen ihre Grenzen auf, ob sie es nun hören wollten oder nicht. Zwar kann man sich die Ohren zustopfen, die Herzen aber nicht. So hatte Biss, was der weise Drache sagte und seine Worte entzündeten oft ein größeres Feuer als sein Flammenatem.

Zum Weiterdenken:
– Durch die vielen Tode in unserem Leben werden wir weise.
  Nur wer in die Begrenzungen einwilligt, kommt zur Freiheit.

So ist die Zunge auch ein kleines Glied und richtet große Dinge an.
Siehe, ein kleines Feuer, welch einen Wald zündet's an.
(Jakobus 3,5)

Der Menschensohn ist nicht gekommen, dass er sich dienen lasse, sondern dass er diene und gebe sein Leben zu einer Erlösung für viele.
(Matthäus 20,28)

Die Rose

Noch spät im Herbst, als bereits schon alle Blätter von den Bäumen abgefallen waren, blühte noch eine Rose in unserem Garten. Sie war in diesem Jahr spät dran, und sie setzte ganz offensichtlich alles daran, um ihre einzige Knospe noch vor dem nahenden Winter zum Blühen zu bringen. Ihre ganze Kraft schickte sie in ihren Stängel, damit ihre volle Schönheit doch noch zur Entfaltung kommen konnte. Wir konnten beobachten, wie die Knospe täglich voller und schöner wurde, und die ganze Familie bangte mit, ob sie es wohl schaffen würde.

Wir begleiteten die späte Entwicklung mit unserem besonderen Interesse, war diese Pflanze doch die Lieblingsrose meiner Frau. Die Farbe der Blüte entsprach ganz ihrem Geschmack: Sie war gelb, ein sattes, warmes Gelb, mit roten Streifen, die an den Rändern mit dem Gelb verschmolzen und in vielen Farbtönen von rot bis orange verliefen.

Täglich – ja fast stündlich – warteten wir darauf, dass sie ihre Pracht entfalten würde. Sie würde dann in der Vase einen herrlichen Duft verströmen und wäre in unserer Nähe sicher vor den kalten Herbststürmen und ein Objekt unserer ausgiebigen Bewunderung.

Dann eines Morgens war sie plötzlich fort! Irgendjemand hatte sie in der Nacht über den Gartenzaun hinweg abgerissen. Traurig reckte sich der Stumpf der Rose in den trüben Himmel. Wir waren entsetzt über diesen Diebstahl. Der Verlust war ein Grund zur Trauer. Wie konnte jemand nur so herzlos sein, diese Rose abzureißen und zu stehlen?

Erst nachdem unsere Empörung abgeklungen war, trösteten wir uns mit der Hoffnung, dass diese schöne Blume nun jemand anderes verwöhnen würde. Wir stellten uns vor, wie sie ihren lieblichen Duft im Zimmer des Diebes verströmte und ihn erfreute. Wir hofften, dass unsere Rose Freude in eine traurige Situation bringen würde – das würde doch ihrer Bestimmung entsprechend? Wenn sie nicht uns erfreuen sollte, dann wenigstens andere Menschen, die sie mit ihrem Anblick milde stimmen und denen sie eine Ahnung von Licht, Sonne und Sommer vermitteln konnte.

So trösteten wir uns. Was ich meiner Frau nicht sagen konnte, ist, dass ich zwei Tage später unsere Rose nicht weit entfernt von unserm Grundstück im Rinnstein des Gehwegs gefunden habe: entblättert, zertreten und geschändet. Sie war der kurzen Laune eines Menschen zum Opfer gefallen, der vielleicht einen Moment lang an ihr gerochen und sie dann in den Dreck geworfen hatte, weil er bei seinem Schicksal und seinen Lebensumständen etwas so Schönes einfach nicht ertragen konnte.

Zum Weiterdenken:
– Das Schlimmste ist, wenn etwas keinen Sinn ergibt, sondern dem Zufall entspringt oder einer belanglosen Laune. Aber vielleicht hat alles trotzdem eine tiefere Bedeutung?! Wir müssen sie nur entdecken.

Der Stein, den die Bauleute verworfen haben, ist zum Eckstein geworden. Das ist vom Herrn geschehen und ist ein Wunder vor unsern Augen.
(Psalm 118,22–23)

Katastrophen-Szenario

Die Kinder in der Schule sollen einen Aufsatz schreiben. Ein Video-Film wird ihnen einen Unfallhergang zeigen, den sie dann genauestens beschreiben müssen.

Von den vier Videogeräten in der Schule sind zwei in der Reparatur und einer ist in der anderen Klasse im Einsatz. Nur das neueste Gerät steht zur Verfügung. Als die zwei stärksten Jungen der Klasse losgeschickt werden, um den Apparat aus dem Medienraum zu holen, hat die Stunde schon längst angefangen. Sie beeilen sich deshalb und schieben den Wagen mit dem Fernsehgerät zügig durch die Gänge. An der Tür zum Klassenzimmer biegen sie zu schnell um die Kurve, bleiben mit der langen Rückseite der Bildröhre am Türrahmen hängen, das Gerät rutscht ab und prallt krachend auf den Boden.

Die halbe Schulstunde ist herum, bis die Kinder beruhigt und die Scherben zusammengekehrt sind. Einige der Kinder hoffen schon, dass es aus dem Aufsatz nichts mehr wird.

Die Lehrerin aber gibt nicht auf. Sie hat Bilder von einem Unfall dabei, darüber können die Kinder schreiben. Sie rennt ins Lehrerzimmer, um die Bilder zu kopieren. Aber am Kopierapparat klebt ein großes Schild: defekt. Enttäuscht kehrt die Lehrerin in die Klasse zurück. Bei den Kindern ist der Jubel groß, dass die Klassenarbeit nun doch ausfällt. Da kommt der Pädagogin in letzter Minute plötzlich eine Eingebung: „Doch, ihr schreibt jetzt einen Aufsatz. Und zwar berichtet ihr ausführlich über all jene Katastrophen, die sich in der letzten halben Stunde ereignet haben. Jeder schreibt aus seiner Sicht und erklärt, was für ihn dabei am schlimmsten war."

Fast alle Aufsätze haben ein Fazit: Das Schlimmste war, dass wir doch noch einen Aufsatz schreiben mussten.

Zum Weiterdenken:
– Die schlimmste Not ist die, die uns selbst betrifft – und sei sie noch so klein. Aber Jesus ist gekommen, um unsere Lasten zu tragen.

Fürwahr, er trug unsre Krankheit und lud auf sich unsre Schmerzen.
(Jesaja 53,4)

Palmsonntag

Der Menschensohn muss erhöht werden,
damit alle, die an ihn glauben, das ewige Leben haben.
(Johannes 3,14–15)

Der alte Schrank

Neulich hatten wir ein großes Problem! Der alte Schrank ließ sich nicht mehr öffnen. Was wir auch probierten, der Schlüssel drehte sich nicht mehr im Schloss und wir hatten keinen Zugang mehr zu allem, was sich dahinter verbarg. Eine mittlere Katastrophe! Alle Wertsachen, Geldbeutel, Ausweise, die wichtigen Utensilien des täglichen Lebens – nicht mehr greifbar! Wir waren abgeschlossen vom Leben und in unseren normalen Alltags-Abläufen blockiert.

Sie müssen wissen: Unser Schrank ist ein altes und wertvolles Möbelstück, kunstvoll aus deutscher Eiche gefertigt, einmalig und schön. Er ist ein Erbstück aus urgroßelterlichen Zeiten, schön verziert mit Schnörkeln und ziselierten Leisten, ein Schmuckstück. Wäre dieser Schrank nicht etwas Besonderes, hätte ein kraftvoller Eingriff mit einem Schraubenzieher der Not ein Ende gemacht. Aber das ging ja nicht! Ich hätte das kostbare Möbel beschädigt und für immer verunziert!

Also rüttelten wir an der Tür, klopfen vorsichtig am Schloss herum und versuchten immer und immer wieder, den Schlüssel zu drehen. Aber er hakte fest, ließ sich nur ein paar Millimeter bewegen und stieß dann auf einen Widerstand. Wenn wir versuchten, ihn mit dem Einsatz von Kraft weiterzubewegen, war die Gefahr groß, dass er abbrach, er war schon ganz verbogen.

Ich träufelte Öl ins Schlüsselloch, aber auch das nützte nichts.

Dann kam mir die glorreiche Idee, die Rückplatte abzuschrauben, um von hinten ins Innere des Schrankes zu kommen, damit ich das Schloss ausbauen könnte. Die Schrauben der Rückwand ließen sich zwar lösen – große alte Schrauben –, aber dann ging es nicht weiter. Der Schrank war so gut gefertigt, dass die rückwärtigen Teile sich nur dann herausheben ließen, wenn das Oberteil abgenommen war. Aber das saß fest und ließ sich nur bewegen, wenn die Feststellschrauben im Inneren gelöst waren. Und an die kam man nur – von vorn.

Der Schrank war wie ein Tresor, fest, sicher, nicht zu öffnen. Was sollten wir tun? Wir waren verzweifelt! Nun hatten wir zwar einen wunderschönen Schrank mit einem für uns wichtigen Inhalt, aber der ließ sich nicht erreichen, wir hatten keinen Zugang mehr zu unserem eigenen Hab und Gut.

Einen ganzen Tag und eine Nacht beschäftigte uns dieses Problem und wir kamen uns in dieser Zeit vor wie Fremdlinge in der eigenen Wohnung, arm, bedürftig und mittellos, vom Leben ausgeschlossene Menschen, verdammt zu einer Existenz am Rande der Gesellschaft, obwohl das, was uns gehörte und uns Versorgung gewährte, so unmittelbar nahe war.

Wie diese Geschichte zu Ende ging?

Es war ganz einfach: Am Abend stellten wir fest, dass wir den falschen Schlüssel ins Schloss gesteckt hatten. Mit dem richtigen war die Schranktür ohne Probleme in Sekundenschnelle geöffnet.

Alles, was ihr tut, mit Worten oder mit Werken, das tut alles im Namen des Herrn Jesus und dankt Gott, dem Vater, durch ihn.
(Kolosser 3,17)

Gründonnerstag

Er hat ein Gedächtnis gestiftet seiner Wunder,
der gnädige und barmherzige Herr.
(Psalm 111,4)

Die Geldscheine

Die Familie rüstete sich zum sonntäglichen Spaziergang. Das Wetter war schön, es lockte sie hinaus. Nur die fünfjährige Tochter brauchte wieder einmal unendlich lange, bis sie soweit war. Der Vater musste mehrmals ermahnen und zuletzt drohen. „Dann gehen wir jetzt ohne dich!" Doch dann war auch sie fertig und es konnte losgehen, hinaus vor die Stadt, einen schönen sonnigen Panoramaweg entlang.

„Nanu, was ist denn das?" Der Vater hob einen kleinen, zusammengefalteten Zettel auf, wickelte ihn auseinander und zeigte ihn seiner Familie. „Schaut mal, da hat jemand einen Geldschein verloren!" Es war ein großer Schein in einer fremden Währung. „Na, da muss ich morgen zur Bank gehen und ihn eintauschen, er ist bestimmt viel wert!"

Der Mutter fiel auf: „Vorhin kam uns ein Ehepaar entgegen, da hatte die Frau auch so einen Schein in der Hand", bemerkte sie nachdenklich, „ob hier noch mehr herumliegen?" Und tatsächlich, nach und nach fanden sie noch weitere Geldscheine, alle mit der gleichen ausländischen Währung. Sie konnten es kaum fassen. Hatten sie einen Schatz gefunden, waren sie nun reich?

Während sie noch auf dem Weg standen und über ihren Fund miteinander sprachen, kam ein älterer Mann an ihnen vorbei. Er wurde Zeuge ihrer Freude und Begeisterung, sagte aber sehr freundlich: „Es tut mir leid, wenn ich Ihre Freude trüben muss, aber diese Geldscheine sind schon lange nichts mehr wert." Enttäuscht warf der Vater sie sogleich in den Mülleimer am Wegrand, die kleine Tochter begann zu weinen: „Wir hätten doch früher losgehen sollen, dann wären sie noch etwas wert gewesen!" Sie dachte, es lag an ihr, dass nun der Schatz doch kein Schatz war, weil sie sich so langsam angezogen hatte! Es dauerte eine ganze Zeit, bis sich die Familie wieder an der schönen Sonntagssonne freuen konnte.

Am anderen Tag las der Vater in der Zeitung, dass in der benachbarten Stadt ein Geldtransportunternehmen überfallen worden sei. Dabei waren viele ausländische Geldscheine in die Hände der Räuber gefallen. Die Polizei würde nach den Verbrechern und nach dem Geld, das einen hohen Wert darstellte, suchen.

So begann der Montag sehr nachdenklich und die Freude über den schönen Sonntag war dahin.

Zum Weiterdenken:
– Der erste Augenschein ist trügerisch und auch am nächsten Tag sieht manches wieder ganz anders aus – was bleibt, zeigt der dritte, vierte und fünfte Blick.
– Wie ist das überhaupt mit dem Vertrauen, zu Menschen, zu Informationen, zu Gott, zu mir selbst?

Was töricht ist vor der Welt, das hat Gott erwählt ... das, was nichts ist, damit er zunichte mache, was etwas ist, damit sich kein Mensch vor Gott rühme.
(1. Korinther 1,27–28)

Der unerwünschte Reichtum

Der Mann war reich, ein gewaltiges Vermögen hatte sich im Laufe der Zeit angesammelt – natürlich auch deswegen, weil er fleißig und ausdauernd gewesen war. Aber nun saß der Mann auf diesem gewaltigen Berg seines Besitzes und es ödete ihn an, dass er alles hatte und sich alles leisten konnte. Er kam sich trotz seines vielen Hab und Guts arm und leer vor. Es mangelte ihm an Lebensfreude, er sah keinen Sinn in einer Existenz, die nur davon geprägt war, seinen Besitz zu erhalten und zu verwalten. Er wollte mehr.

So ging der Mann in seiner Verzweiflung zu einem Weisen und bat ihn um einen Rat: „Väterchen, was soll ich tun, mein Leben ist mir verleidet. Ich habe alles, was ich will, aber mir fehlt die Lust an jedem neuen Tag. Ich weiß nicht, warum ich morgens aufstehen soll. Alle Freude und jeder Eifer sind aus meinen Gebeinen gewichen.“

Der Weise sah in milde lächelnd an: „Da gebe ich dir einen ganz einfachen Rat: Gib das, was du hast, her. Schaffe dir Freude mit deinem Reichtum, indem du anderen eine Freude machst. Labe dich an der Dankbarkeit der Menschen, die du beschenkst. Das ist ein Schatz, der deinem Leben wieder Sinn gibt und dich glücklich macht.“

Ja. Das war eine gute Idee, das wollte der Mann gleich in die Tat umsetzen. Daheim setzte er sich an seinen Schreibtisch, schrieb Schecks aus und tätigte ein paar sehr großzügige Überweisungen. Und tatsächlich: Sofort fühlte er sich erleichtert und in der Nacht darauf konnte er endlich einmal wieder gut schlafen.

Aber es dauerte nicht lange, da begann ein Spektakel, das ihm ganz und gar keine Freude machte. Er wurde in den Zeitungen ob seiner Mildtätigkeit gerühmt. Reporter belagerten seine Tür, und natürlich kam auch eine ganze Menge von Bittstellern, die nun ebenfalls von diesem Segen profitieren wollten.

So hatte er seinen materiellen Reichtum nur gegen einen Reichtum an Lob, Anerkennung und Reputation ausgetauscht. Auch das wollte ihm nicht schmecken, denn nun war er in der Zwangslage, auch diesen Schatz erhalten zu müssen. Er musste jetzt dafür sorgen, dass sein Ruf als Wohltäter erhalten blieb. Das war ihm doch zu mühsam und auf die Dauer zu lästig. Außerdem erhielt er viele Einladungen zu Veranstaltungen, das Finanzamt zahlte ihm für jede Spende einen Teil zurück und es wurden ihm selbst so viele Geschenke gemacht, dass sein Besitz doch nicht weniger wurde.

Wieder war der Mann unzufrieden und unglücklich. Er suchte deshalb den Weisen zum zweiten Mal auf, um ihn um seinen Rat zu bitten.

Der hörte sich das Klagelied des reichen Mannes an, dann sagte er: „Tue Gutes, ohne dass es jemand merkt, vermeide jeden Hinweis auf deine Person."

Ja, ja, das war es! So begann der reiche Mann sein Geld so zu verteilen, dass er selbst im Hintergrund blieb. Einem armen Mädchen auf der Straße, das erbärmlich weinte, gab er einen Hunderteuroschein. Aber er sah, wie das Mädchen erschrak und den Schein wegwarf. Dann stieß der reiche Mann auf einen Bettler, dem zählte er gar 500 Euro in den Hut. Aber kaum war er weitergegangen, kam die Polizei, die ihn festnahm, weil sie nicht glauben wollte, dass der Arme das Geld geschenkt bekommen hatte. Einem anderen Nichtsesshaften, der im Park auf der Bank saß, gab er das Geld einfach so in die Hand. Aber der lachte nur, gab es zurück und sagte: „Ich will dein vieles Geld nicht. Das ist bestimmt kein sauberes Geld und ich lasse mich nicht kaufen. Ich bin froh, dass ich nichts habe!" Verärgert stopfte der Reiche daraufhin das ganze Geld, das er dabei hatte – es war sehr viel – in den Opferstock einer Kirche, nur um am anderen Tag in der Zeitung zu lesen, dass das Geld eines Bankraubs im Kollektentopf jener Kirche gefunden worden sei, in der er sein Geld losgeworden war.

Es gelang ihm einfach nicht, mit seinem Geld Freude zu machen. Er wurde es auf keine Weise los, dass er sich damit wieder die Lebensfreude erwarb, die ihm so sehr abging.

Noch einmal ging er zu dem Weisen: „Was soll ich nur tun? Ich werde meinen Besitz nicht los. Es ist, als ob er an mir kleben würde."

Nun sah der weise Ratgeber sehr besorgt aus. „Wirf dein Geld ins Feuer, verbrenne deine Aktien und gib deine Wertpapiere dem Aktenvernichter zu fressen!" Das war hart. Der reiche Mann erschrak. „Nein, das kann ich nicht, dann hätte ich ja mein ganzes Leben umsonst gearbeitet! Dann würde alles doch ohne Wert bleiben und ich hätte gar nichts mehr."

Der reiche Mann schüttelte verwirrt seinen Kopf. „Viel zu haben, macht mich nicht glücklich und gar nichts zu haben macht mich nicht glücklich. Wie kann ich meinen großen Besitz so umwandeln, dass er meinem Leben einen Inhalt gibt? Gibt es denn gar keinen Weg?"

Der Weise seufzte. „Doch es gibt einen Weg: Wir tauschen einfach. Du gibst mir deinen ganzen Besitz. Dann bist du der Weise und ich bin der Reiche."

So taten sie es. Der reiche Mann gab dem Weisen alles, was er hatte, und ging erleichtert davon. Er fühlte sich auf einmal voll von guten Gedanken über den Wert des Lebens, die Nichtigkeit des Seins und die Vergänglichkeit des Irdischen. Und der Weise blieb zurück mit einem riesigen Berg an materiellen Werten. Er spürte, wie in seinem Herzen die Habgier aufkeimte. Und weil er wirklich ein Weiser war, nahm er den ganzen großen Berg des Reichtums, stopfte es in einen Müllsack und stellte ihn achtlos an die Straße. So ging der Reichtum dahin, den Weg, den alles Irdische geht. Der Weise kehrte ihm den Rücken zu und machte, dass er davonkam. Ihn schauderte.

Zum Weiterdenken:
– Am meisten gibt der, der sich selbst verschenkt.
– Wie viel Hingabe möchte Gott von uns?
  Gibt es Grenzen der Hingabe?

Jesus nahm das Brot, dankte und brach's und gab's ihnen und sprach: Das ist mein Leib, der für euch gegeben wird; das tut zu meinem Gedächtnis. Desgleichen auch den Kelch nach dem Mahl und sprach: Dieser Kelch ist der neue Bund in meinem Blut, das für euch vergossen wird.
(Lukas 22,19–20)

Karfreitag

Also hat Gott die Welt geliebt, dass er seinen eingeborenen Sohn gab, damit alle, die an ihn glauben, nicht verloren werden, sondern das ewige Leben haben.
(Johannes 3,16)

Das Himmelreich ist wie …

Lenas größter Wunsch war es, einmal ihre Lieblingsmusikgruppe live in einem Konzert zu erleben. Da es sich aber um eine berühmte Gruppe handelte, gab es nur selten einen Konzerttermin und der Eintritt war dann sehr teuer. Deshalb sparte die junge Frau ihr Geld für die Gelegenheit, die Gruppe bei einem Auftritt besuchen zu können.

Und die Gelegenheit kam. Schon Wochen vorher hingen bunte Plakate in der Stadt, die auf den Auftritt im großen Sportstadion hinwiesen.

Genau am Tag der Aufführung hatte Lena den stattlichen Betrag für den Eintritt zusammengespart. Frohgestimmt ging sie rechtzeitig los, um sich eine Eintrittskarte zu erwerben. Aber zu ihrem Entsetzen war das Konzert ausverkauft, es gab keine einzige Karte mehr!

Doch halt! Dort an der Ecke stand ein Mann, der offensichtlich noch Karten zu verkaufen hatte. Lena ging auf ihn zu, sprach ihn vorsichtig an, der Schwarzmarkthändler schaute sich misstrauisch um und nannte dann eine Summe, die dem doppelten Wert einer offiziellen Karte entsprach. Die junge Frau schluckte, sollte sie sich darauf einlassen? Aber da sie sich bereits auf das Konzert gefreut hatte, wollte sie jetzt nicht leer ausgehen. Ohne weiter nachzudenken, stellte sie einen Euro-Scheck aus. Die riesige Summe war ihr fast egal, Hauptsache, sie konnte ihre Musikgruppe spielen sehen. Dafür lohnte es sich auch, dass Lena sich mit diesem großen Betrag verschuldete und ihr Konto weit überzog.

Aber der Schock kam bei der Einlasskontrolle. Dort erklärte der Kontrolleur in ruhigem Ton, dass mit dieser Karte kein Einlass möglich wäre, da es sich um eine gefälschte – ja sogar billig kopierte – Karte handeln würde. „Sehen Sie", sagte er und zeigte ihr dabei eine echte Eintrittskarte, „dort in der Mitte muss sich ein Hologramm befinden. Wenn Sie es von vorn anschauen, ist darauf ein Kreuz zu sehen, wenn Sie es drehen, kommt ein Lamm zum Vorschein, und von oben erkennen Sie eine Taube."

Lena war wie vor den Kopf geschlagen. So hatte sie sich hereinlegen lassen! Sie hatte sich nun tief verschuldet, ohne dass sie etwas davon gehabt hatte! Noch völlig benommen machte Lena sich auf den Heimweg. Da sprach sie ein anderer, älterer Herr an, der offensichtlich die Enttäuschung mitbekommen hatte. Er hielt ihr eine Eintrittskarte hin und sagte: „Hier, die schenke ich Ihnen!"

Ganz automatisch und ohne nachzudenken griff die junge Frau nach der Karte, und sofort war der Alte verschwunden. Sie starrte eine ganze Zeit auf das Stück Papier in ihrer Hand, bis ihr klar wurde, was geschehen war. Wut stieg in ihr hoch: Sollte sie sich zum zweiten Mal hereinlegen lassen? Hatten sich alle gegen sie verschworen und trieben Spott mit ihr? Das konnte doch nicht sein, dass sie eine so begehrte Karte geschenkt bekam! Lena wusste ja jetzt, wie teuer sie auf dem Schwarzmarkt verkauft werden konnten. Nein, sie wollte nicht noch einmal so eine Enttäuschung erleben.

Angewidert zerriss sie die Karte in viele kleine Fetzen und enttäuscht und wütend machte sich die junge Frau schweren Schrittes auf den Heimweg. Aber dort im Gebüsch am Wegrand glitzerte ein kleiner Fetzen Papier, ein kleines Viereck reflektierte das Sonnenlicht wie ein Spiegel: ein Kreuz, ein Lamm und eine Taube.

Zum Weiterdenken:
- Das Größte in der Welt ist ein Geschenk, das von Herzen kommt und das Herz erreicht: uneigennützig, freiwillig und zutreffend. Das kannst Du Dir nirgends kaufen oder selbst erarbeiten!
- Bin ich offen für solche Geschenke, die sogar meine Existenz betreffen? Für Gottes Geschenke?

Der auch seinen eigenen Sohn nicht verschont hat, sondern hat ihn für uns alle dahingegeben – wie sollte er uns mit ihm nicht alles schenken?
(Römer 8,32)

Christus spricht: Ich war tot, und siehe, ich bin lebendig von Ewigkeit
zu Ewigkeit und habe die Schlüssel des Todes und der Hölle.
(Offenbarung 1,18)

Der Metzgersgang

Jürgen beobachtet folgende Szene: Das Haus der Eltern ist nahe dem städtischen Schlachthof. Eines Morgens hört der Junge aufgeregte Stimmen und Geschrei vor dem Haus. Er schaut zum Fenster hinaus und sieht eine Kuh, die den Händen ihrer Schlächter entkommen ist und nun wild durch die Straße galoppiert. Sie wird verfolgt von einer Meute weißbeschürzter Männer, die versuchen, das Tier einzukreisen. Es gelingt ihnen nicht, die Kuh ist schlauer. In immer neuen raffinierten Kapriolen, Sprüngen und Ausweichmanövern spielt sie mit ihren Verfolgern Fangen. Der Junge ist begeistert über den Mut, die Kraft und die Wendigkeit dieses verzweifelten Tieres und er denkt: „Sie hat recht, sie verteidigt ihr Leben und sie hat ja nichts mehr zu verlieren!" Erst nach langer Zeit gelingt es den Männern keuchend und erschöpft, das stolze Tier einzufangen. Es hatte sich bis zuletzt gewehrt und sein Leben teuer verkauft.

Viele Jahre später ist aus dem kleinen Jürgen ein erwachsener Mann geworden. Er hat es zu einer leitenden Stellung in einer bedeutenden Firma gebracht. Eines Tages wird er zum Chef zitiert. Er weiß warum. Die Belegschaft soll verkleinert werden; man sucht einen Grund für Entlassungen und da war vor ein paar Tagen dieser kleine Patzer. Jetzt geht es ums Ganze, er soll bestimmt für diesen Fehler verantwortlich gemacht und „ans Messer geliefert" werden. Seine Mitarbeiter tuscheln hinter vorgehaltener Hand von einem „Metzgersgang", als er sich auf den Weg in die Chefetage macht. Alle rechnen damit, dass seine Tage in der Firma gezählt sind.

Auf dem Weg zu seinem Chef fällt dem Mann plötzlich die Geschichte mit der ausgerissenen Kuh von damals wieder ein – warum nur? Dann wird es ihm klar und er entschließt sich, genauso zu kämpfen, er hat ja nichts mehr zu verlieren!

Bei seinem Vorgesetzten angekommen ist er nicht mehr das willige Opfer, das alles mit sich machen lässt. Er dreht den Spieß herum und legt seinem Chef dar, wie er die Sache sieht, schonungslos packt er aus und weist nach, was in der Firma falsch läuft. Die Fehler haben ihre Ursache hauptsächlich in der Führung der Firma, hier muss sich etwas verändern!

Als er nach einer Stunde alles gesagt hat, lässt er einen betroffenen Vorgesetzten zurück. Er rechnet nun mit seiner sofortigen Kündigung, aber sie erfolgt nicht – im Gegenteil, der Mann wird wegen seines Mutes befördert.

> Zum Weiterdenken:
> - Wer die Erfahrung gemacht hat, dass es sich lohnt zu kämpfen, der gibt nicht so schnell auf.
> - Im Vergleich zu Jesu Passion – was ist ähnlich, was ist anders?

Der Tod ist verschlungen in den Sieg. Tod, wo ist dein Stachel? Hölle, wo ist dein Sieg?
(1. Korinther 15,54–55)

Der freie Sklave

Es war in der Zeit, als es noch Sklaven gab. Ein junger Sklave liebte die Freiheit so sehr, dass er eines Tages seinem Herrn davonlief. Das war aber ein Verbrechen, auf dem die Todesstrafe stand. Der Junge wurde mit scharfen Hunden gejagt und nach kurzer Zeit gefasst. In einem dunklen Verlies erwartete er die Vollstreckung des Urteils.

Ein reicher Farmer hatte diesen Vorgang mitbekommen. Er kannte den Jungen und wusste, dass er ein guter Arbeiter war, einen verständigen Charakter hatte und wusste, was er wollte. Er wollte nicht zulassen, dass dieses junge Leben so elend zu Ende ging. Deshalb kaufte er den gefangenen Sklaven für eine große Summe frei. Dadurch war der Junge nun zum Besitz eines neuen Herrn geworden.

Nachdem die Wunden der Misshandlungen geheilt waren und der junge Sklave wieder zum Nutzen seines Herrn arbeiten konnte, hätte man eigentlich erwarten können, dass er fröhlich und befreit an seine Arbeit ginge. Aber das war nicht der Fall. Der junge Mann wurde von Tag zu Tag mürrischer und verschlossener.

Bis ihn eines Tages eine alte Frau, Mutter vieler Kinder, ansprach: „Hättest du nicht allen Grund, fröhlich und dankbar zu sein? Ohne die Großzügigkeit deines neuen Herrn wärst du jetzt nicht mehr am Leben. Gibt er dir nicht alles, was du brauchst?" „Das stimmt", gab der Junge zu, „ich habe alles, was ich brauche – aber die Freiheit, die ich mir so sehr wünsche, habe ich immer noch nicht! Ich kann zwar tun was ich will und erhalte viele Freiheiten, aber die Dankbarkeit gegenüber der Güte meines Erretters bindet mich nun an ihn, so bin ich innerlich nicht frei, denn ich bin für die Dauer meines Lebens ihm verpflichtet, der so viel für mich getan hat!"

„Du schaust auf das, was dir fehlt", entgegnete die alte Frau, „aber schau einmal, was du bist: Du bist das Wertvollste, was es hier auf diesem Gut gibt. Dein Herr hat so viel für dich bezahlt, dass er einen Teil seines Besitzes dafür hergab – so viel bist du ihm wert! Was er für dich ausgegeben hat, wirst du dein ganzes Leben nicht durch noch so angestrengte Arbeit wieder erwirtschaften können. Kannst du dieses Geschenk annehmen?"

Nachdenklich ging der junge Mann davon: „So viel bin ich tatsächlich wert? Ich bin mehr wert als meine Arbeit; – nur weil ich es bin, bin ich so wertvoll?" Und er ahnte, dass es noch etwas Kostbareres gab als seine Freiheit und Unabhängigkeit.

Zum Weiterdenken:
– Der Theologe Jürgen Moltmann hat einmal gesagt:
Wirkliche Freiheit ist nicht „frei sein von …",
sondern „frei sein zu …" Wie würden Sie diese Aussage ergänzen?
– Freiheit hat ein Ziel: Wofür setzen Sie Ihre Freiheit ein?

Wenn euch nun der Sohn frei macht, so seid ihr wirklich frei.
(Johannes 8,36)

Gelobt sei Gott, der Vater unseres Herrn Jesus Christus, der uns nach seiner großen Barmherzigkeit wiedergeboren hat zu einer lebendigen Hoffnung durch die Auferstehung Jesu Christi von den Toten.
(1. Petrus 1,3)

Die große Gefahr

Unmittelbar vor unserm Fenster haben wir in die Tanne, die vor unserem Haus steht, einen Nistkasten gehängt. Er wird Jahr für Jahr von einem Paar Meisen bewohnt, die zunächst kräftig Material für den Nestbau heranschleppen und dann anfangen zu brüten. Nicht lange danach hören wir die dünnen Stimmchen der geschlüpften kleinen Vögel. Je kräftiger und lauter das Gepiepse im Kasten wird – bald hören wir es durch das geschlossene Fenster –, desto angestrengter sind die Eltern an der Arbeit, um genügend Futter für ihre Jungen heranzubringen. Wir beobachten ihren unermüdlichen Landeanflug mit einem Räupchen oder Würmchen im Schnabel, um dann kurz darauf mit den anfallenden Hinterlassenschaften ihrer Brut in der vorgeschriebenen Ausflugschneise davonzudüsen.

Bald sind sie selbst dabei jämmerlich abgemagert. Die Jungen dafür werden größer und vielleicht lugt auch schon einmal ein halbflügges Vögelchen aus dem Nistkasten, reißt den gelben Schnabel auf und kräht ungeduldig nach dem nächsten Leckerbissen, den es dann sofort am Loch in Empfang nimmt und gierig verschluckt. Ob es immer der gleiche ist, der dort vorn hockt und seinen Geschwistern das Beste wegschnappt?

Dann ist es so weit, der erste Flugtag bricht an. Die Morgensonne scheint warm; ein idealer Tag, um zum ersten Mal die eigenen Flügel auszuprobieren und nun endlich das Tageslicht zu genießen!

Die Meisen-Eltern hocken hüpfend und flatternd auf einem Zweig in der großen Linde neben der Tanne. Mit aufforderndem Pfeifen locken sie ihre Jungen aus dem Kasten. Ich staune, wie groß die inzwischen Vögel sind, die nun aus der Öffnung klettern, zu einem Ästchen der Tanne hüpfen, sich dort kurz festhalten, mit den Stummelflügelchen flattern, aufgeregt schnalzen, um dann in einem zielgeraden Flug zu den Eltern zu schwirren und zu landen. Dort sitzen sie ganz stolz hoch oben im Baum und schauen sich die Welt, in

89

die sie geraten sind, erstaunt von oben an. Als könnten sie es nicht fassen, was sie sehen, bewegt sich ihr Köpfchen forschend hin und her.

Wieder einmal hat es eine Meisenfamilie geschafft. Doch halt! Da sitzt ja noch einer im Kasten. Er hat kurz sein kleines Köpfchen durch das Guckloch gestreckt, um gleich darauf wieder abzutauchen. Da! Vorsichtig linst er wieder durch die Öffnung und blinzelt ins helle Tageslicht. Dann beugt er sich vor, reckt seinen mageren Hals hinaus und schaut sichtlich entsetzt nach unten. Sofort ist er wieder verschwunden. Offensichtlich muss er zuerst den Schock überwinden, den ihm dieser Anblick versetzt hat.

Die Alten locken mit drängenden Rufen. Wieder schaut das Junge aus dem Kasten. Es hockt am Loch und schnauft, es krallt sich ans Holz und schüttelt sich. Man meint zu sehen, wie es sich überlegt, ob es sich dieser Welt gewachsen fühlt oder ob es doch nicht lieber wieder ins schützende Dunkel des vertrauten Nestes eintauchen soll.

Dann macht es unwillkürlich eine rasche Bewegung, so als hätte es sich einen Ruck gegeben, verliert dabei den unsicheren Halt, rutscht ab, will sich auf dem kleinen Ast der Tanne niederlassen, verfehlt aber den Zweig und flattert unbeholfen in die Tiefe.

Da sitzt nun das kleine Flaumbündel auf der Erde, man sieht, wie ihm das Herzchen klopft und es fiept hilflos und erbärmlich. Es ist wohl das Jüngste in der Geschwisterschar oder hat am wenigsten Futter abbekommen, jedenfalls ist es wesentlich kleiner als die anderen, die sich bereits vergnügt im Baumwipfel tummeln. Das kleine Vögelchen aber kauert verschreckt im Gras und hüpft, einem Instinkt folgend, unter das schützende Blätterdach einer ausladenden Pfingstrose. Die Eltern-Vögel kommen herbeigesegelt, hüpfen aufgeregt auf dem Zaun herum, knicksen und rufen, locken und ermahnen in allen Tönen, die ihnen zur Verfügung stehen. Sie breiten die Flügel aus und flattern, als wollten sie ihrem Jungen zeigen, wie man es macht, um vom Boden abzuheben und Luft unter die Flügel zu bekommen. Sie fliegen auf das Küken zu und wieder von ihm fort, drehen sich um und schauen, ob es ihnen folgt. Aber das verschreckte Hühnchen sitzt immer noch im kühlen Gras, duckt sich und tut so, als sei es gar nicht da. Je mehr die Eltern locken und drängen, desto mehr verkriecht es sich im Dämmerdunkel unter der Pflanze. Es will nicht, es hat keinen Mut für diese Welt. Es fühlt sich nicht stark genug und hat den Eindruck, dass es den Herausforderungen, die auf es lauern, nicht gewachsen ist. Es ist einfach noch nicht so weit, als Jüngstes einer großen Schar war es eben immer das Nesthäkchen, verträumt und schüchtern, und während seine Geschwister genügend Fürsorge, Futter und Lebensmut abbekommen hatten, war es immer wieder benachteiligt und leer ausgegangen. Kein Wunder, dass es einfach noch nicht in der Lage ist, das Leben zu meistern.

Das Rufen der Eltern wird auf einmal schrill und angstvoll, sie überschlagen sich schier, als wollten sie auf eine drohende Gefahr aufmerksam machen und bedeuten, dass es nun ganz eilig würde. Tatsächlich, die große schwarze Katze unseres Nachbarn ist im Anmarsch. Sie hat natürlich die ganze Aufregung mitbekommen und schleicht sich nun vorsichtig an. Sie ahnt, dass es hier eine leichte Beute gibt. Als Beobachter dieser Szene habe ich Mitleid mit dem kleinen Vogel. Ich denke: Wo sich jemand vom Leben zurückzieht und darüber schmollt, dass er immer zu kurz gekommen ist, sind die Räuber nicht weit, von weither erkennen sie ihr Opfer. Arrogant und wie unabsichtlich kommt die Katze heran. Sie tut, als würde sie nichts bemerken. Erst im letzten Augenblick will sie wie zufällig auf das kleine Vögelchen stoßen. Sie würde es dann fressen mit einem Gehabe, als würde sie eine gute Tat tun und die Welt von einem großen Problem befreien. Sie würde sich dann die Schnauze lecken und weitergehen, als hätte sie eine wichtige soziale Tat bestritten und als würde sie sagen: „Ist ja nicht der Rede wert! So etwas kommt alle Tage vor. Wie gut, dass es mich gibt!" So denke ich und überlege mir ernsthaft, ob ich nicht eingreifen sollte.

Aber plötzlich wacht das kleine Vögelchen auf. Es ahnt die Gefahr, es bemerkt die Aufregung seiner Eltern. Es reckt sich auf einmal ganz wach und aufmerksam aus dem Gras, sieht die schwarze Gefahr, die auf leisen Sohlen heranschleicht. Auf einmal spürt es die Kräfte, die doch in ihm stecken. Es plustert sich auf, lässt einen mutigen Kampfpieps hören, zuerst etwas verhalten kläglich, dann aber mit jedem Mal selbstbewusster. Nein, es würde keine leichte Beute sein, nein so schnell würde es sich nicht geschlagen geben. Seine Eltern und Geschwister sollen sehen, dass sie sich in ihm getäuscht haben.

Mit kräftigen Hüpfern wagt sich der Vogel unter dem Blätterdach hervor, das beinahe zu einem unausweichlichen und tödlichen Gefängnis für das kleine Leben geworden wäre. Ja, es bewegt sich tollkühn auf die Gefahr zu und reckt sogar den mageren Hals, um der Gefahr mit wachen und weit aufgerissenen Augen entgegenzusehen. Die Katze stutzt einen Moment. Mit dem mutigen Aufbäumen des kleinen Vogellebens hat sie nicht gerechnet. Aber dann schreitet sie weiter, als würde sie nichts bemerken, ja als wäre der kleine Vogel keines Blickes wert, so mager und unansehnlich wie er ist.

Und in dem Augenblick, als die Katze zu ihrem vernichtenden Schlag aus dem Hinterhalt ausholen will, springt die junge Meise in die Lüfte, klappt entschlossen die Flügel auseinander und flattert zielsicher auf den Gartenzaun. Zuerst schaut sie sich unsicher um. Offensichtlich ist sie selbst über die eigene Tollkühnheit und über die bisher noch nicht gekannten Fähigkeiten erstaunt. Fast wäre sie aufgrund der eigenen Verblüffung wieder vom Zaun gepurzelt. Aber das Vögelchen fängt sich ab, flattert kurz in die Luft und landet wieder an der gleichen Stelle.

Ja, doch, es ist aus eigenen Kräften hier gelandet, es kann fliegen, es ist nicht anders als seine Geschwister! Noch einmal und so, als müsste es sich über die eigene Lage klar werden, erhebt das Federbällchen sich in die Luft, dreht eine kleine Kurve und landet wieder. Die kleine Meise spürt ihre Stärke, sie ist in ihrem Element, sie ist genau richtig, ein ganz normaler Vogel, etwas kleiner als die anderen vielleicht, aber trotzdem vollkommen richtig. Diese Erkenntnis füllt den Vogel aus und lässt ihn sofort größer erscheinen, als er vorher war. Auf einmal sieht er richtig kraftvoll aus und sein Gefieder glänzt in der Sonne. Sie ist eine richtig schöne Meise, nicht anders als die anderen ihrer Artgenossen auch.

Da kommt dem Vogel wieder die Gefahr in den Sinn, der er so knapp entronnen ist. Mutig späht er nach unten. Da hockt noch die schwarze Katze und leckt sich enttäuscht und mit einem blöden Gesichtsausdruck ihre Pfoten. Sie kann nicht begreifen, wieso ihr das dumme Hühnchen so unvermittelt entkommen ist. Sie glaubte es doch schon als einen sicheren Leckerbissen auf ihrer Speisekarte.

Aber die Meise sitzt auf dem Gartenzaun und singt ihr Lied. Ein Lied des Lebens und der Freude. Und als sich die Katze verzieht, lacht sie keckernd hinter ihr her, so als danke sie ihr spottend dafür, dass sie durch ihre Bedrohung zum eigenen Leben gefunden hat.

Zum Weiterdenken:
– Manche Bedrohung erweckt uns zum Leben.

Nun ist das Heil und die Kraft und das Reich unseres Gottes geworden und die Macht seines Christus; denn der Verkläger unserer Brüder ist verworfen, der sie verklagte Tag und Nacht vor unserm Gott.
Und sie haben ihn überwunden durch des Lammes Blut und durch das Wort ihres Zeugnisses und haben ihr Leben nicht geliebt bis hin zum Tod.
(Offenbarung 12,10–11)

Christus spricht: Ich bin der gute Hirte. Meine Schafe hören meine Stimme, und ich kenne sie, und sie folgen mir; und ich gebe ihnen das ewige Leben.
(Johannes 10,11.27–28)

Der Rückweg

Ein junges Schaf grast vergnügt mit den anderen Schafen seiner Herde auf einer großen Weide. Aber dieses junge Schaf ist unternehmungslustiger als die anderen. Es will etwas erleben, es muss doch mehr geben als den eingezäunten Raum der Wiese.

Also macht sich das Schaf auf die Suche. Es läuft den Zaun entlang, untersucht ihn sorgfältig, um herauszufinden, ob es nicht irgendwo einen Durchlass gibt. Tatsächlich! Es findet einen kleinen Durchschlupf an einer Stelle, an der die Drähte des Zaunes verbogen sind. Es ist ja noch klein und kann, wenn es sich müht, hindurchkriechen.

Nun ist das junge Schaf in der Freiheit. Und was gibt es hier alles zu sehen! Die Umgebung ist viel interessanter, das Gras fetter und frischer und vor allem, es hat nicht mehr das Gefühl, eingesperrt zu sein. Endlich kann es tun und lassen, was es will. Das junge Schaf genießt diesen Zustand, hüpft herum, probiert dieses und jenes, springt über gefährliche Wassergräben und knabbert an Kräutern und Blättern, die ungewohnt sind und vorzüglich schmecken.

Da ein Schaf aber erwiesenermaßen ein Gemeinschaftstier ist, kommt der Zeitpunkt, wo sich das junge Schaf zu seiner Herde zurücksehnt. Es hat genug vom Alleinsein und will dorthin zurück, wo auch die anderen sind. Es hat Heimweh nach dem vertrauten Blöken, Schnaufen und Rülpsen seiner Artgenossen. Es will mit den anderen herumtollen und spielen – so macht es sich auf den Rückweg.

Aber, o Schreck, als das junge Schaf an dem Zaun ankommt, findet es den Durchlass nicht mehr. Es kann zwar durch das Drahtgeflecht hindurch die anderen sehen, ihnen zurufen und den Geruch seiner Geschwister wahrnehmen, aber es ist von ihnen getrennt. Der hässliche Zaun ist zwischen ihnen, es ist allein auf seiner Seite und alle anderen befinden sich auf der anderen. draußen. Es kommt sich vor wie ein Außenseiter, verstoßen und verlassen.

Der tiefe Schmerz der Verlassenheit durchdringt das junge Schaf und es blökt verzweifelt auf. Die Isolation wird ihm schmerzhaft bewusst, es sehnt sich danach, wie die anderen auch auf ihrer Weide zu grasen, nichts besonderes zu sein, ein ganz normales Schaf seiner Herde.

Die Verzweiflung wird immer größer und Panik steigt in ihm auf. Muss es nun für immer außerhalb des Schutzes der sicheren Wiese und der Geborgenheit der Gemeinschaft leben?

In panischer Not versucht das junge Schaf, sich durch den Zaun zu zwängen – und dabei bleibt es jämmerlich hängen. Es kann weder vor noch zurück. Sein eigenwilliger Kopf ist drinnen, aber der Körper steckt noch außen, und so sehr es auch schüttelt und zerrt, sich vorwärts oder rückwärts stemmt, es bewegt sich nichts. Das ist nun wirklich eine schreckliche Situation!

In diesem Zustand finde ich das arme Schaf. Es hat sich schon ganz müde gezappelt und jammert kläglich. Langsam nähere ich mich dem Ausreißer in seiner schwierigen Lage. Er tut mir leid und ich will ihm aus seiner hoffnungslosen Bedrängnis helfen. Aber als das junge Schaf mich kommen hört, wird es ganz verrückt vor Angst. Es nimmt alle Kräfte zusammen und ohne Rücksicht auf sich selbst quält es sich mit lautem Schreien vollends durch den Zaun. Da steht es nun schwer atmend. Geschafft, es ist wieder bei den anderen. Zwar ist sein Fell zerrissen und Stücke der Haut hängen blutig herab, ein Ohr ist geknickt und ein Bein lahmt – aber es ist wieder daheim.

Nachdenklich gehe ich weiter. Da versuchen manche ihre eigenen Wege, denke ich, und merken dabei, dass das nicht das Wahre ist. Beim Versuch wieder zurückzukehren bleiben sie dann hängen und können nicht mehr vor und zurück. So endet tatsächlich mancher Ausflug in die Freiheit. Wohl dem, der es dann doch noch schafft – und sei es mit Schrammen und Wunden.

Zum Weiterdenken:
– Der Rückweg ist oft der schwierigste Weg, mancher macht weite Umwege und nimmt große Schwierigkeiten auf sich, um ihn zu gehen. Aber am Ende steht: „Ich bin daheim!"

Ich will mich aufmachen und zu meinem Vater gehen.
(Lukas 15,18)

Ist jemand in Christus, so ist er eine neue Kreatur; das Alte ist vergangen, siehe, Neues ist geworden.
(2. Korinther 5,17)

Die Schönheit der Frauen

Als Gott Eva erschuf, machte er sie so schön, dass sich Adam verwundert die Augen rieb. So etwas Vollkommenes hatte er noch nie gesehen. Die Schönheit und Anmut von Eva entzündete ihn und er war hingerissen von ihrer Gestalt. Er konnte nicht anders, als dieses Geschöpf anzuschauen und von ihr zu träumen, immer wollte er in ihrer Nähe sein und ihre Schönheit genießen. Zeitweise war er zu nichts anderem mehr fähig.

Darunter litt das Paradies. Notwendige Pflege-Arbeiten wurden nicht erledigt, der Baumschnitt, der Adams Aufgabe war, blieb zum Beispiel tagelang aus, die ganze Gartenarbeit blieb liegen und langsam breitete sich ein bedrohliches Chaos aus.

Als Gott sah, was die Schönheit Evas anrichtete, ja, dass sogar dadurch das Paradies bedroht war, sann er auf Abhilfe. So konnte es nicht weitergehen! Aber er wollte und konnte sein einmal vollzogenes Werk nicht mehr rückgängig machen. Nein, die Frau sollte ihre Schönheit behalten, sie war schließlich das besondere Schmuckstück des Paradieses. Der Mann war das eigentliche Problem!

Da fiel ihm etwas anderes ein: Er schenkte Eva einen Spiegel. Sie schaute hinein und auf einmal wurde ihr bewusst, dass sie schön war. In diesem Augenblick verstand sie auch das seltsame Verhalten ihres Gemahls. Es war ihr nun klar, dass er ihrer anmutigen Gestalt verfallen war. Sie erkannte die Macht, die in ihrer Schönheit lag.

Und in dem Moment, als Eva sich ihrer großen Schönheit bewusst wurde, änderte sich auch ihrer beider Verhalten. Sie begann ihre Schönheit bewusst einzusetzen und auszunutzen, putzte sich völlig übertrieben heraus und versuchte Adam zu gefallen. Und von da an war der unbefangene Zauber der Schönheit dahin und der Alltag begann.

Ich danke dir dafür, dass ich wunderbar gemacht bin;
wunderbar sind deine Werke; das erkennt meine Seele.
(Psalm 139,14)

Der Hauptgewinn

Das Autohaus nebenan hatte sich eine ganz besondere Werbeaktion ausgedacht: Bei einem großen Fest anlässlich der Einführung des neuen Automodells wurde ein Luftballonstart veranstaltet. Entsprechend der Seriennummer des neuen Fahrzeugs wurden 333 gelbe Luftballons, gefüllt mit Heliumgas, gestartet. An jedem Ballon befand sich eine Karte, die den Finder anwies, sich zu melden, um einen kleinen Preis in Empfang zu nehmen. In dieser gelben Traube, die in den sonnigen Himmel geschickt wurde, befand sich aber auch ein roter Luftballon. An seiner Schnur baumelte der Hauptpreis. Der Finder dieser Karte bekam ein Exemplar der neuen Limousine im Wert von 50.000 Euro geschenkt!

Am Sonntag drauf machte die Familie einen Spaziergang im nahen Wald. Plötzlich deutete der Sohn atemlos nach oben in den Wipfel eines Baumes. Tatsächlich, dort oben hing ein roter Luftballon mit schlaffer Hülle! Er hatte sich im Geäst verfangen. Der Aufdruck ließ auch von Ferne das Signum des Autohauses erahnen. Da oben hing der Hauptpreis, da oben hing ihr neues Auto! Alle waren begeistert: Sie hatten einen funkelnagelneuen Wagen der Super-Luxus-Klasse gewonnen! Alle gratulierten sich und schlugen sich begeistert auf die Schultern. Nur – wie konnten sie an die begehrte Karte kommen? Wie konnten sie das Auto „abpflücken"? Der Ballon hing weit oben im dünnen Geäst einer großen, weitverzweigten Buche.

Sie versuchten es mit Emporklettern, mussten aber bald aufgeben, so erreichten sie höchstens die Mitte des Baumes. Dann suchten sie nach einer langen Stange, aber der Ballon war zu weit oben. Die Familie musste sich etwas anderes einfallen lassen, mit normalen Mitteln kamen sie nicht an den begehrten Gewinn. Nach kurzem Überlegen entschlossen sie sich zu einer radikalen Methode. Was waren die Kosten für eine Motorsäge im Vergleich zu dem riesigen Wert eines neuen PKWs? Dieses Geld mussten sie schon investieren. Vergnügt gingen sie heim und konnten kaum den Montag abwarten.

Am Nachmittag wurde im Baumarkt eine Motorsäge gekauft und Benzin besorgt. Abends schlich sich die ganze Familie aufgeregt in den Wald. Der Ballon war noch da! War die Luft rein? Kein Spaziergänger mehr in der Nähe oder gar ein Förster oder Waldarbeiter? Nach gründlicher Prüfung der Umgebung wurde der Baum gefällt. Donnernd stürzte er auf den Weg, hoffentlich hatte es niemand gehört! Endlich konnten sie den begehrten Preis erreichen.

Aber – o Schreck! Am Ballon hing keine Karte mehr, nur ein kleines Fetzchen Papier baumelte noch an der Schnur, die an der schlaffen Hülle festgeknotet war. Aller Aufwand war umsonst gewesen! Während sie noch enttäuscht neben dem gefällten Baum standen, verschwitzt, die Motorsäge in den Händen, kam der Förster mit seinem Auto vorbei. Da der Baum auf dem Weg lag, musste er anhalten, er stieg aus – und so kam es, dass die Familie nicht nur über den entgangenen Gewinn zu trauern hatte, sondern auch eine saftige Geldbuße bezahlen musste – und fortan eine Motorsäge besaß, die sie nie wieder brauchte.

Zum Weiterdenken:
– Wer um sich selbst kreist, muss sich nicht wundern,
  wenn er die Orientierung verliert.
Oder:
– Manchmal ist das, was wir uns so sehr wünschen
  und was uns so wertvoll erscheint, nichts wert.

Jesus Christus hat dem Tode die Macht genommen und das Leben und ein unvergängliches Wesen ans Licht gebracht durch das Evangelium.
(2. Timotheus 1,10)

Singet dem Herrn ein neues Lied, denn er tut Wunder.
(Psalm 98,1)

Gefühle

Es war ein Gärtner, der hatte als junger Mann eine Erfindung gemacht und im Lauf seiner Jahre immer weiter ausgebaut und vervollkommnet. In seinen weitläufigen Gewächshäusern züchtete er keine Blumen – nein! – er züchtete Gefühle. Er hatte tatsächlich herausgefunden, wie man Gefühle als winzige Sämlinge in den Boden pflanzen, zum Auskeimen und Aufwachsen und zur Entfaltung bringen konnte. Er verstand es durch allerlei geheimnisvolle Kniffe, Gefühle zu vermehren, und nun hatte er durch seine außergewöhnliche Geschicklichkeit seine Gewächshäuser voll mit den buntesten Emotionen.

In einer Ecke blühten die zartesten romantischen Gefühle gleich Rosen in den lieblichsten Farben und verströmten einen betörenden Duft. In einer andern herrschte die herbe Vielfalt aller Arten von Fröhlichkeit, von den kleinen Veilchen gleich einem glucksenden Lachen bis hin zu dem satten vollen Gelächter einer Sonnenblume. Ein ganzes Beet war voll mit Trauer, wie kleine Tränen perlten die Blüten an einem Halm, still schauten die traurigen Margeriten vor sich hin.

Im hinteren verborgenen Winkel reckten die frommen Gefühle ihre satten Triebe in die Höhe und entfalteten blütenlos riesige Blätter, die den Boden ganz bedeckten. Andere schoben ihre Stängel weit in den Himmel und entfalteten anbetend filigrane Äste.

Daneben waren Gefühle zu entdecken, die viel Zeit brauchten: Geduld und Beständigkeit. Das waren langsam wachsende Pflanzen mit dicken tiefen Wurzeln und einem holzigen Stamm. Verschämt drängten sich die Mimosen an den Rand des Gewächshauses, das war der Bereich aller scheuen Empfindungen, die sich bei der kleinsten Berührung verschreckt zusammenrollten.

Ein Gewächshaus ganz für sich beanspruchten die Leidenschaften, sie wucherten und breiteten sich unbeherrscht aus und hätten alle anderen mit ihren Auswüchsen erstickt, würden sie nicht ständig von den Gehilfen des Gärtners in Zaum gehalten und beschnitten.

Eine weitere Halle konnte nur mit Schutzbekleidung betreten werden. Hier wuchsen die feurige Wut, der rotblättrige Zorn, die Gemeinheit, der spitze Sarkasmus und die beißende Ironie mit ihren Nesselfäden. Das war ein gefährlicher Raum! Wenn man nicht aufpasste, hatte man sich schnell an einer Spitze verletzt oder sich einen Stachel unter die Haut gezogen. Giftige Dämpfe nahmen den Atem und man drohte zu ersticken, gefährliche Pollen erzeugten Hustenreiz und brennende Pflanzensäfte reizten die Schleimhäute.

Ein Gewächshaus war abgedunkelt, dort wucherten die dunklen Gefühle, die verborgen bleiben wollten, sie fühlten sich weich an wie ein samtiges Mooskissen, waren aber einschläfernd und entführten aus der Wirklichkeit. Hier gab es hartnäckige Flechten, pilzige Myzele und widerliche Schmarotzerpflanzen. Klebrig hängten sie sich wie Kletten an den, der diesen Raum betrat.

Zu guter Letzt gab es noch ein kleines Glashaus mit den Weihnachtsgefühlen. Dort standen feierliche Weihnachtssterne neben stillen Christrosen, goldene Christbäume wuchsen hier und auch der nach Zimt duftende Honigkuchenbusch.

Der Gärtner war stolz auf sein Sortiment. Er inserierte und lockte die Leute zum Kauf. Er pries seine Gefühle an. Aber seltsam: Die Menschen kamen nicht, niemand wollte seine Gefühle haben. Sie schienen nicht in diese Welt zu passen. Er bot Sonderangebote an: „Heute zum Sonderpreis: Innige Gefühle – haltbar mindestens eine Woche". Er gab Mengenrabatt: „10 Frühlingsgefühle kaufen und nur 5 bezahlen – und das mitten im Winter!" Er band bunte Sträuße aus allen Gefühlen aus seinem Sortiment, Sträuße für den Alltag, für den Sonntag, für besondere Gelegenheiten, aber es nützte alles nichts. Die Menschen wollten keine Gefühle, sie machten sogar einen großen Bogen um seine Gewächshäuser. Sie lebten in einer sachlichen Welt, in der Emotionen keinen Platz hatten.

Nur ein paar kamen zu ihm. Es waren auf der einen Seite die Gefühlsseligen, die nicht genug bekommen konnten und in Empfindungen regelrecht baden wollten. Und das waren andererseits diejenigen, die arm waren an Gefühlen und endlich einmal spüren wollten, wie sich dieses oder jenes anfühlte. Häufig klopften verhärmte, ängstliche und verstörte Menschen an, aber auch – selten und ungewöhnlich – kalte und herzlose Typen. Die letzten fragten gleich danach, ob es auch Gefühle zum Einpflanzen gäbe und wie sie möglichst pflegeleicht zu halten wären.

Aber – und hier ging leider die Rechnung des Gärtners nicht auf – die Gefühle erwiesen sich als nicht transportabel. Das stellte sich erst nach und nach heraus. In den Gewächshäusern gediehen die Emotionen prächtig und die Menschen konnten sich an Ort und Stelle an ihnen erfreuen oder unter ihnen leiden – ganz wie sie wollten. Nur wenn sie die Gefühle aus der Schutzatmosphäre ihres Ursprungsortes mit nach draußen brachten, mussten sie feststellen, dass dies unmöglich war: Die Gefühle hielten sich nicht lange. Sie verwelkten oder vertrockneten, wuchsen sich aus und gingen dann ein oder sie vermehrten sich so, dass sie wie ein gefährlicher Schimmel die Wohnung verseuchten. Es war klimatisch bedingt, dass sich die Gefühle nicht konservieren ließen. Sie hielten sich einfach nicht in der kalten und erbarmungslosen Welt, die keinen Platz für Empfindungen aller Art hatte. Und so blieben die Menschen emotionslos, ja unmenschlich eigentlich.

Nur ab und zu gelingt es, ein kleines Gefühlspflänzchen aus dem Gewächshaus zu schmuggeln, um es im Alltag einzuwurzeln.

Zum Weiterdenken:
– Freude, Trauer und Glück wachsen in Gottes Reich –
du kannst diese Gefühle nicht selbst erzeugen.
Du kannst sie nur pflegen und erhalten.

Die Opfer, die Gott gefallen, sind ein geängsteter Geist,
ein geängstetes, zerschlagenes Herz wirst du, Gott, nicht verachten.
(Psalm 51,19)

Gelobt sei Gott, der mein Gebet nicht verwirft
noch seine Güte von mir wendet.
(Psalm 66,20)

Die Kaktusfeige

Ein Tourist kommt auf einem Ausflug ins karge, verbrannte Landesinnere. Er findet eine arme, wüstenähnliche Landschaft vor, ganz anders als an den schönen Stränden und blühenden Hotelgärten.

Da entdeckt er einen riesigen Kaktus, übersät mit leuchtend gelben Kaktusfeigen. Er hat davon gehört, dass diese Früchte süß und saftig schmecken. Er denkt: „Das muss doch ein besonderes Erlebnis sein, die Früchte in dieser Umgebung zu genießen!" Er pflückt sich eine Kaktusfeige. Aber kaum hat er sie in der Hand, wirft er sie mit einem Aufschrei wieder fort. Tausende kleiner Stacheln bohren sich in seine Handfläche, und während er versucht, die Plagegeister wieder loszuwerden, verteilt er sie über beide Hände und vergrößert dadurch die Qual.

Ein Ziegenhirte, der alles beobachtet, denkt bei sich: „Dieser arme Tourist, er kommt aus einem reichen Land und stiehlt uns die Kaktusfeigen. Dabei weiß er nicht einmal, wie man sie anfasst."

Zum Weiterdenken:
– Wenn du nach dem Unbekannten greifst,
  musst du dich nicht wundern, wenn du dich verletzt.

Wo ist unter euch ein Vater, der seinem Sohn, wenn er ihn um einen Fisch
bittet, eine Schlange für den Fisch biete?
Oder der ihm, wenn er um ein Ei bittet, einen Skorpion dafür biete?
(Lukas 11,11–12)

Bileam

Bileam war wieder einmal im Auftrag des Herrn unterwegs. Er saß in seinem klapprigen alten Auto, die Hände um das Lenkrad gekrallt, dass ihm die Knöchel weiß wurden. Sein Blick war starr auf die Fahrbahn gerichtet, aber seine Gedanken rasten.

Er würde es ihnen schon sagen! So konnte es unmöglich weitergehen! Diese ganze Geschichte war ein Skandal und es wurde dadurch dem Reich Gottes ein großer Schaden zugefügt. Das konnte sich Gott nicht einfach gefallen lassen!

Ein Spezial-Auftrag für Bileam! Er musste eingreifen. Er musste das entscheidende Wort sprechen, das die Situation in das Licht Gottes setzte. Alle würden sehen, was er sah. Die einen würden umkehren und Buße tun, andere ihn vielleicht verspotten oder davonjagen. Aber das war ihm egal. Er hatte als Prophet Gottes nur seine Botschaft auszurichten.

Und sein Auftrag war ein scharfes Wort der Ermahnung. Er würde die Mächtigen vom Stuhl stoßen, er würde mit der Schärfe seines Wortes in die Gemeinschaft fahren und das Reine vom Unreinen trennen. Er würde die Ordnungen Gottes wieder aufrichten. Sein Auftrag war ein unmissverständlicher Ruf zur Umkehr. Und wer nicht umkehren wollte, würde dem Gericht Gottes verfallen …

Während er sich seine zornige Rede überlegte, strömten aus seinem Inneren Worte wie aus den Tiefen eines Vulkans. Starke und kraftvolle Worte kamen auf seine Lippen. Er knurrte. So liebte er es, er war der scharfe Besen Gottes, der sein Gericht ankündigte – eindeutig, klar und ohne Zögern. Die Menge würde erstarrt dasitzen und ihn mit aufgerissenen und erschreckten Gesichtern anstarren, das Entsetzen im Blick und die Angst im Nacken über das furchtbare Strafgericht Gottes. Sie würden sich mit Schreien und Wehklagen abwenden von ihrem bösen Werk …

Plötzlich wurde der erhebende Fluss seiner Gedanken unterbrochen. Der Motor seines Fahrzeugs stotterte, es ruckte, die ruhige Fahrt wurde abgebremst. Dann setzte der Motor ganz aus. Bileam gelang es, sein Auto auf dem Standstreifen zum Halten zu bringen. Er stieg aus, öffnete die Motorhaube und eine weiße Dampfwolke quoll ihm entgegen. Irgendetwas war kaputt.

Während er sich in das Innere des Motorraums vertiefte, hörte er hinter sich eine Stimme: „Kehren Sie um, mit diesem alten Esel kommen Sie nicht mehr weit!" Bileam schaute empört zurück. Eine junge Frau hatte mit ihrem sportlichen Flitzer gehalten, sie lachte ihm durch das Autofenster freundlich zu. „Kann ich Ihnen helfen?"

„Nein, ich brauche keine Hilfe! Ich habe einen Auftrag und ich lasse mich nicht aufhalten", knurrte Bileam unwillig. Die junge Frau zuckte die Schultern und brauste Staub aufwirbelnd davon.

Nein, Bileam war keiner, der sich durch irgendwelche Umstände von seinem klar erkannten Weg abhalten ließ – und wenn er zu Fuß die letzten Kilometer zurücklegen musste.

So kam es, dass Bileam verdreckt, verschwitzt und mit wirren Haaren müde in die Versammlung kam, als diese schon fast zu Ende war. Er riss die Türe auf, aber sein großer Auftritt, den er sich so beeindruckend vorgestellt hatte, glich eher einem kläglichen Hineinstolpern. Die Menschen amüsierten sich verstohlen, als sie ihn sahen. Dennoch stellte sich Bileam in Positur, setzte eine ernste Miene auf und begann seine drohenden und harten Worte. Aber er machte ein zu jämmerliches Bild und seine Worte waren wirr und unkonzentriert. Er kam außer Atem, verhaspelte sich, begann stockend von Neuem und wusste schließlich nicht mehr, was er überhaupt sagen wollte. All die fürchterlichen und treffenden Worte, die er sich überlegt hatte, waren wie weggeblasen und was er nun sagte, klang wie sein stotternder Motor. Verstört fuhr er sich durchs nasse Haar, was seine Frisur erst recht in Unordnung brachte.

„Kommen Sie, setzen Sie sich", sagte eine mitleidige Seele neben ihm, „hier haben Sie etwas zu trinken. Sie müssen ja Fürchterliches durchgemacht haben. Sie kommen wohl direkt aus einem Strafgericht Gottes?" Bileam setzte sich ermattet auf den angebotenen Stuhl und griff dankbar zu dem Glas, das ihm angeboten wurde. „Der Herr segne Sie", stammelte er leise – und blickte der schnittigen Frau von vorhin direkt ins fröhliche Gesicht.

Und damit hatte er seinen Auftrag erfüllt.

Zum Weiterdenken:
– Nicht nur der Auftrag ist wichtig, sondern auch der Auftraggeber. Für wen bist du unterwegs?

Segnet, die euch verfolgen; segnet und flucht nicht.
(Römer 12,14)

Christus spricht: Wenn ich erhöht werde von der Erde,
so will ich alle zu mir ziehen.
(Johannes 12,32)

Ein bisschen Heimat

Die alte Frau lebte schon seit Jahrzehnten ganz allein in der kleinen Wohnung inmitten der Altstadt. Ihr einziger Angehöriger war ein entfernter Neffe, der ab und zu nach ihr schaute. Aber er interessierte sich nicht wirklich für die alte Dame, er hatte es auf das Erbe abgesehen, und er konnte sich an zwei Fingern ausrechnen, dass er es war, der einmal Anspruch auf die Hinterlassenschaften haben würde.

Er hatte bemerkt, dass die alte Frau ein kleines Säckchen wie einen kostbaren Schatz hütete. Sie verbarg ihn sorgfältig unter ihrer Matratze neben ihrem Kopfkissen. Obwohl sie diesen Sack immer gut versteckte und ängstlich darauf bedacht war, dass ihn niemand entdeckte, hatte der Neffe ihn doch gesehen und er vermutete, dass sich darin etwas sehr Wertvolles befinden musste. Vielleicht waren es Wertpapiere, Sparbücher oder befanden sich sogar Goldstücke in diesem Schatz?

Dem Neffen dauerte es aber viel zu lange, bis er in den Besitz dieses Vermögens kommen konnte. Die alte Dame war noch rüstig. Allerdings hatte sie in der letzten Zeit immer wieder Ausfallerscheinungen – sie vergaß Strom und Gas zu bezahlen, so dass es ihr abgestellt wurde, sie pflegte sich nicht mehr so, dass sie ohne das Naserümpfen anderer ein Geschäft betreten konnte, und der Metzger an der Ecke hatte ihr unmissverständlich zu verstehen gegeben, dass er nicht mehr wollte, dass sie bei ihm einkaufte. Das hatte sie verletzt und verbittert und sie führte immer mehr ein zurückgezogenes Leben.

Das war nun ein willkommener Anlass für den Neffen. Mit einem findigen Anwalt an der Seite erreichte er, dass die alte Frau nach Klärung aller notwendigen Formalitäten in ein Heim eingewiesen wurde. Der alten Dame ging das viel zu schnell und fühlte sich doch übertölpelt, als sie eines Tages von Sanitätern des Roten Kreuzes abgeholt wurde.

Kaum war sie verschwunden, hatte der Neffe freie Hand. Sofort eilte er ins Schlafzimmer und griff nach dem wertvollen Säckchen. Aber als er es öffnete, wurde er bitter enttäuscht. Das Säckchen enthielt nichts als dunkle, schwarze Erde.

Wütend und enttäuscht schüttete der Neffe die Erde in den Müll.

Es dauerte auch nicht lange, bis der Sozialdienst in jenem Heim feststellte, dass die alte Dame völlig normal, selbstständig und die Einlieferung rückgängig zu machen sei. Als sie daraufhin wieder in ihre Wohnung zurückgebracht wurde, war ihr erster Griff nach dem Säckchen. Es war fort! Wie versteinert stand die alte Frau in ihrem Zimmer: Sie hatte ihre Heimat verloren!

Einst musste sie ihr Heimatland verlassen und als ein Stück Heimat hatte sie ein Säckchen voll Erde mitgenommen. In all den Jahren war ihr so die Verwurzelung in den Boden ihrer Kindheit geblieben. In jeder Nacht bettete sie ihr Haupt auf dieser Erde aus der Heimat.

Plötzlich entglitt ihr im wahrsten Sinnes des Wortes der Boden, der Halt unter den Füßen. Sie kam nicht mehr allein zurecht. Und da das Seniorenheim auf erneute Nachfrage des eingeschalteten Neffen eine Wiederaufnahme verständlicherweise ablehnte, musste er sich selbst um seine verwirrte Tante kümmern. Mit schlechtem Gewissen stand er in der Pflicht. Und fand dann doch eine gute Lösung: Mit seiner Tante auf dem Beifahrersitz machte er sich auf, die alte Heimat noch einmal zu besuchen.

Zum Weiterdenken:
– Unsere Heimat ist im Himmel, nicht auf der Erde –
trotzdem steht jedem ein Stück Heimaterde zu.
Zumindest das, aus dem er gemacht ist.

Du bist Erde und sollst zu Erde werden.
(1. Mose 3,19)

Es soll nicht durch Heer oder Kraft, sondern durch meinen Geist geschehen,
spricht der Herr Zebaoth.
(Sacharia 4,6)

Die Einsamkeit

Zufrieden saß der Skipper in seinem kleinen Motorboot. Um ihn her war die unendliche Einsamkeit des Mittelmeeres, über ihm ein blauer Himmel und eine strahlende Sonne. Endlich für ein paar Tage allein!

So hatte er es sich vorgestellt: genügend Lebensmittel für zwei bis drei Tage, ausreichend Wasser und Getränke – und dann hinaus aufs weite Meer, wo ihn niemand erreichen konnte, wo er weit weg war von allen Ansprüchen der Menschen!

Mit sich und der Welt im Reinen schaute er sich in seinem kleinen Boot um, sein Zuhause für ein paar ungestörte Tage. Dabei fiel sein Blick zufällig auf das Armaturenbrett.

Ihm stockte der Atem: Die Tankanzeige bewegte sich im roten, unteren Bereich. Er hatte an alles gedacht, nur der Tank war leer!

Zum Weiterdenken:
– Was gibt deinem Leben Kraft? Wer keine Kraft mehr hat,
  ist schnell einsam.

Kommet her zu mir alle, die ihr mühselig und beladen seid;
ich will euch erquicken.
(Matthäus 11,28)

Die missglückte Bewerbung

Manfred bewarb sich um die begehrte Stelle. Das war genau sein Traumjob. Hier könnte er Karriere machen, hier bekäme er ein gutes und sattes Einkommen. Er wollte diese Arbeit unbedingt bekommen. Deshalb hatte er sich vorher genau überlegt, wie er bei seinem zukünftigen Chef – wie er ihn bereits nannte – auftreten sollte, um sich am besten für diese Stelle zu präsentieren. Durchsetzungsfähigkeit und Schnelligkeit im Denken waren gefragt. Er musste entscheidungsfreudig und gewandt sein. Das alles traf auf ihn zu. Nur, wie konnte er sich ins beste Licht setzen?

Wild entschlossen, diese Arbeitsstelle zu bekommen, hatte er sich in Schale geworfen und war dann selbstbewusst aufgebrochen, um sich vorzustellen. Telefonisch hatte er einen Termin vereinbart. Mit seinem kleinen Auto fuhr er zur Fabrik, die in einem anderen Ort lag.

Tatsächlich, der Chef war auf seinen Besuch vorbereitet. Auf dem Tisch lagen seine Bewerbungsunterlagen. Offensichtlich hatte sich der alte Herr bereits mit seinen Zeugnissen beschäftigt. Anerkennend nickend verwies er auf all die Zertifikate, die ihn empfahlen. „Das sieht ja gut aus", sagte er bewundernd gleich nach der Begrüßung. Manfred war stolz. Ja, er hatte schon einiges geleistet und konnte etwas vorweisen. Er musste sich nicht verstecken!

Ein Gespräch begann, das etwa eine Stunde dauerte. Der Unternehmer fragte den Bewerber nach seinen Hobbys, seinen Interessen und nach den Motiven, warum er genau diese Arbeit annehmen wollte. Auch dieser Teil der Bewerbung schien für den jungen Mann zu sprechen und zu seinen Gunsten zu verlaufen.

Dann schaute der Chef auf die Uhr. „Oh, ich hätte es wegen unseres angeregten Gesprächs fast vergessen, dass ich noch einen Termin habe", sagte er erschreckend. „Sind Sie mit dem Auto da, könnten Sie mich mitnehmen? Ich habe meinen Termin im Rathaus Ihres Ortes und mein Fahrer ist gerade mit meinem Wagen in der Werkstatt."

Selbstverständlich durfte der Chef mitfahren. Manfred war es zwar etwas mulmig zumute, den hohen Herrn in seinem kleinen Fahrzeug mitzunehmen. Aber er nahm es als besondere Auszeichnung und war sich bereits sehr sicher, dass er diese Stelle bekommen würde.

Und nun konnte er seinem Chef zeigen, wie entschlossen, kühn und entscheidungsfreudig er war. Gebieterisch fuhr er dem vorausfahrenden Auto dicht auf, überholte manchmal auch dort, wo es gefährlich schien. Sein Chef sollte sehen, dass er der richtige Mann war, der das Risiko nicht scheute.

Schweigend saß dieser neben dem Fahrer. Manfred schielte zu ihm hinüber: Er verfehlte seine Wirkung offensichtlich nicht – oder sah sein Beifahrer doch leicht angespannt aus?

Als sie ankamen, stieg der Chef aus, trat auf Manfred zu und gab ihm die Hand. „Vielen Dank für Ihre Bewerbung", er machte eine bedeutungsvolle Pause und Manfred hielt erwartungsvoll den Atem an. „Aber ich kann Sie leider nicht anstellen. Sie sind zwar qualifiziert für die Stelle und Sie erreichen sicher auch sehr entschlossen die Ziele, die Sie sich gesteckt haben. Aber Sie gehen dabei über Leichen und nehmen in Kauf, dass Menschen gefährdet werden. Menschen sind für mich aber wichtiger als Ziele – ich kann Sie deshalb nicht in meinem Betrieb gebrauchen. Auf Wiedersehen."

Betroffen und bestürzt blieb Manfred zurück.

Zum Weiterdenken:
– Das eigene, nachdrückliche und zielgerichtete Wollen verhindert oft das Erreichen des Ziels.

Nicht ihr habt mich erwählt, sondern ich habe euch erwählt und bestimmt, dass ihr hingeht und Frucht bringt und eure Frucht bleibt, damit, wenn ihr den Vater bittet in meinem Namen, er's euch gebe.
(Johannes 15,16)

Heilig, heilig, heilig ist der Herr Zebaoth, alle Lande sind seiner Ehre voll.
(Jesaja 6,3)

Die Suche

Das große Ziel des jungen Robin war es, einmal einen echten Edelstein zu finden. Überall suchte er danach. Bei jeder Wanderung ins Gebirge hatte er kaum Augen für die Schönheit der Landschaft, sein Blick haftete nur am Boden, jeder Felsbrocken wurde von seinen Augen röntgenartig geprüft.

So auch an diesem Wochenende. Er hatte recherchiert. Das Silbertal hatte seinen Namen nicht ohne Grund. Im Geröllfeld oberhalb der Baumgrenze, am Gebirgsbach – Stunde um Stund durchkämmte Robin das Gelände. Fast fiebrig.

Schließlich setzte er sich müde und erschöpft auf eine Bank neben der kleinen Quelle. Als er nach der Rast aufstand und weiterging, hatte er den kleinen Bergkristall im Wasser nicht entdeckt, der matt im Sonnenlicht funkelte, gerade vor seinen Augen. Was er gesucht hatte, war so nahe und doch für ihn unerreichbar, seine mühsame Suche war noch nicht zu Ende.

Kurz darauf kam ein anderer Wanderer vorbei. Er hatte noch nie einen Gedanken an Edelsteine verschwendet, geschweige denn nach ihnen gesucht. Fröhlich und entspannt ließ er pausierend die Beine ins kalte Nass baumeln. Dabei fiel sein Blick zufällig genau an die richtige Stelle: Erstaunt und erfreut entdeckte er den wertvollen Stein, mit dem die Sonnenstrahlen im sprudelnd klaren Wasser spielten. Bewundernd betrachtete er die wunderschöne Kristallstruktur – und legte den Stein dann zurück ins Bachbett. Zufrieden machte er sich wieder auf den Weg.

> Zum Weiterdenken:
> – Lass los, was Du begehrst, damit Du es erhältst.

Wer sein Leben findet, der wird's verlieren; und wer sein Leben verliert um meinetwillen, der wird's finden.
(Matthäus 10,39)

Das nicht eingehaltene Versprechen

Ein Bauer hatte zwei Söhne. Die hatten ständig Streit miteinander, bei allem hatten sie sich in den Haaren, die kleinste Kleinigkeit genügte, damit die beiden hart aneinander gerieten. Wollte der eine so, dann wollte der andere genau anders. War der eine dieser Meinung, bezog der andere genau den entgegengesetzten Standpunkt. Dauernd gab es Auseinandersetzungen.

Der Vater war ständig bemüht, seine Söhne auseinanderzuhalten, zu schlichten und zu versöhnen. Mit sorgenvollen Gedanken dachte er an die Zeit, wenn er einmal nicht mehr leben sollte. Dann würden sie sich bestimmt die Köpfe einschlagen oder noch schlimmer miteinander umgehen, sich vielleicht sogar zu Tode streiten. Er sah schon den einen seiner beiden Söhne auf dem Friedhof und den anderen im Gefängnis. Eine schlimme Vorstellung!

Und als der Vater sein Ende kommen fühlte, rief er seine beiden Söhne an das Sterbebett und nahm ihnen ein heiliges Versprechen ab, dass sie nach seinem Tod im Frieden miteinander leben sollten. Die beiden schworen feierlich und versicherten ihrem Vater, dass er sich keine Sorgen zu machen brauchte, sie würden einträchtig miteinander leben und jeden Streit begraben.

Der Vater starb, er wurde begraben und tatsächlich, die beiden begegneten sich ohne ein Widerwort und ohne den Anschein eines Zwistes. Eine neue Zeit schien angebrochen zu sein. Der Schwur, dem sterbenden Vater gegeben, hielt.

Aber er hielt nur ungefähr eine Woche, dann zogen wieder finstere Wolken auf.

Der Ältere der beiden erklärte klipp und klar, dass er mit seinem Versprechen nicht länger leben könnte, es sei ihm zu schwer und er wolle sich nicht so stark verbiegen, dass er unter dem Diktat dieses Versprechens bleiben könnte.

Und der andere erklärte daraufhin frank und frei, dass ihm diese Übereinkunft abgetrotzt und aufgezwungen worden war und er ohne ein inneres Einverständnis eingewilligt hätte, deshalb sei er ebenfalls nicht an den falschen Schwur gebunden. Dann sei es doch besser tot zu sein, als nach einer Weise zu leben, die nicht seine eigene war.

Zum ersten Mal in ihrem Leben waren sich die beiden Brüder einig. Und so brachen die alten Zeiten wieder an, kaum dass sie aufgehört hatten. Die beiden zankten und stritten, dass die Fetzen flogen. Jeder beharrte auf seinem Recht, jeder forderte vom anderen, jeder wollte der Stärkste sein und keiner wollte nachgeben.

Weil sie ständig bemüht waren, dem anderen sein Unrecht nachzuweisen und das eigene Recht herauszustellen, hatten sie gar keine Zeit mehr für ihre Arbeit. Der einst so blühende Hof zerfiel in kurzer Zeit. Die Einnahmen blieben aus, hohe Honorare für Rechtsanwälte und Gerichtskosten fielen an. Bald waren beide bettelarm und hoch verschuldet.

Aber auch das brachte sie nicht zur Besinnung. Sie konnten nicht voneinander lassen. Ihr ganzer Lebensinhalt bestand aus Vorwürfen und Feindbildern, die sie sich ausmalten und mit denen sie den anderen traktierten. Ihre ganze Kreativität steckten sie in diese Auseinandersetzungen. Sie kamen auf immer neue und findigere Schliche und versuchten den anderen zu überlisten.

Dabei zerfiel nicht nur das Anwesen, sondern auch ihre Gesundheit verfiel immer mehr. Zum Schluss waren beide nur noch ein Schatten ihrer selbst, sie pfiffen auf dem letzten Loch und bald pfiffen sie auch ihre letzten Töne. Sie starben ungefähr gleichzeitig und wurden neben ihrem alten Vater beerdigt. Der eine rechts von ihm und der andere auf der linken Seite.

Nun konnten sie wenigstens nicht mehr miteinander streiten.

Vom Verkauf des wenigen Hab und Gut bezahlte die Gemeinde ihren Grabstein. Im allgemeinen Einvernehmen stand darauf eingemeißelt für alle Zeiten, wie es zuweilen in österreichischen Dörfern üblich war:

„Im Leben nur giftige Pfeile verschossen.
Im Tod nun ihr zänkisches Maul fest verschlossen."

Und so mancher, der an diesem bissigen, aber wahren Spruch vorbeiging, sagte sich: Sie hätten ein gutes und schönes Leben haben können. Es wäre so einfach gewesen ..."

Zum Weiterdenken:
– Wer Gott ehrt, der wird auch von ihm geehrt. Wie ehren wir Gott?

Sollte Gott nicht auch Recht schaffen seinen Auserwählten,
die zu ihm Tag und Nacht rufen, und sollte er's bei ihnen lange hinziehen?
Ich sage euch: Er wird ihnen Recht schaffen in Kürze.
(Lukas 18,7–8)

Christus spricht zu seinen Jüngern: Wer euch hört, der hört mich;
und wer euch verachtet, der verachtet mich.
(Lukas 10,16)

Des Kaisers neue Kleider

Es war einmal ein weltbekannter Redner. Überall, wo er auftrat, lauschten ihm die Menschen mit Ergriffenheit. Er verstand es, seine tiefsinnigen Gedanken immer wieder in neue Worte und brillante Formulierungen zu kleiden. Allein seinen Sätzen zu folgen war ein Genuss für das Ohr.

Dieser Redner hatte einige Berater, mit denen er sich besprach, da er oft mit sich selbst unzufrieden war. Er wollte in seinen Vorträgen Worte finden, die Wahrheit und Unwahrheit sofort identifizierten. Er suchte nach einer Sprache der Wahrheit.

Seine Berater redeten ihm gut zu und entwickelt für ihn ein unschlagbares Konzept. Sie trainierten mit ihm eine Rede, die nur dem gefiel, der wirklich weise war und die Wahrheit verstand. Dadurch würden sich in seinem Vortrag die Schafe von den Böcken scheiden: Nur wer offen war für die Wahrheit, verstand diese Worte, die anderen würden verständnislos den Saal verlassen.

Dementsprechend wurden nun die Vorträge des Redners mit dem Werbeslogan angekündigt: „Wer wirklich in der Wahrheit ist, wird diese Worte verstehen!" Das zog, denn die meisten hielten sich natürlich für klug.

Die Menschen strömten in die Versammlungshallen, in denen der Redner auftrat. Die Zeitungskolumnen überschlugen sich in wortgewaltigen Besprechungen. Niemand verstand zwar so recht, was er sagte, da seine Gedankengänge so kompliziert und abgehoben waren, aber keiner getraute sich das zu sagen, um nicht als unweise und unwahr abgestempelt zu werden.

So saßen viele Menschen und lauschten den Worten mit ergriffenen Gesichtern und nickenden Köpfen, doch in ihren Herzen war es leer. Jeder ergoss sich in lobenden Aussagen über die Wahrheit seiner Worte, aber niemand hatte diese Wahrheit wirklich ergriffen.

Das ging so weiter bis zu jenem Vortrag, in dem ein ausgestoßener und verachteter Mensch, der von allen wegen seiner Dummheit gemieden wurde. Dieser Mensch stand unvermittelt mitten im Vortrag auf und sagte laut: „Ich verstehe kein Wort von dem, was Sie sagen! Bitte erklären Sie es mir noch einmal!" Niemand widersprach ihm. Es wurde mucksmäuschenstill im Saal. Auch der Redner verstummte. Unsicher setzte er an, stockte, versuchte es neu. Aber er vermochte nicht, ihm den Sachverhalt so zu erläutern, dass er von diesem Mann verstanden wurde. Darauf verließ der Dumme den Raum und sagte für alle hörbar: „Der hat ja gar nichts zu sagen, der kleidet sich in Luft und drischt hohle Phrasen!" Und viele, die das hörten, spürten in ihrem Herzen: Der Narr hat recht!

> Zum Weiterdenken:
> – Nicht alles, was sich wichtig gebärdet, ist es auch.
>   Das wirklich Wichtige ist oft unscheinbar und leise.

Fürchte dich nicht, sondern rede und schweige nicht!
(Apostelgeschichte 18,9)

Wenn diese schweigen werden, so werden die Steine schreien.
(Lukas 19,40)

Die beiden Pfarrer

Wir haben in unserer Gemeinde zwei Pfarrer. Nicht dass Sie nun denken, wir wären eine große Gemeinde, nein, ganz im Gegenteil. Vielleicht wundern Sie sich nun: Wie kann sich eine kleine Gemeinde zwei Pfarrer leisten? Um ganz genau zu sein, müsste ich nun klarstellen, wir haben gar nicht zwei Pfarrer, wir haben natürlich nur einen. Aber dieser eine ist wie zwei. Sie verstehen nicht? Nun, es ist auch gar nicht so einfach mit unserem Pfarrer. Nein, nein, ich meine nicht, dass er für zwei arbeitet. Unser Pfarrer hat zwei Gesichter, einmal ist er so, dann wieder ist er ganz anders. Deshalb sage ich: wir haben eigentlich zwei Pfarrer.

Wenn Sie unserem Pfarrer an einem Werktag begegnen, auf ihn zugehen und ihn begrüßen, werden Sie verwundert Ihren Kopf schütteln: Wie kann ein so gehemmter Mensch Pfarrer sein. Er ist kaum fähig, mit Ihnen ein Gespräch zu führen. Unsicher schüttelt er Ihnen die Hand. Wenn Sie Pech haben, wird er sogar auf Ihre präzisen Fragen keine Antwort geben. Er ist in sich gekehrt, schüchtern und hat gar keine pastorale Ausstrahlung. Am liebsten geht er den Menschen aus dem Weg.

Dann sollten Sie ihn aber einmal an einem Sonntag erleben – Sie werden ihn nicht wieder erkennen. Vor dem Beginn des Gottesdienstes verkriecht er sich in die Sakristei. Unbemerkt huscht er dorthin ohne einen Menschen zu grüßen. Dann zieht er sich seinen schwarzen Talar über – und von diesem Moment an ist er ein anderer Mensch! Aufrecht und mit festem Schritt zieht er, wenn der Gottesdienst bereits begonnen hat, unter den Klängen der Orgel in die Kirche ein. Ja er schreitet mit weitausholenden Schritten allein durch den Mittelgang, selbstbewusst, von Kopf bis Fuß der Hirte seiner Gemeinde. Grüßt vielleicht einmal nach rechts und links und kostet diesen Moment seines Auftrittes richtiggehend aus.

Dann steht er vorne am Altar, die Orgel verstummt, der Pfarrer erhebt seine Stimme, sein volltönendes Organ dröhnt durch die Kirche, Sie hätten ihm nie ein solches Volumen zugetraut, und freundlich und verbindlich begrüßt er die Gemeinde. Vielleicht gelingt ihm sogar eine lockere Bemerkung zum Einstieg oder er macht einen Witz, über den alle lachen und er dann am meisten. Er ist voll und ganz Herr der Lage, Pfarrer seiner Gemeinde, der handelt gemäß seiner Ordination und im Auftrag Gottes, selbstbewusst, sicher und bestimmt. In seiner Predigt sind seine Worte klar und verständlich, er spricht die Menschen an, ermahnt und tröstet sie.

Dann nach einem gewaltigen und vollmächtigen Segen entlässt er seine Schäfchen in den Alltag der nächsten Woche, um mit wehendem Talar wieder in der Sakristei zu verschwinden. Wenn sie vor der Türe stehen bleiben und warten, werden sie bemerken, wie kurz darauf wieder der andere Pfarrer schnell und verhuscht herauskommt, ganz unauffällig, bestrebt, niemandem zu begegnen.

Zum Weiterdenken:
– Gott redet – wenn wir ihn reden lassen.

Wenn ihr doch heute auf seine Stimme hören wolltet:
Verstocket euer Herz nicht!
(Psalm 95,7–8)

2. Sonntag nach Trinitatis

Christus spricht: Kommt her zu mir, alle, die ihr mühselig und beladen seid;
ich will euch erquicken.
(Matthäus 11,28)

Der Lastenträger

O ja, er liebte es Lasten zu tragen, das war seine Arbeit, das war sein tägliches Brot. Er belud sich mit wahren Bergen, alles nahm er auf seine Schultern, nichts war ihm zu schwer. Hoch türmte sich die Ladung auf seinem Rücken, wie ein schwer beladenes Kamel schwankte er dann durch die Gassen zum Hafen hinunter.

Dabei war er gar keine besonders kräftige Person, er war eher zierlich und klein. Oft konnte man ihn unter seiner Last selbst gar nicht mehr erkennen. Aber er war zäh – und darauf war er stolz. Er konnte etwas aushalten, er war belastbar, weit mehr als andere Menschen.

Und wenn er sich viel auflud, fühlte er sich gut, manchmal auch ein bisschen wichtig: Er ertappte sich ab und zu bei dem Wunsch: „Seht, hier komme ich: ein menschliches Lasttier. Seht, was ich alles leiste, mehr als viele andere. Nichts ist mir zu schwer, ich bin unendlich belastbar und stark." Das gab ihm einen Wert, dadurch hatte sein Leben einen Sinn war er eine gewichtige und bedeutende Person. Mit schweren Schritten ging er seinen Weg, den Rücken gebeugt unter der schweren Bürde. Ja, es grenzte zeitweise an einen ungesunden Extremsport. Er wollte Vorbild sein, unbedingt. Er, er allein!

Einige wandten sich jedoch kopfschüttelnd ab, wenn sie ihm begegneten, es war fast nicht auszuhalten, wie er sich marterte: „Das kann ein einzelner Mensch doch gar nicht ertragen, das geht doch nicht, der Körper ist für diese Belastung nicht gemacht, über kurz oder lang muss er doch platt auf dem Boden liegen."

Aber ihm gefiel es, wenn die Menschen so sprachen. Er konnte und wollte es ihnen auch ein bisschen beweisen, dass er mehr tragen konnte und nicht aufgab. „Ja, seht mich an, ich trage jede Last, ich nehme alles auf meine Schultern, mache es mir nicht so bequem wir ihr!"

Ein paar Freunden tat der Mann leid. Sie bedeuteten ihm, dass er sich zu viel aufladen würde. „So viel wie Du muss kein Mensch tragen! Es genügt, dass jeder nur sein Päckchen trägt. Du musst Dir nicht auch noch die Bürde

115

anderer Menschen aufladen." Aber er wollte diese gut gemeinten Ratschläge nicht hören.

Dann versuchten sie es, ihn mit Argumenten zu überzeugen: „Du bist doch Christ. Dann weißt Du doch, dass Jesus der einzige ist, der die Last dieser Welt trägt. Er ist dabei gestorben, aber dadurch sind wir von den Lasten unseres Lebens frei. Was uns aufgeladen wird oder wir selber huckepack nehmen, nimmt er uns ab, damit wir befreit und erleichtert unsere Wege gehen können."

Aber auch davon wollte er nichts wissen: Nein, war es nicht umgekehrt, dass er gerade wegen Jesus all diese Lasten tragen sollte? Und überhaupt, so leicht konnte man es sich doch nicht machen. Deshalb waren die Menschen so verweichlicht, weil sie selbst nichts mehr tragen wollten und alles abschoben.

Aber er merkte nicht, dass das ein Vorwurf war, der ihn selbst betraf, da er gern und willig das auf seine Schultern lud, was andere aus Bequemlichkeit nicht tragen wollten.

Seine Freunde wussten keinen anderen Ausweg mehr, sie mussten einen Weg finden, ihn davon zu überzeugen, dass er des Guten zu viel tat. Da kam ihnen eine Idee …

An einem Sonntag – während andere sich von den Anstrengungen der Woche ausruhten – riefen sie den Träger zu sich. Sie hatten einen riesigen Berg gesammelt. Die luden sie ihm nun auf. Es sollte die größte Last sein, die er jemals getragen hatte, eine absolute Meisterleistung. Sie hatten von allen Menschen, die ihnen begegneten, Lasten gesammelt, wo sie nur etwas finden konnten – und sie hatten sehr viel finden können –, das luden sie ihm nun auf. Er ächzte und stöhnte und ging langsam in die Knie. Aber er gab nicht auf: „Ich kann noch mehr", sagte er und versuchte zu lächeln, „das ist doch nichts."

Dann hatte er alles auf seinen Schultern, er schwankte wie ein Baum im Wind, jeder Schritt ging nur mühsam, seine Füße hinterließen schwere Eindrücke im Boden, alle Muskeln waren angespannt und seine Knochen knackten.

Er sollte diese Last hinüber auf die andere Seite des Flusses tragen, dort war eine kleine Kapelle mit einem Kreuz. Hier sollte er alles abladen. Das war zwar ein seltsamer Auftrag, aber er war bereit, es zu tun.

Mühsam schleppte sich der Lastenträger dahin. Der Weg war doch länger, als er dachte und die Last drückte schwer auf seinem Rücken. Er bekam kaum noch Luft. Immer wieder musste er stehen bleiben. Er fürchtete, dass er sich doch übernommen hatte und diese Last für ihn zu schwer war. Der Schweiß brach ihm aus allen Poren, aber da er keine Hand frei hatte, konnte er ihn nicht einmal abwischen. So brannte er in den Augen und raubte ihm die Sicht.

Endlich hatte er die alte Brücke über den Fluss erreicht. Er polterte schwerfällig auf die brüchigen Holz-Planken, spürte, wie die Brücke unter seinen wuchtigen Schritten vibrierte.

Dann, als er mitten auf dem Steg stand, hörte er ein krachendes Geräusch und merkte, wie die vom Wasser morschen Balken unter ihm nachgaben. Die Brücke brach tatsächlich zusammen. Die Last, die für ihn nicht zu schwer war, war doch so gewaltig, dass die Brücke sie nicht tragen konnte. Das Holz splitterte und mit einer gewaltigen aufspritzenden Fontäne fiel der Lastenträger ins Wasser.

Die schwere Last zog ihn sofort in die Tiefe. „Lass deine Last los", hörte der Lastenträger eine Stimme in seinem Inneren. Aber das war gegen seine Ehre, wie konnte er das loslassen, was er sich aufgeladen hatte und für das er verantwortlich war? Dann müsste er ja zugeben, dass er es nicht geschafft hatte. Er klammerte sich an sein Gepäck und unaufhaltsam zogen ihn die Gewichte auf den Grund des Flusses, der hier tief und tückisch war.

„Lass los", hörte er noch einmal die Stimme. Er spürte, dass es ernst war. Jetzt ging es ums Überleben. Und als er fast am Ertrinken war, ließ er endlich los. Die ganze Bürde sackte in den schlammigen Grund oder trieb im reißenden Wasser des Flusses davon. Aber er war frei und leicht, so leicht, wie er sich selten gefühlt hatte. Wie ein Korken schoss er an die Wasseroberfläche, japste mühsam nach Luft, versuchte sich über Wasser zu halten, tauchte noch einmal kurz unter und erreichte dann das jenseitige Ufer. Dort kletterte er auf allen Vieren die Böschung hinauf.

Seltsam, er fühlte sich so unbeschwert, obwohl seine nassen Kleider schlotternd an seinem Körper hingen und er mühsam um Atem ringen musste. Er hatte losgelassen! Er war frei von jeglicher Bürde, fühlte sich leicht wie ein Vogel, und es kam ihm fast so vor, als könnte er sich in den Himmel emporheben.

Und als er aufschaute, entdeckte er vor sich die kleine Kapelle und das Kreuz, das sein Ziel gewesen war. Er stutzte einen Augenblick, dann wurde ihm klar, was geschehen war.

„Du hast mich frei gemacht von den Lasten, die ich mir selber aufgeladen haben", sagte er zu Jesus, „du hast die Brücke zum Einsturz und mich in Bedrängnis gebracht, damit ich loslassen muss. Ich bin nicht der Stärkste. Alle

Last der Welt zu tragen, das steht dir zu, das ist deine Aufgabe, nicht meine."
Und zum ersten Mal in seinem Leben kehrte ein tiefer Friede in sein Herz ein.

Zum Weiterdenken:
– Was wir uns aufladen ist uns zu schwer, was Gott uns auflädt,
  lässt sich tragen – weil er mitträgt.
– Wie kann ich beides auseinanderhalten?

Kommt her zu mir, alle, die ihr mühselig und beladen seid; ich will euch erquicken. Nehmt auf euch mein Joch und lernt von mir; denn ich bin sanftmütig und von Herzen demütig; so werdet ihr Ruhe finden für eure Seelen. Denn mein Joch ist sanft, und meine Last ist leicht.
(Matthäus 11,28–30)

Der Menschensohn ist gekommen, zu suchen und selig zu machen, was verloren ist.
(Lukas 19,10)

Der Bräutigam

Im Seniorenkreis hatte sie zwei oder drei mal neben ihm gesessen. Er war ein ansehnlicher Mittsiebziger, der ihr aufmerksam zuhörte, wenn sie von ihrem sorgenvollen Leben erzählte. Ihr Mann war früh gestorben und sie musste die beiden Kinder allein durchbringen. Diese Nöte hatten Spuren in ihrem Leben hinterlassen. Mühsam humpelte sie an ihrem Stock regelmäßig in das Treffen. Seinen Namen kannte sie nicht.

Dann begann das Gerede: Sie hätte wohl das große Glück gefunden. Es waren leere Worte, wie man das eben so macht, hänselnd, neckend und auch eine kräftige Spur Bosheit. Aber sie hatte es ernst genommen. Konnte es wirklich sein, war es tatsächlich das, was man eine „späte Liebe" nennt? Der Gedanke setzte sich in ihr fest. Sie blühte auf, das Gehen fiel ihr auf einmal leichter, sie legte wieder mehr Wert auf ihr Äußeres. Und dann begann sie von ihrer Hochzeit zu reden. Jedem erzählte sie von ihrem Glück und schwärmte von ihrem „Bräutigam".

Seinen Namen wusste sie immer noch nicht und – er wusste nichts von ihren Hoffnungen. Ihre Umgebung amüsierte sich leise über diese Tollheit, es war einfach zu komisch: diese alte Dame, vom Leben gezeichnet und dieses Reden von Glück und Hochzeit – das passte einfach nicht zusammen, das war eigentlich makaber. Aber niemand traute sich, ehrlich mit ihr zu reden. Gelacht und getuschelt wurde hinter vorgehaltener Hand bei den einen. Den anderen tat sie leid: Man wollte ihr die Hoffnung nicht rauben.

Dann kam der Krankenwagen, sie verschlief eine Woche im Krankenhaus. Irgendjemand hatte den Arzt benachrichtigt. Die Herzattacke verlief glimpflich. Glücklicherweise. Aber vielleicht hatte sie ihre Gebrechlichkeit ja wieder auf den Boden der Tatsachen zurückgebracht, hofften viele. Als sie wieder bei Kräften war, erzählte sie jedoch wie vorher, starr an ihrer Idee festhaltend, die ihr noch einen Sinn und einen Halt in der Bitterkeit des Alters gab; jedem, der sie besuchte, von der bevorstehenden Hochzeit. Von ihrer Freundin ließ sie sich die weiße Spitzenbluse ins Krankenhaus bringen, die sie sich extra für diesen Festtag im Versandhaus bestellt hatte.

Wieder zeigte ihr niemand vorsichtig und Schritt für Schritt die Wahrheit. Die einen hatten keine Zeit, die anderen nicht den Mut und den meisten war es schlicht gleichgültig, wie es um diese alte Frau stand. Sie lebte in einer Scheinwelt, eine herrliche, schöne, begeisternde zwar, aber gleichzeitig eine, grausame, hinter der die Wahrheit lauerte. Sollte sie doch träumen, wem schadete es schon, in ihrem fortgeschrittenen Alter.

Sie sprachen mit dem vermeindlichen Bräutigam in der Seniorenrunde. Der fiel aus allen Wolken: Ja doch, er fand sie sympathisch. Wie man eben einen Menschen nett finden kann. Mehr nicht.

Es tat ihm dennoch leid, in welche Illusionen sich die alte Dame verrannt hatte. Aber durfte man ihr Weltbild einfach so zerstören? Ihr die harte Wahrheit um die Ohren hauen? Bei ihrer zerbrechlichen Konstitution?

So tat er sich schweren Herzens mit ihrer besten Freundin zusammen und besuchte sie. Man sprach über dies und das, Freuden und Zipperlein des Altwerdens. Und nach dem dritten Stück Kuchen endlich fasste er Mut und sprach das Schwere an, vorsichtig und so einfühlsam wie möglich: Er sei völlig überrascht, als er im Seniorenkreis von ihren Hochzeitsplänen mit ihm erfahren hätte und ... Er stockte.

Die alte Dame schaute erst erstaunt, dann erschrocken und begann schließlich herzhaft zu lachen.

Wie er denn darauf käme. Nein, da dürfe er sich keine falschen Hoffnungen machen. Durch eine Kontakt-Anzeige habe sie jemand Nettes kennengelernt. Die Hochzeit sei für den Sommer geplant. Und der Seniorenkreis werde selbstverständlich eingeladen. Ach ja, zufällig habe ihr Zukünftiger denselben Vornamen.

Zum Weiterdenken:
– Auf was warten wir? Auf die Erfüllung unserer Wünsche
  oder auf den, dem wir gehören?

Wer die Braut hat, der ist der Bräutigam; der Freund des Bräutigams aber, der dabeisteht und ihm zuhört, freut sich sehr über die Stimme des Bräutigams.
(Johannes 3,29)

Einer trage des andern Last, so werdet ihr das Gesetz Christi erfüllen.
(Galater 6,2)

Das Geschenk an Gott

Unsere Geschichte hat sich ganz im Süden Italiens ereignet in dem kleinen Fischerdorf Pazzallo, malerisch am Meer gelegen. Wer sich in diesen entlegenen Winkel der Welt verirrt, dem fällt zuerst die kleine Kapelle auf, die hoch droben auf die zerklüfteten Felsen gebaut ist. Als nächstes wird der Besucher auf die vielen braungebrannten Kinder aufmerksam, die den Ort bevölkern und mit ihren vielfältigen Ideen in diesem verschlafenen Dorf für Leben sorgen.

Padre Antonio versucht, aus dieser Bande halbwegs zivilisierte Kinder zu machen und gleichzeitig versieht er samstags und an den hohen Feiertagen die Dienste in der Wallfahrtskirche. Padre Antonio ist sehr beliebt bei den Kindern. Er versteht ihre Späße und die Kinder spüren, dass er ein offenes Herz für sie besitzt – auch wenn er ihnen oft genug ernst ins Gewissen redet.

An jedem Sonntagabend setzt sich Padre Antonio mit den Kindern auf die Stufen der Kirche in den Schatten eines großen Olivenbaumes zusammen, um ihnen von dem Gott der Liebe zu erzählen, der die Kinderherzen in diesem entlegenen Winkel der Erde gut kennt und keines seiner Kinder vergisst.

An einem dieser Sonntage, auf die sich die Kinder die ganze Woche über freuen, redet Padre Antonio wieder von der Liebe Gottes zu allen Menschen und besonders zu den Kindern von Pazzallo. Sein Herz fließt über und jedes Kind spürt, dass Gott mit ihnen auf den kühlen Stufen zur kleinen Kapelle hockt.

„Weil Gott uns so sehr lieb hat", schließt Padre Antonio seine Ausführungen, als die kleine Glocke der Kirche scheppernd ihr Abendlied anstimmt, „freut er sich, wenn wir seine Liebe erwidern und ihm das Beste schenken, was wir haben."

Unter den Kindern ist Francesco, ein kleiner, schüchterner Junge, dessen Eltern gestorben sind. Er zieht bei den wilden Spielen der Kinder oft den Kürzeren. Deshalb beschäftigt er sich viel lieber mit Farbstiften, die er von dem dicken Händler Olivio bekommen hat. Dessen Hühner waren davongelaufen; Francesco half, sie wieder einzufangen. Jeden Fetzen Papier, den er findet, verzierte er mit bunten Bildern.

Er malt die Gassen des Dorfes, den großen Feigenbaum, die Kapelle unter dem blauen Himmel, die Fischerboote und das Meer.

An jenem Abend ist Francesco sehr nachdenklich. Ihn beschäftigt der letzte Satz, den Padre Antonio gesagt hat. Und als es im Dorf schon längst ruhig geworden ist, liegt er allein in seiner Hütte am Strand und überlegt sich, was er Gott, der ihn so sehr liebt, zum Geschenk machen soll. Er will ihm so gern das Wertvollste schenken, was er hat – nur: Er hat nichts. Sein Hemd, seine Hose und ein paar Schuhe sind sein ganzer Besitz. Was soll er Gott nur zum Geschenk machen, um seine Liebe zu erwidern?

Nach langem, ruhelosem Überlegen kommt ihm ein Gedanke. Ob Gott sich wohl über ein Bild von ihm freut? Ja, das nimmt er sich vor: Er will Gott ein ganz besonders schönes Bild malen. Gleich früh am andern Morgen steht Francesco auf, nimmt den Bogen weißen Papieres, den er sich für eine ganz besondere Gelegenheit aufgehoben hat, geht hinunter zum Hafen und malt.

Er malt die Fischerboote, die vom Fang heimkehren, das klare Licht der Morgensonne, die sich in den Wellen des Meeres spiegelt. Und darüber stolz und fröhlich, alles überragend, als Zeichen der großen Liebe Gottes, zeichnet er die kleine Kapelle.

Als Francesco sein Bild fertig gestellt hat, ist es fast Mittag. Er ist in seinem Herzen froh über sein Werk. Glücklich summend hüpft er mit seinem Bild in der Hand durch den Ort, um es Padre Antonio zu bringen, damit er es an Gott weitergeben soll. Als er am Laden Olivios vorbeikommt, steht der dicke Händler in der Tür seines Geschäftes. „Hoho Francesco, du bist aber fröhlich heute Morgen", wundert sich Olivio, „hast du 100 Lire gefunden?"

„Nein, Olivio", entgegnet Francesco höflich, „ich habe ein Bild gemalt." Nun ist Olivio neugierig geworden. „Ein Bild? Zeig mir doch bitte dein Kunstwerk", fordert er Francesco auf. Nur widerwillig entrollt der Junge sein Gemälde. „Bitte, sei vorsichtig, es ist ein Geschenk an Gott", fleht er den Händler an, als dieser das Bild in seine breiten Hände nimmt. Aufmerksam studiert Olivio die Zeichnung. Sie ist wirklich gelungen, alles ist genau zu erkennen und die erfrischende Morgenstimmung ist gut wiedergegeben.

Olivio wittert ein Geschäft. Immer wieder einmal kommen Touristen in diesen Ort. An sie könnte er dieses Bild mit einem guten Gewinn verkaufen.

„Gib es mir!", sagte Olivio, „ich gebe dir dafür 200 Lire." Aufmunternd sieht er Francesco an: Ist das nicht ein gutes Geschäft für diesen kleinen Jungen? Als Francesco zögert, versteht es Olivio falsch, drängend wiederholt er sein Angebot.

In Francesco tobt es. Soll er auf diesen Vorschlag eingehen? 200 Lire sind wahrlich viel Geld für ihn. Er könnte sich eine neue Hose kaufen oder ein neues Hemd, ja und auch neue Buntstifte könnte er gut gebrauchen. Es würden dann bestimmt noch vielleicht 50 Lire übrig bleiben, die er in den großen Opferstock der Kirche werfen würde. Auf diese Weise hätte Gott auch etwas von seinem Bild.

Aber Padre Antonio hat gesagt, dass Gott sich darüber freut, wenn wir ihm das Beste geben, was wir haben. Mühsam schluckt Francesco, in seinem Mund ist es trocken geworden. Schnell rollt er sein Bild zusammen, dreht sich um und rennt los. Er hört nicht darauf, wie Olivio ihm wütend hinterher ruft, wie dumm er sei. Er rennt die vielen Stufen hinauf zur Kapelle und erst als er in das schützende Dunkel des Kirchenraumes eintritt und die wohltuende Kühle ihn erfrischt, hält er inne, um zu Atem zu kommen. Was hat er getan? Es war bestimmt nicht klug, das Angebot des Händlers auszuschlagen, der immer gut zu ihm gewesen ist. Aber er spürt, dass die Liebe Gottes so unendlich groß ist, er muss einfach darauf antworten und alles geben, was er besitzt, sein ganzes Herz will er ihm schenken und wie kann er es besser als mit diesem Bild? Jetzt ist ihm klar, dass ihm sein Bild deswegen so gut gelungen ist, weil er es für Gott gemalt hat.

Ganz feierlich und vorsichtig entrollt Francesco sein Kunstwerk, steigt zum Altar hinauf und legt das Bild – sein Bild – unter das Kreuz, das dort steht. Und er hat für einen Augenblick den Eindruck, dass Jesus, der dort hängt, ihn freundlich und liebevoll anlächelt. In diesem Moment fühlt sich Francesco so leicht und so fröhlich wie die Schwalben, die hoch über die Felsen segeln. Er weiß, dass er das Richtige getan hat, weiß, dass Gott sich über sein Geschenk freut.

Der Rest der Geschichte ist schnell erzählt und vielleicht auch gar nicht mehr so wichtig. Ist es ein Zufall, dass gerade an diesem Tag ein reiches Ehepaar aus Rom auf seiner Urlaubsreise diese kleine Kirche betritt und das Bild auf dem Altar sieht, das ihnen sofort gefällt?

Gehört es zu dieser Geschichte dazu, dass die beiden einige Mühe auf sich nehmen, um herauszubekommen, wer dieses Bild gemalte hat?

Und stell dir vor: Als es Francesco gefunden und kennengelernt hat, entschließt sich das Ehepaar spontan, ihn mit nach Rom zu nehmen, um ihm ein Zuhause zu geben und eine Ausbildung zu ermöglichen? Welchen Beruf Francesco erlernt hat, muss wohl nicht extra erwähnt werden!

Für Jessica zum 10. Geburtstag

Zum Weiterdenken:
– Was ist das Beste, das ich Gott geben kann?

Lasset uns singen, dem Schöpfer bringen Güter und Gaben; was wir nur haben, alles sei Gotte zum Opfer gesetzt! Die besten Güter sind unsre Gemüter; dankbare Lieder sind Weihrauch und Widder, an welchen er sich am meisten ergötzt.
(Paul Gerhardt, EKG 449, 3)

5. Sonntag nach Trinitatis

Aus Gnade seid ihr selig geworden durch Glauben, und das nicht aus euch: Gottes Gabe ist es.
(Epheser 2,8)

Das Wertvollste

Matthias wünschte sich zu seinem Geburtstag eine kleine Puppe. Die hatte er bei seiner Cousine gesehen: eine schwarze Puppe mit Kräuselhaar und etwa so groß wie sein liebstes Spielzeugauto. Als der kleine Junge diesen Wunsch äußerte, wehrten seine Eltern ab: „Ein Junge spielt doch nicht mit Puppen! Außerdem ist das zu klein für ein Geburtstagsgeschenk, wünsche dir doch etwas Größeres und Wertvolleres!" Aber der Junge wollte nur diese eine Puppe bekommen, sie war für ihn das Wertvollste, was er sich überhaupt vorstellen konnte. Die wollte er haben und sonst gar nichts! Trotzig beharrte er auf seinem Wunsch, aber die Eltern schüttelten nur unwillig den Kopf.

Dann kam sein Geburtstag. Auf dem Esstisch waren die Geschenke aufgebaut, der ganze Tisch war voll. Die Eltern hatten ihm einen Experimentierkasten mit einem Mikroskop geschenkt. Von Helga, seiner Patentante, hatte er einen Gameboy bekommen und von Onkel Viktor einen echten CD-Player. Seine ältere Schwester hatte einen großen Betrag ihres Taschengeldes ausgegeben und ihm eine ganze Schachtel mit den Kaugummis gekauft, die er so gern aß.

Der kleine Junge maß die ganze Fülle mit seinen Augen, sein Blick suchte nach dem, was er sich gewünscht hatte. Nein, die kleine Puppe war nicht unter dem Berg an wertvollen Geschenken. Der kleine Junge war enttäuscht, eine Träne kullerte aus einem Auge. Die anderen Geschenke hatten sein Interesse verloren. Innerlich leer wandte er sich ab.

Seine Eltern wurden zornig, als sie sahen, dass er sich nicht über die feinen Geschenke freute. „Du bist ein undankbarer Junge", schimpften sie, „andere Kinder würden jubeln, wenn sie solche Geschenke bekommen würden. Manche Kinder bekommen gar nichts zu ihrem Geburtstag!" „Oder nur eine kleine, schwarze Puppe", dachte der kleine Junge, „die würde mir genügen, ich will gar nicht mehr."

Die Geburtstagsfreude war getrübt. Es dauerte, bis er wieder vom mitfeierte. In seinem Herzen trauerte er über den einen kleinen und unscheinbaren Gegenstand, den er nicht bekommen hatte und den er sich doch so sehnlich gewünscht hatte.

An diesem Tag hatte er eine wichtige, wenn auch schmerzliche Erfahrung gemacht, etwas, was seinen Wert für ihn erst viel später entfaltete: Ihm wurde klar, dass der eigentliche Wert nicht mit Geld zu messen ist, sondern davon abhängt, wie sehr man sich etwas ersehnt und liebt.

Die Puppe aber grub sich in sein Gedächtnis ein. Und als er schon längst den Experimentierkasten verbraucht hatte, der CD-Player durch einen anderen ersetzt worden war und am Gameboy das Interesse verloren hatte, war die kleine schwarze Puppe noch gegenwärtig. Zwar nicht real, aber doch in den Gedanken des Jungen, der inzwischen groß und erwachsen geworden war. Als Matthias dann selbst Vater eines kleinen Jungen wurde, konnte er es nicht erwarten, ihm zu seinem Geburtstag eine kleine, schwarze Puppe zu schenken. Ob sich wohl sein Sohn über dieses Geschenk gefreut hat? Und was wohl geworden wäre, wenn er diesen einen Wunsch erfüllt bekommen hätte – ob dann die Puppe wie alles andere Spielzeug bald an Interesse verloren hätte?

Alle haben gesündigt und die Herrlichkeit verloren, die Gott ihnen zugedacht hatte und werden ohne Verdienst gerecht aus seiner Gnade durch die Erlösung, die durch Christus Jesus geschehen ist.
(Römer 3,23–24)

Die arme Gemeinde

Die kleine Gemeinde war sehr arm, der Gottesdienstbesuch kümmerlich und auch sonst war das Gemeinde„leben" eher träge als lebendig. Die Renovierung des kleinen Kirchleins war dringend nötig, wenn es nicht noch mehr zerfallen sollte. Alle Finanzmöglichkeiten wurden ausgenützt, um die notwendigsten Reparaturen erledigen zu können.

Dabei geschah Folgendes: Als eine zerbrochene Steinplatte im Chor der Kirche ausgewechselt werden sollte, da sie nicht mehr trittfest war, entdeckten die Handwerker darunter einen Topf mit vielen alten Goldstücken. War das ein Eingreifen Gottes, der ein Erbarmen hatte mit dieser armen Gemeinde?

Der Pfarrer gebot den Anwesenden Schweigen, niemand sollte von dem Fund erfahren, bis nicht der Gemeindevorstand getagt hatte.

Gleich am nächsten Tag wurde eine Sondersitzung der Gemeindeleitung unter Ausschluss der Öffentlichkeit anberaumt. Einziger Tagungsordnungspunkt war die Frage, wie auf diese überraschende Wendung – so wurde es allgemein und verschleiernd formuliert – reagiert werden sollte.

In der Sitzung gab es heftige Diskussionen. Einhellig waren alle der Meinung, dieser Schatz sei ein Geschenk Gottes für die Gemeinde. Man sollte die Goldstücke stillschweigend zu Geld machen, um damit … – aber hier begannen die Meinungsverschiedenheiten!

Die einen plädierten dafür, das Geld für eine gründliche Renovierung der Kirche zu verwenden. Da das Gold in der Kirche gefunden worden sei, wäre es schließlich auch dafür zu nutzen. „Nein, nein", widersprach ein anderer, „das ist verschwendetes Geld. Besser, wir starten damit eine große Werbekampagne und gewinnen neue Gemeindeglieder. Auf lange Sicht gesehen zahlt sich das aus. Wenn wir mehr Mitglieder haben, bekommen wir auch mehr Beiträge!" Eine andere stimmte bei, war aber der Meinung: „Die Werbekampagne muss eine große Evangelisation sein. Wir könnten von dem Geld gute Referenten einladen, das zieht doch viele Leute zu uns!"

Der anwesende Leiter des Posaunenchors vertrat heftig und lautstark die Meinung, besser sei es, wenn der Posaunenchor endlich einmal neue Instrumente bekommen würde, das sei schon lange versprochen! Außerdem mache ein guter Posaunenchor mit blitzenden Instrumenten einen überzeugenden Eindruck und das sei in ihrem Ort mit der Konkurrenz durch viele Vereine ja unbedingt nötig!

„Auf gar keinen Fall kommt das in Frage!" ereiferte sich der Leiter der Jugendarbeit. „Es kann ja jetzt nicht darum gehen, dass jeder nur die Interessen seiner Gruppe sieht. Mit dem Geld könnte endlich etwas für die Jugend getan werden, die schließlich die Zukunft der Gemeinde darstellt." Und er erhob die Forderung: „Wir müssen einen Werk- und Jugendraum einrichten, das führt zu einer starken Belebung unserer Gemeindearbeit!"

Man kam zu keinem Ergebnis, unterschiedliche Interessen stießen aufeinander und der Gemeindevorstand zersplitterte in unterschiedliche Fraktionen, die sich energisch bekämpften.

Als zu später Stunde eine erschöpfte Stille eintrat, ergriff die Kirchenpflegerin das Wort. Sie war für die Finanzen der Gemeinde zuständig, hatte sich aber bisher kaum an der Diskussion beteiligt:

„Alles, was wir besprochen haben, geht nicht. Wir hätten uns diese beschämende Auseinandersetzung sparen können. Ich bin dafür, dass wir als christliche Gemeinde den ehrlichen Weg beschreiten und den Fund der alten Goldstücke anzeigen und den entsprechenden Stellen abgeben! Wenn wir das nicht tun, handeln wir gegen die Gesetze und dann brauchen wir uns nicht mehr Christen zu nennen!"

Die Mitglieder des Gemeindevorstandes waren betroffen. Die Kirchenpflegerin hatte ja Recht, aber sollten sie deshalb auf dieses Vermögen verzichten, dass ihnen so viele Möglichkeiten eröffnete, die Gemeinde zu sanieren und aus dem kümmerlichen Dasein als kleine, arme Gemeinde zu treten? Es gab verhaltenen Protest, aber die kluge Frau blieb standfest. So beschloss man zuletzt – teilweise zähneknirschend –, den Schatz an die Behörden abzugeben. Die Ehrlichkeit hatte gesiegt!

Zwei Tage später war in der Zeitung über den Fund zu lesen. Reporter kamen und sogar ein Fernsehteam interessierte sich für diesen Schatz. Aber es waren nicht nur die Goldmünzen, die ganze Gemeinde stand im Mittelpunkt des Interesses. Die Schlagzeile war: „Arme Gemeinde übergibt Goldfund an den Staat" und viele Menschen staunten über die Ehrlichkeit und Konsequenz der Gemeinde. Sie bewunderten diese Haltung. Am nächsten Sonntag war die Kirche voll, viele Gottesdienstbesucher waren, angezogen von dem Beispiel der Gemeinde, gekommen. Sie wünschten sich einen Ort, an dem „die Welt noch in Ordnung war", wie es ein Besucher gegenüber dem Reporter der Tageszeitung ausdrückte. Und das Interesse hielt an – die arme, kleine Gemeinde wuchs, wurde lebendig und stark.

Zum Weiterdenken:
– Welcher Schatz wurde mir anvertraut? Was tue ich damit?

„Ihr seid über wenig treu gewesen, ich werde euch über viel setzen!"
(Lukas 16,10–11 und Lukas 19,17)

6. Sonntag nach Trinitatis

So spricht der Herr, der dich geschaffen hat: Fürchte dich nicht, denn ich habe dich erlöst; ich habe dich bei deinem Namen gerufen; du bist mein!
(Jesaja 43,1)

Das andere Leben

Am Freitagnachmittag kommt Werner Müller von der Arbeit nach Hause. Müde stellt er seine abgewetzte lederne Aktentasche in die Ecke. Wieder war eine Woche geschafft, eine Woche lang Büro-Alltag mit immer derselben Arbeit! Werner kocht sich einen kräftigen Kaffee, mit dem er den trockenen Staub einer langweiligen und stupiden Tätigkeit hinunterspült.

Dann beginnt eine seltsame Verwandlung: Werner legt den täglichen Schlips ab und zieht den grauen Anzug aus. Dann holt er ein seltsames Gewand aus dem Schrank, wo es die Woche über hängt. Es ist eine lederne Hose mit langen Fransen an der Seite, ein ledernes Hemd mit bunten Stickereien und eine Weste mit eingestanzten Verzierungen, Ornamente aus einer anderen Welt. Aus Werner Müller, dem gewöhnlichen Mitvierziger mit beginnendem Bauchansatz, Stirnglatze und Einheitsgesicht wird ein anderer Mensch. Ein breitkrempiger Hut, ebenfalls aus Leder, ergänzt die Ausstattung aufs Trefflichste.

Als er kurze Zeit später mit einem Lederrucksack auf dem Rücken sein Appartement im Hochhaus verlässt, ist er nicht wiederzuerkennen: Sein Schritt ist elastisch, seine Persönlichkeit strahlt Energie und Nachdruck aus, sein Blick ist entschlossen und dynamisch. Werner Müller hat sich in „Brauner Büffel" verwandelt – das ist am Wochenende sein zweites Leben, seine eigentliche Existenz, von der in seiner Firma niemand etwas ahnt.

Als Trapper zieht er hinaus, mit der Straßenbahn bis an den Rand der großen Stadt, dann noch ein paar Kilometer zu Fuß hinein in den Wald bis zu einer Blockhütte, die er mit ein paar Freunden gebaut hat. Dort verbringen sie das Wochenende am Lagerfeuer, bei Streifzügen durch das Unterholz im schweigenden Zusammensein und bei schwermütigen Liedern, die sie zur Gitarre singen. Es ist eine eigene Welt, voller Freiheit und weit entfernt vom Grau und Einerlei des Alltags.

Erst am Sonntagabend verabschieden sie sich voneinander und machen sich schweren Herzens wieder auf dem Weg in die Normalität – wobei nicht klar ist, welches von diesen beiden Leben, das Werner alias „Brauner Büffel" führt, die eigentliche, richtige Existenz ist.

Zum Weiterdenken:
– Wenn wir nicht das leben, was wir sind, werden wir uns nie kennenlernen.

Herr, du erforschest mich und kennest mich.
Denn du hast meine Nieren bereitet und hast mich gebildet im Mutterleibe.
Deine Augen sahen mich, als ich noch nicht bereitet war.
(Psalm 139,1.13.16)

So seid ihr nun nicht mehr Gäste und Fremdlinge,
sondern Mitbürger der Heiligen und Gottes Hausgenossen.
(Epheser 2,19)

Das wertvolle Manuskript

Neulich war ich in einer Gemeinde, die reich beschenkt mit kompetenten und zuverlässigen Mitarbeitern war. Ein schönes, neues Gemeindehaus bot die Möglichkeit für viele einladende Veranstaltungen. Auch finanzielle Mittel waren ausreichend vorhanden und der Pfarrer setzte sich engagiert für seine Gemeinde ein. Eine optimale Situation – und trotzdem gab es etwas, was die Gemeinde seltsam lähmte. Sie kam nicht vom Fleck, eine verhängnisvolle Starrheit hatte sie befallen. Die Mitarbeiter waren mutlos und ohne Hoffnung für die Zukunft.

Das erinnerte mich an jene Geschichte, von der ich kürzlich hörte: Da war ein kleiner Verlag, der wenig Bücher veröffentlichte und dabei auf wertvolle Besonderheiten spezialisiert war. Das Verlagsprogramm umfasste besondere Kostbarkeiten für Kenner und Liebhaber, Faksimile-Ausgaben für Sammler und ein paar originelle und literarisch anspruchsvolle Bände. Es war kein Verlag für jedermann, er wandte sich mit seinen Veröffentlichungen an eine ganz bestimmte und kleine Zielgruppe, die er bediente und bei der Stange hielt.

Dann passierte eine Reihe von unliebsamen Zwischenfällen. Bei einem Buch hatte es ein paar unverzeihliche Druckfehler gegeben, was die Leserschar, die auf Perfektion Wert legte, sehr übel nahm. Bei einem anderen waren bestimmte Rechte nicht beachtet worden und dadurch hatte der Verlag eine hohe Ausgleichszahlung begleichen müssen. Und dann waren zwei oder drei Titel doch zu speziell und ausgefallen gewesen – auf jeden Fall, der kleine Verlag war plötzlich – gleichsam über Nacht – in große finanzielle Schwierigkeiten geraten. Wo er sich bisher in aller Ruhe über Wasser halten und seinen exklusiven Stil unangefochten und selbstsicher durchhalten konnte, war er nun in Turbulenzen gekommen. Das Fortbestehen des Betriebs stand auf dem Spiel.

Der Verlagsleiter versuchte den Abstieg in die roten Zahlen zunächst durch Entlassungen aufzufangen. Mitarbeiter, die seit Jahren eher mitgelaufen waren und auf deren Arbeit am ehesten verzichtet werden konnte, wurden weggeschickt. Aber das brachte nicht den erwünschten Erfolg. Im Gegenteil, bei den

Zurückbleibenden breitete sich Misstrauen, Verzweiflung und Depression aus. Eine Werbekampagne wurde gestartet. Aber die regelmäßigen Kunden hatten sich bereits verschnupft von dem Verlag abgewandt. Andere bemerkten: Das sind ja nur alte Titel, die haben ja nichts Neues mehr auf Lager!" So lief auch diese Aktion ins Leere und kostete den Verlag nur zusätzliches Geld.

Der drohende Zusammenbruch war nicht aufzuhalten. Im Lektorat lagen zwar noch einige Erfolg versprechende Manuskripte, aber die passten nicht ins gewohnte Verlagsprogramm, eine Korrektur des bisherigen Stils – auf den man ja stolz gewesen war – und eine neue Linie wären nötig gewesen – aber für grundsätzliche Überlegungen hatte in dieser Situation niemand die nötige Ruhe.

Der ganze Betrieb drehte sich nur noch um sich selbst, hektisch, panisch, ohne die einzelnen Maßnahmen zu koordinieren, versuchte man zu erreichen, dass der Absturz wenigstens nicht ganz so tief war.

Aber es nützte nichts. Der Konkursantrag musste gestellt werden und der Konkursverwalter übernahm das Ruder. Jeder musste sein Büro verlassen, die Kassenbücher wurden beschlagnahmt, die Kassen versiegelt und die Konten gesperrt. Nichts ging mehr!

Aber was das Eigenartige war und den Konkursverwalter zu einem verständnislosen Kopfschütteln veranlasste, als er es fand: In einem Tresor schlummerte ein äußerst wertvolles Manuskript noch unveröffentlicht. Als Buch hätte es bestimmt ein Bestseller werden können. Es enthielt in spritziger und anregender Weise wertvolle Lebenshilfen und überraschende Weisheiten – genau das, was heute gefragt ist. Auch bei den anderen, unfertigen Manuskripten waren durchaus gute und interessante Buchvorlagen. Aber statt sich um die Schätze zu kümmern, die vorhanden waren, waren alle auf der Suche nach einer rettenden Idee von außen ergebnislos geblieben.

Zum Weiterdenken:
– Entdecke was du hast – dann bist du reich!
– Und wenn man mal gemeinsam nach Lösungen sucht?
  Was hätte z.B. in der Firma oben anders laufen können?

Wir haben aber diesen Schatz in irdenen Gefäßen,
damit die überschwängliche Kraft von Gott sei und nicht von uns.
(2. Korinther 4,7)

*Lebt als Kinder des Lichts; die Frucht des Lichts ist lauter Güte
und Gerechtigkeit und Wahrheit.*
(Epheser 5,8.9)

Der offene Himmel

Die Lobpreis-Lieder sind erhebend. Die Melodien fließen durch den Raum. Die Atmosphäre ist dicht und voller Heiligkeit. Menschen knien auf dem Boden, Tränen fließen. Einige singen mit geschlossenen Augen und erhobenen Händen. Viele sind still ganz mit sich beschäftigt.

Der Himmel ist offen und Gott ist nah.

Der Himmel ist offen? Ich schaue in die Runde und überlege mir, ob so Gottes Gegenwart aussieht. Ist es nicht vielmehr das eigene Gefühl, das den Himmel auf Erden beschwört? Kommt es uns vielleicht nur so vor, dass hier der Himmel beginnt, weil wir es uns mit ganzem Herzen wünschen und ersehnen und unsere Empfindungen uns nun das vorgaukeln, was wir uns so herzlich wünschen?

Jeder steht für sich vor Gott, in sich versunken, mit seinen eigenen Empfindungen beschäftigt. Ist das im Himmel so? Betet dort nicht vielmehr die Schar der Erlösten gemeinsam an, mit einem Herz und mit einer Stimme?

Jeder schaut, dass er seinen Anteil von dieser himmlischen Herrlichkeit bekommt und beschenkt und erfrischt weitergeht. Aber wie ist der Blick zum Nächsten? Sehe ich, wie es dem geht, der neben mir betet und keinen Zugang findet zu den himmlischen Chören? Kann es sein, dass dort, wo der Himmel offen ist, einer beschenkt wird und der andere leer ausgeht?

Was nehme ich mit, wenn der Lobpreis zu Ende ist? Ich habe den Himmel offen gesehen und gehe weiter, genauso wie vorher auch? Müsste es dann nicht vielmehr mein wichtigstes Anliegen sein, dass dieser Himmel offen bleibt und auch viele andere einen Zugang zum offenen Himmel finden? Es müsste doch mein Herz so verändern, dass ich den Himmel auf diese Erde herabholen möchte und nicht mehr zufrieden bin mit dem himmelschreienden Elend meiner Umgebung!

Der Himmel ist nur für mich. Der Himmel sorgt dafür, dass es mir gut geht. Ich berge mich hinein in die Herrlichkeit und fühle mich wohl. Ich muss nichts tun. Der Himmel wird herbeigezogen von den Melodien und

Rhythmen der Lobpreisgruppe. Ich kann mich hineinfallen lassen. Gebe ich damit aber nicht meine Mündigkeit ab? Es ist doch wichtig, dass ich mit eigenen, aktiven Schritten als Christ in den Himmel hineingehe, dass ich mündig und selbst-verantwortlich vor Gott stehe, erwachsen in meinem Glauben und nicht hineingetragen wie ein kleines Baby.

Vor einiger Zeit hatte ich einen Traum: Jesus kommt wieder auf die Erde. Ein langer Zug von gewaltigen Menschen taucht am Horizont auf. Dröhnend und mächtig sind ihre Schritte. Der Zug derer, die Jesus begleiten, ist so lange, dass kein Ende zu sehen ist. Und auch Jesus ist noch nicht zu sehen, es ist erst die Vorhut, die sich nähert. Und wenn schon die Herolde so beeindruckend sind, wie muss dann erst Jesus sein?

Sie sind wie flüssiges Feuer, gewaltig, unnahbar. Ihre Gestalt ist Wahrheit und wo sie hinkommen, weicht die Lüge, wird alles glasklar, durchsichtig, rein und beginnt zu glänzen im Licht dessen, der kommt.

In ihren Händen tragen die Gestalten Posaunen und sie machen eine Musik, die durchdringt durch Mark und Bein. Es sind eindeutige Töne von einer Brillanz und Reinheit, die kein Mensch erzeugen kann. Es sind Trompetentöne, die zum Beben bringen, die erzittern lassen, sie sind Feuer für Ohren und Seele.

Am Weg steht eine kleine Gruppe lobpreisender Menschen. Sie warten auf den gewaltigen Zug. Aber je näher die Herolde kommen, desto leiser wird ihr Gesang und bricht schließlich ganz ab. Im Vergleich zu dieser gewaltigen Musik klingt ihr Lobpreis wie eine harmlose, gar zu einfache Volksmusik.

Zum Weiterdenken:
– Kennen Sie Gegebenheiten in Ihrem Alltag, bei denen Sie das Gefühl hatten, Gott ganz nahe zu sein?
– Was tun Sie, wenn Gott gegenwärtig ist?

Jesus Christus spricht: Ich bin der Weg und die Wahrheit und das Leben; niemand kommt zum Vater denn durch mich.
(Johannes 14,6)

Der verwilderte Garten

In einer ruhigen Ecke der großen Stadt war ein großer Garten. Er war einge-
zäunt, aber der Zaun war alt und brüchig, stellenweise fehlten Latten, so dass
man ohne weiteres hinein- und herausklettern konnte.

Der Garten war die reinste Wildnis, die Besitzer hatten sich schon lange
nicht mehr um ihn gekümmert. Unter dem hohen Gras konnte man noch auf
Steinplatten stoßen, die einst einen Weg markiert hatten. Moos und Gestrüpp
überwucherten die Stellen, an denen früher lauschige Plätzchen zum Verweilen eingeladen hatten. Die Bäume und Büsche waren schon seit vielen Jahren
nicht mehr beschnitten worden. Sie sahen aus wie das ungepflegte Haupt
eines alten Mannes.

Winden rankten sich an den Beerensträuchern hoch, die einst viele saftige
Früchte getragen hatten, und erstickten sie beinahe. Das Unkraut hatte die
Blumenbeete überzogen und von der gepflegten Pracht des einstigen Gartens
war nichts mehr zu sehen. Der Rasen, der früher ganz kurz geschnitten war,
war nun eine verfilzte, unbetretbare Wildnis.

Eines Tages wechselt der Besitzer dieses Gartens. Und der neue Inhaber wollte
aus diesem Grundstück wieder ein blühendes Paradies machen, gepflegt und
wohlgeordnet. Aber als er anfing, die Rodung vorzunehmen, musste er erfahren, dass es ein fast unmögliches Unterfangen war. Die Winden gaben nicht
mehr her, was sie einmal in Besitz genommen hatten. Sie hatten ihre Wurzeln
tief in den Boden getrieben, dort krallten sie sich fest. Wurden sie ausgerissen,
kamen sie von neuem.

Die Obstbäume waren so verwachsen, dass man eigentlich Grundsätz-
liches hätte abschneiden müssen. Das, was versäumt worden war, ließ sich
nicht mehr nachholen. Man hätte sie ganz entfernen müssen. Die Beeren
waren verholzt, ihre stacheligen Ausleger so ineinander verhakt, dass man den
ganzen Busch abschneiden musste. Und der Rasen war nicht wieder zu kul-
tivieren. Es gab keine andere Möglichkeit, als das ganze Stück umzustechen
und neu einzusäen.

Die Erneuerung des Gartens war eine mühevolle, schweißtreibende und
langwierige Arbeit, an der der neue Besitzer beinahe verzweifelte.

Ich habe ihn bei dieser Arbeit immer wieder beobachtet und dachte dabei:
Wenn ein Garten nicht regelmäßig gepflegt wird, ist es fast nicht mehr möglich, ihn zu erneuern. Er braucht ständigen Einsatz, er muss jedes Jahr ausge-

schnitten und gerodet werden, nur dann kann er ein fruchtbarer Garten sein.
So ist es auch mit unserem Leben: Wenn wir es jahrelang nicht gepflegt und versorgt haben, wenn wir uns nicht willig regelmäßig vom großen Gärtner unseres Lebens beschneiden ließen, sondern wenn man nur alles wuchern lässt, dann sehen wir zuletzt wie dieser verwilderte Garten aus. Alles ist durcheinander wie Kraut und Rüben, verhakt und unbewohnbar. Wer sollte es dann wieder in eine blühende und fruchtbare Landschaft verwandeln können?

Und selbst ein Wildgarten bedarf der Pflege, damit nicht einzelne Pflanzen überhand nehmen und andere ersticken. Und wie steht es mit meinem Lebensgarten?

Zum Weiterdenken:
– Geistliches Leben gelingt nur durch den ständigen Prozess der Heiligung. Heiligung ist das ständige Ausraufen des Unkrauts und die Pflege dessen, was wächst.

Ich bin der wahre Weinstock und mein Vater der Weingärtner. Eine jede Rebe an mir, die keine Frucht bringt, wird er wegnehmen; und ein jede, die Frucht bringt, wird er reinigen, dass sie mehr Frucht bringe.
(Johannes 15,1)

Wem viel gegeben ist, bei dem wird man viel suchen;
und wem viel anvertraut ist, von dem wird man um so mehr fordern.
(Lukas 12,48)

Reviergehabe

Ein stattlicher Reiher lebte in einem wunderschönen und fruchtbaren Tal, das von einem kristallklaren Wasser führenden Bach durchflossen wurde. Viele nahrhafte Fische tummelten sich darin. Der Reiher hatte keine Mühe, sie zu fangen. Kaum stand er an seiner Jagdstelle, hatte er auch schon einen dicken Fisch erspäht und mit seinem spitzen Schnabel zielsicher erlegt.

Mit würdevollen Flügelschlägen durchzog der Reiher sein Revier und verteidigte es gegen alle anderen Vögel. Es war sein Tal, hier war nur er zuhause. Und da er ein stattlicher und großer Vogel war, gelang es ihm immer wieder, alle Eindringlinge zu vertreiben. Er war der König!

Eines Tages kam ein müder und magerer Artgenosse an. Seine Federn waren zerzaust, er bot ein Bild des Jammers. Mit zu Herzen gehenden Worten bat er den stattlichen Reiher darum, ihm ein Jagdrecht in dessen Revier zu gewähren. Er sei am Ende seiner Kräfte und er bräuchte dringend Ruhe und Nahrung.

Aber der wohlgenährte Reiher hatte kein Mitleid. Mit harschen Worten und wütenden Schnabelhieben verjagte er den kümmerlichen Konkurrenten. Das fiel ihm nicht schwer, er war ja stark und der andere ein Schatten seiner selbst.

So blieb dem verjagten Reiher nichts anderes übrig, als weiter unten am Bach zu fischen, dort, wo das Wasser trübe war, Häuser standen und Straßen entlangführten. Stellenweise war der Bach verdohlt oder die Ufer nicht zu betreten. Der arme Vogel hatte ein schweres Leben. Aber weil er um seine Existenz kämpfen musste, wurde er zäh. Er wurde nicht dick und stattlich, aber er lernte sich durchzusetzen, er bekam Ausdauer und einen starken Willen. Jeden Tag kämpfte er gegen die widrigen Umstände und um das Überleben. So wurde er immer stärker.

Der stattliche Reiher dagegen führte ein bequemes Leben. Er wurde dabei immer behäbiger und träger, denn die Nahrung schwamm ihm direkt in den Schnabel, er musste sich um nichts bemühen. So aber nahm seine Stärke mehr und mehr ab, seine Flügelschläge wurden kraftlos und er konnte sich wegen seines Gewichtes nur noch mühsam in die Luft erheben.

Nun wendete sich das Blatt! Der ehemals armselige Reiher sah seine Chance gekommen und eines Tages verjagte er den ehemals stattlichen und starken Reihe ohne große Gegenwehr.

Jetzt war er der Herr des fruchtbaren Tales geworden und nun musste sein früherer Besitzer ein mühsames Leben dort fristen, wo er nur noch das bekam, was übrig geblieben war, und auch das musste er sich unter großen Anstrengungen erarbeiten, was er überhaupt nicht gewohnt war.

Wenn der kleine, ehemals kümmerliche Reiher nun durch seine Erfahrungen nicht klug geworden war, könnte er sich nicht lange seines satten Lebens erfreuen. Der gleiche Vorgang würde sich bald wiederholen. Durch die bequeme Trägheit würde er bald wieder alle zähen und starken Kräfte verlieren, dick und behäbig werden, ein willfähriges Opfer für den nächsten, der seine Chance kommen sah.

Wenn er aber nun durch sein Schicksal gelernt hatte, was würde er wohl tun, um der Herr des fruchtbaren Jagdgrundes zu bleiben? Was meinst Du?

Zum Weiterdenken:
– In einem satten Leben gibt es immer noch ein Plätzchen
  für einen hungrigen Esser. Wer alles für sich will, hat zuletzt nichts.
– Wo kann ich teilen, was ich habe – und wo nicht?

Aber Gott sprach zu ihm: Du Narr! Diese Nacht wird man deine Seele von dir fordern; und wem wird dann gehören, was du angehäuft hast? So geht es dem, der sich Schätze sammelt und ist nicht reich bei Gott.
(Lukas 12,20–21)

Wohl dem Volk, dessen Gott der Herr ist,
dem Volk, das er zum Erbe erwählt hat.
(Psalm 33,12)

Der Notstand

Die Landeskirche hatte alle ihre Pfarrerinnen und Pfarrer zu einem mehrtägigen Kongress eingeladen. Der Notstand der Kirche sei so bedrängend, dass sie zusammen überlegen müssten, wie der weitere Weg der Kirche aussehen könnte, hieß es im Anschreiben der Kirchenleitung. Deshalb sei es notwendig, dass ausnahmslos alle Pfarrer an dieser Konsultation teilnehmen.

Die Amtsgeschwister trafen sich in der Evangelischen Akademie. Die Stimmung war so, wie es der bedrängenden Lage angemessen war: verhalten, schwer, bedrückt. Die besten Fachleute der Kirche hielten Vorträge, denen teilweise heftige und kontroverse Aussprachen folgten. Aber man konnte sich nicht auf eine gemeinsame Beurteilung der Lage einigen. Während ein Redner von der „Krise der Volkskirche" sprach, sagte ein anderer: „Es gibt keine Krise"! Wenn hochrangige Beamte aus dem Finanzdezernat „gewisse Finanzprobleme" andeuteten, wiesen andere darauf hin, dass das seit Jahrzehnten so sei. Als ein Gemeindepfarrer darüber klagte, in seiner Gemeinde sei nichts los, konterte sofort ein anderer, bei ihm gäbe es zu viele Veranstaltungen. Dem Schlagwort vom „Theologen-Notstand" setzte ein anderer „gemeindepädagogische Maßnahmen zur Partizipierung der Gemeindeglieder am Leitungsamt" entgegen.

Nur am Abend ging es etwas fröhlicher zu. Die Kirchenoberen hatten ein großes kaltes Buffet bestellt mit erlesenen Spezialitäten und besonderen Köstlichkeiten. „Den Pfarrerinnen und Pfarrern soll es auch einmal gut gehen", war die Devise. Folglich vergaßen die versammelten Würdenträger einmal all ihre Sorgen und ließen es sich gut schmecken.

Aber wie es so ist: Auf den Genuss folgte die Strafe. Es begann bereits in der Nacht. Blasse Theologen in Schlafanzug und Bademantel geisterten durch die Gänge auf der Suche nach Toiletten. Ein Stöhnen und Seufzen durchhallte die ehrwürdige Akademie. Und am nächsten Morgen hatten es bald alle amtlich: Eine Salmonellen-Vergiftung breitete sich aus und legte den gesamten Kongress lahm. Man war zu einer wirklichen Leidensgemeinschaft geworden!

Aber das war noch nicht das Schlimmste. Bei den Untersuchungen durch das Gesundheitsamt stellte sich bei einigen Kollegen ein sehr seltener und äußerst aggressiver Erreger heraus, der es nötig machte, die gesamte Pfarrerschaft der Landeskirche für vier Wochen – die Inkubationszeit des Erregers – unter Quarantäne zu stellen. Offensichtlich hatte ein anwesender Missionar diese Krankheit von seinem Einsatzgebiet mitgebracht und nun schon weitergegeben.

So wurde die Akademie zu einem Lazarett auf Zeit umgewandelt. Die Pfarrerinnen und Pfarrer durften die Gebäude nicht verlassen und nur telefonisch mit der Außenwelt Kontakt halten.

Während einige gegen diese strengen Regeln aufbegehrten und schier darüber zusammenbrachen, dass ihre Gemeinde nun ohne sie auskommen musste, schickten sich doch die meisten erstaunlich ergeben in ihr Schicksal.

Um die Menge an Zeit zu füllen, bildeten sich bald Arbeitskreise. Vorträge, die schon einmal gehalten wurden, wurden mehrmals wiederholt. Wer ein Buch dabei hatte, las daraus vor. Es wurde diskutiert und gestritten. Aber nach der zweiten Woche kam Langeweile auf. Alle Argumente waren zigmal ausgetauscht und alle Aussagen hin und her bedacht worden, es gab nichts Neues mehr, man ödete sich an, weil klar war, was der andere sagen würde.

So wurde es stiller in der Akademie. Der Beobachter sah zunehmend Pfarrer über die Bibel gebeugt in einer Ecke verkrochen, sinnierend, nachdenklich, schweigend. Der Andachtsraum füllte sich – und das nicht nur zu den offiziellen Andachtszeiten. Aus dem Schweigen wurde eine Stille, die gelehrten Theologen begannen zu hören. Auf einmal taten sich neue Bereiche auf, neue Gedanken kamen, Einsichten entstanden, wie wenn sich die Kuppel eines Observatoriums öffnet und ein starkes Fernrohr weit Entferntes nahe bringt. Zusammenhänge wurden klar, Lösungen tauchten auf, sie wurden nicht diskutiert, sondern bestaunt. Ein heiliges Erschrecken und eine neue Fröhlichkeit breiteten sich aus, wie sich vorher die Salmonellen-Erreger ausgebreitet hatten.

Und was geschah in dieser Zeit in den Gemeinden? Zuerst hatte die Meldung von der notwendigen Isolierung aller Pfarrerinnen und Pfarrer wie eine Bombe eingeschlagen und ein tiefes Erschrecken verursacht. Aber erstaunlich schnell kehrte wieder Ruhe ein. Und seltsam – die Gemeinden hatten bald gar nicht das Gefühl, dass etwas fehlte. Hochzeiten wurden verschoben oder einfach ohne Hauptamtliche durchgeführt, Kirchengemeinderäte hielten Beerdigungen und zeigten dabei ein ganz neues, ungewohntes Profil. In fast jeder

Gemeinde tauchten auf einmal Gemeindeglieder auf, die deutlich das Zeug zum Pastor hatten und endlich einmal ihre bisher unerkannten Qualitäten zeigen konnten. Dass dabei der eine oder andere Säugling bei der Taufe mehr Wasser abbekam als sonst, fiel nicht ins Gewicht.

Aber das war erst der Anfang. Die Gemeinden wachten auf, rieben sich die Augen, wie es Dornröschen nach dem hundertjährigen Schlaf getan hatte, und besannen sich auf ihren Auftrag. Gottesdienste wurden gemeinsam gestaltet, jeder gab seinen Teil dazu. Einzelne berichteten von ihren Glaubenserfahrungen, andere legten einen Bibeltext aus. Etliche wiesen auf Notlagen von Gemeindegliedern hin, andere machten sich daraufhin auf den Weg, um die Notlagen zu beheben.

Alle standen zusammen, alle waren beteiligt, jeder wollte mit dabei sein, wenn etwas unternommen wurde. Gruppen trafen sich außerhalb der Gottesdienstzeiten in der Kirche, um miteinander zu reden, zu planen und miteinander zu feiern. Seelsorger richteten Sprechstunden im Gemeindehaus ein, Jugendgruppen übernahmen die Instandhaltung der Gebäude. Es war das reinste Durcheinander und die Kirchengemeinderäte hatten alle Hände voll zu tun, um einigermaßen für Ordnung zu sorgen, was ihnen oft nicht gelang. Aber es war ein heiliges, fröhliches Chaos, es war lebendige, pulsierende Gemeinde …

Wie diese Geschichte wohl ausgegangen ist? Was ist wohl geschehen, als die Pfarrer von der Quarantäne befreit in ihre Gemeinden zurückkehrten? Ich gestehe: Mir fehlt die Fantasie, mir den weiteren Verlauf dieser Erzählung auszudenken. Was meinen Sie?

Zum Weiterdenken:
– Eine Herde ohne Hirte geht verloren – oder sie wird stark. Was halten Sie davon?

Und nun befehle ich euch Gott und dem Wort seiner Gnade, der da mächtig ist, euch zu erbauen und euch das Erbe zu geben mit allen, die geheiligt sind.
(Apostelgeschichte 20,32)

Gott widersteht den Hochmütigen, aber den Demütigen gibt er Gnade.
(1. Petrus 5,5)

Die anderen klein machen

Er kam sich immer so klein und kümmerlich vor. Vor allem in Auseinandersetzungen, wenn er den kürzeren zog – und er zog fast immer den kürzeren – fühlte er sich wie ein Nichts. Dabei war er eigentlich eine normal große und ansehnliche Persönlichkeit. Aber in Beziehungen zu anderen fühlte er sich immer weniger wert und unwichtig. Das ärgerte ihn und er wollte diesen Zustand verändern.

Er suchte nach einem Arzt, der ihm zu einem neuen Lebensgefühl verhelfen konnte. Das war gar nicht so einfach! Ein normaler Mediziner wollte und konnte ihm für sein Problem keine Medikamente verschreiben, und Sitzungen bei einem Psychologen dauerten ihm zu lange und waren zu anstrengend.

Bis eines Tages sein Blick zufällig auf diese Anzeige stieß: „Wir machen mehr aus Ihnen! In wenigen Tagen haben wir Ihre Probleme und Schwierigkeiten auf eine Zwergengröße geschrumpft. Erfolg garantiert. Ein neuer Kurs beginnt am Sonntag."

Der Mann hob seine ganzen Ersparnisse ab und belegte diesen Kurs. Zuerst bekam er gesagt, wie er sich kleiden musste, dann wurde er gelehrt, wie er sich zu verhalten hatte. Ganz zum Schluss bekam er ein Stück Papier mit einem magischen Spruch. Immer wenn er diesen Spruch leise für sich aussprach, schrumpfte sein Gegenüber auf ein Miniformat zusammen.

Er probierte es aus – und tatsächlich, es gelang. Die Menschen, die ihm bisher so groß und mächtig vorgekommen waren, waren nun auf einmal winzig klein und nicht mehr bedrohlich. Er lernte den Spruch auswendig und konnte damit in jeder Situation alle Menschen, die ihm über den Kopf wuchsen, klein zaubern. Das war ein Leben! Zwar schaut ihn sein Gegenüber immer sehr erstaunt an, wenn er seinen Spruch vor sich hinmurmelte. Einige hatten auch einen erschreckten Ausdruck in ihrem Gesicht. Viele wandten sich von ihm ab, flohen vor ihm und mieden seine Gegenwart. Er wurde immer einsamer, aber das machte ihm nichts aus. Es gefiel ihm, wenn die Menschen vor ihm schrumpften, wie Puppen in seiner Hand zum Spielzeug wurden, und er sie herumschieben und bestimmen konnte, wie er wollte.

„Wie Mäuse, die in einem Käfig zappeln", dachte er manchmal. Es fühlte sich so anders als vorher, so gut und mächtig an.

Bis er eines Tages seine ganze Zauberkraft in einem Streit mit seiner Frau aufwenden musste. Dabei hatte er vielleicht den Zauberspruch zu nachdrücklich ausgesprochen, denn sein Kopf knallte mit einem dumpfen Schlag an die Zimmerdecke. Benommen rieb er sich den schmerzenden Kopf, auf dem eine Beule wuchs. „Da siehst du, was dabei herauskommt, wenn man sich immer so aufplustert!", schimpfte seine Frau. Betroffen schaute der Mann in den Spiegel: Tatsächlich, er war einen ganzen Meter größer als sonst. Da wurde im schlagartig klar: Nicht die Menschen waren kleiner geworden, er war zum Riesen geworden, weil er sich innerlich aufblies, sich über andere erhob und sich als der Mächtige aufspielte. Nicht die anderen wurden durch den Zauberspruch verändert, sondern er veränderte sich!

Von diesem Augenblick an benutzte der Mann den Zauberspruch nicht mehr, das Papier, auf dem er stand, warf er weg. Er war fortan zufrieden, so wie er war. Er, die Menschen, die ihm begegneten und die Probleme hatten endlich ihre normale Größe, nicht zu groß und nicht zu klein.

Zum Weiterdenken:
– Wer zufrieden ist, ist groß. Der Unzufriedene fühlt sich immer zu klein.

Wer sich selbst erhöht, der wird erniedrigt;
und wer sich selbst erniedrigt, der wird erhöht.
(Matthäus 23,12)

Das geknickte Rohr wird er nicht zerbrechen,
und den glimmenden Docht wird er nicht auslöschen.
(Jesaja 42,3)

Die Bäumchen

In einem alten Wald wuchsen die Bäume dicht an dicht und spannten ein grünes Blätterdach hoch über dem Waldboden. Große, dicke und alte Bäume umstanden die jungen Bäumchen und gaben ihnen Schutz. Aber die jungen Bäumchen waren nicht zufrieden. Sie wollten mehr, und zwar schnell, sie wollten sich entfalten und auch ihre Zweige in den sonnigen Himmel strecken, genauso wie die großen Bäume. Sie murrten: „Ihr nehmt uns den Platz weg, wir können zu langsam wachsen, weil ihr hier seid, wegen euch haben wir keine Luft und kein Licht, um uns auszubreiten! So ging es das ganze Frühjahr, kaum dass die Blätter ausgetrieben hatten. Im Sommer kam es sogar zu einem richtigen Aufstand der jungen Bäumchen, empört zitterten sie mit ihren Stämmen und peitschten mit ihren zarten Ästen nach den alten Knorren. Vor lauter Wut und Empörung konnten sie gar nicht den Schatten und die wohltuende Kühle des dichten Waldes genießen.

Im Herbst kamen die Waldarbeiter und fällten alle alten Bäume. „Endlich haben wir Luft und Platz", jubelten die jungen Bäumchen. Stolz reckten sie ihre Kronen in den Himmel und spreizten ihre Äste in die Lücken, genüsslich räkelten sie sich und kamen sich auf einmal sehr erwachsen vor.

Im Winter fegte ein Sturm übers Land und zum ersten Mal waren die Bäumchen diesen Gewalten ohne den Schutz der Alten ausgesetzt. Das hatten sie so noch nie erlebt! Daran hatten sie nicht gedacht! Sie ächzten und stöhnten unter der Wucht der Böen. Sie krümmten und neigten sich, Äste brachen ab und bei manchen, die sehr stolz ihre Baumkrone emporgereckt hatten, splitterte der Wipfel ab und blieb nur noch ein kümmerlicher Stumpf stehen. Zum Erbarmen sahen die Bäumchen jetzt aus, als der Orkan nachließ, gerupft und zerzaust, abgerissen und zerstört ragten die Reste in den Himmel.

Und manches Bäumchen sehnte sich heimlich den Schutz der festen, knorrigen Bäume herbei. Nun mussten sie lernen, selbst den Unbilden der Natur zu trotzen und standzuhalten, bis ihre Wurzeln stark und ihre Stämme fest geworden waren.

Wachet, steht im Glauben, seid mutig und seid stark!
(1. Korinther 16,13)

Die Entscheidung

Das einst so blühende Werk war heillos zerstritten. Was im Segen begann, endete im Chaos. Wie konnte das geschehen?

Die beiden wichtigsten Persönlichkeiten dieses Werkes, die die ganze Arbeit begonnen hatten, waren einst gute Freunde gewesen. Dann gab es wegen einiger kleinerer Entscheidungen Differenzen. Und aus der kleinen Auseinandersetzung entwickelte sich ein wilder und grundsätzlicher Streit, der die ganze Gemeinschaft in zwei verschiedene Lager zerriss. Jeder der beiden Leiter brachte einen Teil der Mitarbeiter und Spender hinter sich. Jeder betonte, dass das Recht auf seiner Seite wäre, und keiner war bereit, auch nur eine Handbreit nachzugeben.

Die beiden Fraktionen hatten sich an ihrem Standort eingegraben und dadurch bewegte sich nichts mehr. Das Werk war nicht mehr in der Lage, seinen Auftrag auszuführen, alle Zeit und Kräfte wurden nur darauf verwandt, Argumente gegen den Gegner zu finden und nach den Schwachstellen des anderen Ausschau zu halten.

In dieser Situation schlugen ein paar Mitglieder dieses Werkes vor, man solle doch endlich einen Berater von außen zuziehen, der nach gründlicher Prüfung der Lage ein schlichtendes Wort sprechen könnte. Ihnen blutete das Herz darüber, dass so das gut gemeinte, große Werk nicht leben und nicht sterben konnte. Ihnen war es egal, in welcher Richtung es weitergehen sollte, Hauptsache, es ging weiter.

Endlich wurde dem Drängen dieser mittleren Fraktion nachgegeben und ein externer Schlichter konsultiert. Man wählte einen älteren, erfahrenen Berater mit einer gehörigen Portion Weisheit. Zu ihm fuhr die Belegschaft an einem schönen Tag, bewaffnet mit vielen Argumenten, einem Koffer voller Protokolle, die zum Beweis der eigenen Sicht vorgelegt werden sollten, und dem festen Willen, dieser Sicht zum Sieg zu verhelfen.

Der Berater hörte sich alles geduldig an. Zuerst durfte die eine Partei ihre Position vortragen und begründen und dann die andere.

Die Lage schien aussichtslos. Beide Gegner hatten gute Gründe und stichhaltige Argumente, beide beriefen sich darauf, dass es ihr Werk sei, dass sie gegründet und geprägt hätten und dass sie deswegen auch einen Anspruch hätten, nun den weiteren Kurs zu bestimmen. Und es war klar, dass es keine Kompromisse gab – weil ja jeder in seinen Augen vollkommen Recht hatte. Eine der beiden Parteien musste den Streit gewinnen, es war nur eine Variante möglich. Aber welcher Weg sollte eingeschlagen werden?

Der weise Berater überlegte eine kurze Zeit, dann fällte er folgenden Schiedsspruch:

„Es kann in diesem Streit keinen Gewinner und keinen Verlierer geben. Beide Parteien konnten ihren Standpunkt plausibel begründen. Ich schlage deshalb vor, dass das Werk in zwei Werke geteilt wird. Jeder der beiden Kontrahenten steht dann seinem eigenen Werk vor."

Ein erschrecktes Aufstöhnen ging durch den Raum. Die anwesenden Beobachter wussten: Eine Teilung des Werkes bedeutete sein Aus! Wenn es in Zukunft nur noch zwei kleinere Teile gab, die ihren eigenen Weg gingen, würde keines der beiden etwas erreichen können.

Der eine der beiden Konkurrenten sagte: „Das ist eine gute Entscheidung. Wenn wir die Arbeit schon nicht gemeinsam tun können, dann soll sie gar nicht mehr bestehen. Wenn keiner gewinnen kann, soll niemand gewinnen – dann ist es gut, wenn unser Werk beendet wird."

Der andere aber sagte: „Nein, unser Werk soll – ja muss weiter bestehen! Es ist ja Gottes Sache. Und wenn nicht beide gewinnen können, soll wenigstens einer gewinnen, damit das Werk doch weiter geht. Ich trete zurück und gebe dir die Möglichkeit, das Werk weiterzuführen."

Der weise Berater schaute lächelnd die beiden Gegner an. „Du sollst in Zukunft das Werk leiten", sagte er zu dem, der bereit gewesen war, das Feld zu räumen, „denn dir liegt das Werk am meisten am Herzen. Du bist sogar bereit, für den Bestand der Arbeit auf deine eigenen Interessen zu verzichten."

Zum Weiterdenken:
– Wer verzichten kann ist stark.

Und ganz Israel hörte von dem Urteil, das der König gefällt hatte, und sie fürchteten den König; denn sie sahen, dass die Weisheit Gottes in ihm war, Gericht zu halten.
(1. Könige 3,28)

13. Sonntag nach Trinitatis

Christus spricht: Was ihr getan habt einem von diesen meinen geringsten Brüdern, das habt ihr mir getan.
(Matthäus 25,40)

Wer ist mein Nächster?

Der Gottesdienst sollte beginnen, aber die Gemeinde war unruhig. Wo sich sonst am Sonntagmorgen eine andachtsvolle Sammlung verbreitete, herrschte an diesem Sonntag Raunen, Murmeln und verhaltene Bewegung in den Bankreihen der Kirche.

Was war der Anlass für dieses ungewöhnliche Betragen?

Dort wo sonst ihr Pfarrer saß, war niemand zu sehen! Das war eigentlich nichts Ungewöhnliches, hatte der Pfarrer doch gelegentlich Dienst im Altenheim und dabei konnte es vorkommen, dass er sich verspätete und der Gottesdienst ohne ihn anfing. Es war dann immer einer der Kirchengemeinderäte eingeteilt, der die Anfangsliturgie übernahm. Aber auch von diesen wichtigen Männern saß niemand in der ersten Bank an dem Platz derer, die Verantwortung für den Ablauf der gottesdienstlichen Handlung hatten. Deshalb war die Gemeinde unruhig. Das Schiff „Gemeinde" musste sich ohne die sichere Lenkung des Steuermanns auf Fahrt begeben. Niemand war da, der es durch die Untiefen der Liturgie sicher geleiten konnte. Die Gemeinde war ohne Hirte, ohne Oberhaupt, ohne jemand, der ihr voranging und auf den sie schauen konnte.

Der Organist begann mit dem Vorspiel. Dann war wieder diese peinliche Stille. Was war jetzt zu tun? Die Menschen waren dieser Situation nicht gewachsen. Einzelne überlegten sich, ob sie wieder heimgehen sollten, andere vertieften sich in ihr Gesangbuch. Ganz hinten wurde heftig getuschelt, dann ermannte sich ein eifriges Gemeindeglied, trat nach vorne und sagte das erste Lied an. Um Zeit zu gewinnen, gab der tapfere Mann vor, dass alle Strophen gesungen werden sollten. Fürs erste war die Situation gerettet. Aber wie würde es weitergehen? War die Gemeinde nun in eine Situation geraten, in der sie ohne Pfarrer beweisen musste, ob sie mündig war und selbstständig das eigene Geschick in die Hand nehmen könnte?

Was war mit dem Pfarrer geschehen? Er hatte seinen Gottesdienst im Altenheim rechtzeitig zu Ende gebracht und hatte sich in seinem Talar, um nicht Zeit durch das Umziehen zu verlieren, auf den Weg zum nahen Gotteshaus gemacht. Sein schwarzes Amtsgewand raffend, das weiße Beffchen in der Eile verrutscht, steuerte er die Kirche an, als er sich plötzlich eines Hindernisses gewahr wurde, das seinen Weg versperrte.

Ein Mensch lag vor ihm auf dem Gehweg und rührte sich nicht. War er verletzt, vielleicht durch ein Auto angefahren worden – oder war es ein Betrunkener? Das hatte ihm gerade noch gefehlt! Jedes andere Hindernis hätte er umgehen können, aber in einer solchen Notlage war er gefordert!

Aber seine Gemeinde konnte doch nicht warten! Was machte sie nur ohne ihn? Der Pfarrer war in einer echten Zwickmühle, er schwitzte unter seinem Amtskleid. Ausgerechnet heute hatte er das Handy zu Hause gelassen. Suchend schaute er sich um. Ein Auto kam herangefahren, der Pfarrer winkte dem Fahrer zu, der Wagen bremste, dann aber, als der Fahrzeuglenker sah, um was es ging, beschleunigte es wieder und fuhr davon. Der Pfarrer schaute auf die Uhr: Der Gottesdienst hätte eigentlich schon beginnen sollen. Was sollte er nur tun? Sein Blick fiel auf die Klingelanlage des nächsten Hauses. Er drückte auf den Knopf, dann, nachdem sich nichts tat, noch einmal. Er läutete Sturm. Nach einiger Zeit hörte er eine verschlafene Stimme, die sich mit einem entrüsteten „Was soll das?" über die Sprechanlage meldete.

„Hier ist ein Notfall. Können Sie sich bitte darum kümmern, ich muss in die Kirche!" brüllte der Pfarrer nun auch ungehalten in den Lautsprecher. „Das ist Ihre Sache, ich schlafe noch!" Das Knacken verriet, dass die Leitung tot war.

In dem Pfarrer stieg Panik hoch: Diese Lage war ja wirklich nicht sehr erbaulich! In der Ferne sah er einen Mann mit Hund herbeikommen. Aber der morgendliche Spaziergänger musste schon von Weitem die Unannehmlichkeiten geahnt haben, die seinen Weg kreuzen würden, denn er bog eilig in eine Nebenstraße ab. Wieder keine Hilfe. Dann kam eine junge Frau herangeradelt. Sie stutzte, als sie die Person am Boden sah und den Pfarrer, der in seinem schwarzen Gewand daneben wie ein Totenengel aussah. Sie bremste, stieg ab und näherte sich schweigend. „Ist etwas passiert?", fragte sie vorsichtig. „Ja, anscheinend schon", sagte der Pfarrer, der mühsam um Beherrschung rang. „Aber ich sollte zum Gottesdienst."

„Ich mach das schon", sagte die junge Frau unbekümmert in einem fremdländischen, arabisch klingenden Tonfall, stellte ihr Fahrrad ab und zog das Handy aus der Handtasche. „Ich rufen Krankenwagen und sorge darum. Gehn Sie zu Ihre Gottesdienst!"

In der Kirche war die Spannung in der Zwischenzeit ins Unerträgliche gestiegen. Ein älterer Mann überlegte sich, ob er die Initiative ergreifen und einen Bibeltext vorlesen sollte, wenn der Pfarrer bis zur Stelle, an der die Predigt kommen sollte, nicht erschienen war. Ein anderer war der Meinung, dass man den Gottesdienst abbrechen und die Gemeinde nach einem gemeinsamen Vaterunser heimschicken sollte. Die ersten machten sich daran aufzustehen, um wieder zu gehen. In diesem Augenblick ging die große Kirchentür auf und der Pfarrer stürzte mit zerzaustem Haar und ganz außer Atem in den Gottesdienstraum. Die Gemeinde atmete auf.

Gott sei Dank, ihr Hirte war wieder da, dann konnte ja alles seinen gewohnten Gang gehen. Sie hatten wieder jemand, der die Fäden in die Hand nahm und ihnen sagte, was zu tun wäre.

Der Pfarrer stürmte auf seinen Platz, packte hastig aus der Aktentasche seine Bibel und seine Predigt aus. Dann verständigte er sich kurz mit dem Organisten, um herauszubekommen, wo sich die Gemeinde in der Liturgie festgefahren hatte. Er gab sich einen Ruck und ging einigermaßen würdevollen Schrittes zum Altar, um dort die feierliche Handlung aufzunehmen mit Gebet, Psalm und Schriftlesung.

Als er an die Stelle kam, an der er das Wort Gottes verlesen sollte, stutze er kurz, schüttelte den Kopf, als müsste er bedrängende Gedanken abwehren, dann las er einen anderen Text:

Es war ein Mensch, der ging von Jerusalem hinab nach Jericho und fiel unter die Räuber; die zogen ihn aus und schlugen ihn und machten sich davon und ließen ihn halbtot liegen. Es traf sich aber, dass ein Priester dieselbe Straße hinabzog; und als er ihn sah, ging er vorüber. Eine Samariterin aber, die auf der Reise war, kam dahin; und als sie ihn sah, jammerte er sie; und sie ging zu ihm, goss Öl und Wein auf seine Wunden und verband sie ihm, hob ihn auf ihr Tier und brachte ihn in eine Herberge und pflegte ihn. (nach Lukas 10,30–34)

Zum Weiterdenken:
– Die Zeit und die Kraft, die für den Nächsten eingesetzt wird, ist nie vergeudet. Wer sich dem Nächsten zuwendet, findet zur Mitte seines Lebens.

14. Sonntag nach Trinitatis

Lobe den Herrn, meine Seele, und vergiss nicht, was er dir Gutes getan hat. (Psalm 103,2)

Die Sehnsucht des Großvaters

Ein Besuch bei den Großeltern war für die Enkel der Himmel auf Erden: ein riesengroßer Garten mit alten Bäumen verlockte zu abenteuerlichen Spielen. Den ganzen Tag konnte man sich dort draußen aufhalten.

Nun war der Enkelsohn Benni aber in das Alter gekommen, wo er seinen Aktionsradius erweitern wollte. Ein Baum hatte es ihm besonders angetan. Seine knorrigen Äste reichten fast bis zur Erde, man konnte gut an ihnen entlang hangeln und in das dichte Geäst einsteigen und wie auf einer Leiter weit in den Himmel emporklettern.

Aber die Großmutter entdeckte den ersten Versuch ihres Enkels, den Baum zu besteigen. Laut rufend und gestikulierend rannte sie aus dem Haus, gebot dem Jungen herabzukommen und verbot ihm dann mit eindringlichen Worten, den Baum jemals wieder als Klettergerüst zu benutzen. Das war schade!

Der Großvater hatte diese Szene beobachtet. Er schaute in den Baumwipfel hinauf und auf einmal kamen ihm unbändige Erinnerungen an seine eigene Kinderzeit, an abenteuerliche Kletterei in hohen Bäumen, und die Sehnsucht erwachte in ihm, es noch einmal zu versuchen.

Er schaute sich verstohlen um und wartete einen unbeobachteten Augenblick ab und tatsächlich, er spürte noch die Kraft, sich an einem Ast hochzuziehen und dann Ast für Ast schnaufend emporzuklettern.

Oben saß er in einer Astgabel, frei wie ein Vogel, mit einem weiten Blick in die Umgebung, sichtlich zufrieden, aber sein Blick war vor allem nach innen gerichtet, Erinnerungen stiegen in ihm hoch. Da saß er nun eine lange Zeit, die ihm kurz vorkam.

Endlich wollte er wieder hinunterklettern und das war gar nicht so einfach! Er wurde ganz zittrig und aufgeregt, und je mehr er sich anstrengte, desto mehr ergriff ihn die Furcht. Er kam nicht mehr hinab! Was sollte er tun?

Als er so verzagt hinabschaute und ihm die Ausweglosigkeit seiner Situation bewusst wurde, bemerkte er, dass sein Enkel unter dem Baum stand und sehnsüchtig hinaufschaute.

„Hallo", rief der Großvater vom Baum herab. Der Junge schaute sich erstaunt um, er konnte sich nicht erklären, woher die Stimme kam. „Hier oben bin ich!" rief der Großvater. Jetzt bemerkte der Bub seinen Großvater ganz weit oben im Baum und er wunderte sich nicht darüber. Es war für ihn keine Frage, dass man auf einen Baum stieg!

„Ich komme nicht mehr herunter", teilte der Großvater mit unruhiger Stimme mit, „hol die Großmutter!" Aber die Großmutter war einkaufen gegangen und: War es so gut, gerade sie zu holen, die doch verboten hatte, in den Baum zu steigen?

„Warte, ich komme und helfe dir!" rief der kleine Junge hinauf – und flugs zog er sich hoch. Wie ein flinkes Eichhörnchen turnte er in die Äste hinaus und ruckzuck war er beim Großvater.

„Ich sage dir, wo du deinen Fuß hinstellen sollst", gebot Benni dem Großvater, und als er merkte, wie unsicher der alte Mann war, dirigierte er vorsichtig mit einer Hand – mit der anderen hielt er sich selbst fest – den Fuß des Großvaters von Ast zu Ast.

Es dauerte eine geraume Zeit, bis die beiden unten waren, aber der Enkelsohn leitete seinen Großvater umsichtig und mit viel Geduld hinab, bis dieser wieder festen Grund unter den Füßen hatte. Der alte Mann atmete erleichtert auf, der Junge lachte fröhlich – das hatte ihm aber Spaß gemacht!

Am Abend hatte der Großvater ein langes Gespräch mit seiner Frau, dessen Ergebnis war, dass der Junge immer dann in den Baum klettern durfte, wenn die Großeltern dabei waren. Und besonders der Großvater schaute seinem Enkel mit viel Vergnügen und sehnsüchtigen Erinnerungen beim Baumsteigen zu.

*Die gepflanzt sind im Hause des Herrn, werden in den Vorhöfen unsres
Gottes grünen. Und wenn sie auch alt werden, werden sie dennoch blühen,
fruchtbar und frisch sein.*
(Psalm 92,14–15)

15. Sonntag nach Trinitatis

Alle eure Sorge werft auf ihn; denn er sorgt für euch.
(1. Petrus 5,7)

Ein Sonntagsspaziergang

Dort, wo der kleine Bach im Untergrund verschwindet, verlasse ich die ge-
teerten Straßen und folge seinem Lauf bergauf. Ich will hinaus aus der Enge
und hinauf. Ich suche die Weite, den Blick bis zum Horizont. Im Augenblick
sind meine Gedanken noch wirr. Beim Gehen ordnen sie sich und finden ihre
Bedeutung.

Ich sage zu Gott: „Ich komme zu dir." Ich bin bereit, auch dem zu begegnen, was bisher verborgen war. Ich will mich öffnen.

Neben mir murmelt das Wasser auf gleichmütige Weise, das tut mir gut.
Ein Gleichnis des Lebens: Es kann sein, dass der Bach in der Sommerhitze
ganz versiegt, um dann bei einem Gewitterguss innerhalb von Minuten wie
ein Wasserfall alles zu überfluten. Im Frühjahr leuchten die gelben Blüten des
Sumpfdotters an seinem Rand, umrahmt vom bescheidenen Rot der Bachnel-
kenwurz. Alte Korbweiden säumen das Ufer. Wenn sie noch kahl sind, sehen
sie mit ihren struppigen roten Zweigen aus wie Gnome.

Ich überlege mir: Was macht mein Leben frisch? Wo sind die Wasserquellen in meinem Alltag? Ich sage zu Gott: „Gib mir dein lebendiges Wasser."

Nicht weit und mein Weg führt mich an Feldern vorbei, die mit kalkigen Brocken übersät sind. Der Mais wächst hier auf dem Steinacker, im Frühsommer sind die Pflänzchen noch so klein, dass ich mir nicht vorstellen kann, wie sie es je zu diesem undurchdringlichen Wald bringen werden, der dann im Herbst den Wegrand wie eine Mauer begrenzt.

Ich nehme einen Steinbrocken in die Hand und frage mich: Was macht mein Leben steinig? Mit welchen schweren Brocken habe ich es zu tun? Mein Leben soll fruchtbar sein. Ich will ein guter Boden für Gottes Wort sein. Was verhindert das?

In der Senke haben sich ein paar Ställe versteckt. Die Kühe auf der Weide glotzen mich interessiert und nicht unfreundlich an. Ich grüße sie artig, wer weiß, was sie über mich denken. Die Wiesen werden immer sumpfiger. Ich betrete das Quellgebiet meines kleinen Baches. Überall gluckert das Wasser hervor, um sich dann irgendwo zu sammeln. Die sumpfigen Löcher sind ideale Versammlungsorte für Feuersalamander, Unken und Kröten. An einem Wasserloch laichen sie und ich bin jedes Jahr in Sorge, ob die Kaulquappen es schaffen, bevor der Tümpel vertrocknet. Irgendwann im Sommer versiegen die feuchten Stellen und die Bienen müssen wo anders ihren Durst löschen. Vielleicht weiter oben, wo ganz verborgen ein kleiner Strahl herrlich kühlen Bergwassers zutage tritt. Eine richtige Erfrischung für den Wanderer – wenn er die verborgene Quelle im Gebüsch entdeckt und sich traut, aus ihr zu trinken.

Ich suche nach einem neuen Impuls von Gott, bitte ihn um ein Wort der Ermutigung. Ich sage zu Gott: „Du bist mein Leben!" Ich halte ihm meine leeren Hände hin, damit er sie füllt.

Jetzt wandere ich durch Streuobstwiesen, sie liegen teilweise noch auf dem feuchten Grund, wo es immer wieder Stellen gibt, an denen der Boden aufquillt, wenn es regnet. Wenn ich nicht aufpasse, stecke ich mit dem Fuß in einem Schlammloch, das sich unter dem dichten Grün versteckt hat. Will mich etwas zum Stolpern bringen oder festhalten? An heißen, schwülen Tagen fallen Bremsen über mich her und sind ganz wild in dem Bemühen, etwas von mir abzubekommen.

Ich bringe zu Gott die Unebenheiten meines Lebens, ich klage ihm meine Schmerzen. Ich erfahre Widerstand auf meinem Weg zu Gott und bitte ihn, dass er mir hilft: „Zeige mir meinen Weg. Jesus, gehe du voran." Ich lasse mich nicht ablenken, sondern schaue auf Gott.

Im Frühling blühen hier die Schlüsselblumen, kurz darauf schwebt das Wiesenschaumkraut über allem und gibt der Landschaft einen räumlichen Schimmer von Leichtigkeit. Die Bäume explodieren in ihrer weißen Pracht und die Bienen summen eifrig, wenn der Imker sie gut über den Winter gebracht hat. Es sind vor allem Kirschbäume. Wenn im Juni die Früchte reif sind, ist ihre saftige Süße ein Labsal für den Wanderer, der an jedem Baum kosten möchte, denn jede Sorte schmeckt anders.

Im Sommer steht das Gras so hoch auf den Wiesen, dass ich kaum hindurchkomme. Der Specht untersucht die alten Obstbäume nach morschen Stellen und wird fündig. Wer hat denn heute noch die Zeit, sie zu pflegen? Wenn ich jetzt zu sehr meinen Gedanken nachhänge, kann es sein, dass der Hase mich erschreckt, der hier wohnt. Offensichtlich macht ihm das einen Heidenspaß. Er duckt sich, bis ich fast bei ihm bin, dann rast er unvermittelt los. Jedes Mal will ich darauf gefasst sein, aber meistens überrascht er mich doch. Wahrscheinlich sitzt er dann hinter einem Busch und lacht sich in die Pfoten: Was musst du auch immer denken, du Mensch!

Ich mache mir Gedanken über das, was in meinem Leben gewachsen ist. Ich freue mich über die Güte Gottes und seinen Reichtum: Er hat mich großzügig beschenkt. Alles, was ich brauche, habe ich. Darum danke ich Gott und lasse mich nicht erschrecken durch zweiflerische Sorgen.

Im Herbst sind die Apfel- und Birnbäume mit ihren unterschiedlichen und bunten Obstorten eine appetitliche Zier und ganz zuletzt zeigt die Herbstzeitlose auf den nun gemähten Wiesen, dass es Zeit ist für den Winter.

In meinem Leben gibt es Zeiten des Wachsens und Zeiten des Reifens, es gibt aber auch die Zeit der Ruhe. Ich will alles aus der Hand Gottes nehmen. Es kommt auf das große Ganze an. Gott hat den Überblick.

Schließlich kommt der Hangwald, ich trete ins Dunkle. Schlagartig ist es kühler, die lästigen Bremsen bleiben zurück. Der kleine Pfad wird steiler. Soll ich mich noch ein wenig auf dem Bänkchen am Waldrand ausruhen, bevor ich den Aufstieg wage?

Nichts darf mich hetzen. Ich bin ja auf dem Weg zu Gott und er ist bei mir. Ich kann mich niederlassen, auch wenn ich noch nicht am Ziel bin. Also halte ich inne und überlege mir: Wo befinde ich mich gerade?

Der schmale Weg windet sich nach oben. Es ist nicht der breite Weg für jedermann, eher der stille Pfad für die, die besinnlich Schritt für Schritt gehen und bereit sind, ab und zu nach seiner Fortsetzung zu suchen. Ich kenne diesen Weg, bin ihn schon oft gegangen und habe ihn mir dabei zum Freund gemacht. Auch seine schwierigeren und steinigen Stellen schrecken mich nicht mehr, weil ich auf sie vorbereitet bin. Nur die tiefen Fahrradspuren, auf die ich immer wieder stoße, werfen einen Schatten auf mein Gemüt. Ansonsten lässt es sich herrlich sinnieren, während mich der Weg, der treue Gefährte, nach oben führt, nichts lenkt ab und doch weist er mich immer wieder auf besondere Merkwürdigkeiten hin.

Zum Beispiel auf den alten umgestürzten Baum, der plötzlich mit weißen Pilzen überzogen ist wie mit einem unschuldigen Pelz. Ein paar Tage später ist alles schwarz und wirkt wie verbrannt. An einigen Stellen sprossen Türkenbundlilien. In jedem Jahr bin ich gespannt, wie viele ihre herrlich rote Pracht entfalten können, ohne dass die Knospen bereits vor der Blüte von den Rehen abgefressen werden.

Von nichts lasse ich mich ablenken, was mir auf meinem Weg begegnet, aber ich nehme alles wahr. Meine Sinne sind offen. Und meine Gedanken sind ganz auf Gott ausgerichtet.

Weiter oben kommen mir im Frühjahr schon von Weitem die Duftwolken des Lerchensporns entgegen oder etwas später erfüllt der süße Geruch des Silberblatts den Wald, der immer dichter wird. Mal sehen, wie heute meine Kondition ist: Schaffe ich den Aufstieg ohne Pause oder suche ich mir eine der mächtigen Rotbuchen aus, um, an sie gelehnt, ein paar Minuten zu verweilen, damit ich wieder zu Atem komme?

Ich spüre meinen Körper und nehme meine Lebenskraft wahr. Ich erfahre meine Grenzen. Wenn ich an das Ende meiner Kräfte komme, bin ich Gott nahe.

Nun erreiche ich den Bereich der Felsen. Immer wieder liegen große abgesprengte Steinbrocken auf dem Pfad und machen den Weg zum Hindernisparcours. Hier bleibt die Natur unberührt, sie darf tun, was sie möchte. Der Mensch ordnet sich unter. Auch ich mache mir klar, dass die eigene Begrenztheit ein Grund zur Bescheidenheit ist. Wenn ich mich einfüge und geduldig bin, nicht so laut und bestimmend wie sonst, gelingt es mir vielleicht, dem Marder zu begegnen, der durch dieses Revier schleicht. Er verharrt, schaut mich interessiert an. Ich stehe unbeweglich und starre zurück. Wer beobachtet wen? In diesem Augenblick hält die Zeit den Atem an. Dann wendet sich der geheimnisvolle Geselle ab und schleicht ohne Eile weiter, als hätte seine Betrachtung von mir nichts von Bedeutung ergeben. Er hat recht. Geläutert gehe ich weiter.

Ich schaue von mir weg, lasse mich zurück. Ich bin nicht so wichtig. Und nehme wahr, dass ich Vieles mit mir herumtrage, was eigentlich unbedeutend und unwichtig ist. Jetzt kann ich loslassen. Ich lasse mich los.

Das letzte Stück Weg fordert mich noch einmal kräftig mit Geröllfeldern und einigen Tritten über Felsen. Dann bin ich oben. Die Weite ist gewonnen, die Albhochfläche gewährt einen schier endlosen Blick: Wie groß ist doch diese Welt! Ich schaue hinab und sehe das Land unter mir aus einer anderen Perspektive. Wo ich herkomme, was hinter mir liegt, ist winzig und vielfältig, das Meinige ist nur ein kleiner Teil des großen Ganzen. Es gibt noch viel mehr! Gottes Blickwinkel ist ganz anders als meine Sichtweise. Ich will lernen, mit Gottes Augen zu sehen. Ich will von ihm her mein Leben betrachten und aus seiner Warte verstehen, was mit mir geschieht.

In diesem Moment spüre ich den Wind. Manchmal zieht er die Felsen hoch wie in einem Kamin. Wenn ich ein paar Meter von der Abbruchkante zurücktrete, ist er nicht mehr wahrzunehmen. Manchmal jagt er über die Hochfläche und ich finde Schutz, wenn ich nur ein wenig über die Felsen klettere und einen sicheren Platz unterhalb aufsuche. Das ist mein Platz, er gehört mir! Dort sitze ich dann im Windschatten und schaue ins Tal oder in die Weite. Erlebe ich Gegenwind oder ist es Gottes Wind, der mich voranbringt? Ich will nichts tun, was gegen Gottes Wille ist. Gott, was willst du?

Von der nahen Felsenspitze beäugt mich der Kolkrabe aus der Kolonie unterhalb. Krächzend fordert er mich zum Rückzug auf. Wenn ich nicht gehe, tut er so, als wäre ich nicht da. Er führt dann abenteuerliche Flugkunststücke vor und schielt dabei immer mit einem Auge zu mir, um zu sehen, ob ich ihn auch bewundere. Er kann hervorragend mit den Aufwinden umgehen und sie sich zunutze machen. Genauso wie der Bussard, der sich vom Wind nach oben tragen lässt, ohne die Flügel zu bewegen. Nur der windschnittige Falke wirft sich ganz von oben die Felsen hinab und ich beobachte, wie er mit rasender Geschwindigkeit ins Tal gleitet. Wenn ich nur auch so schnell unten sein könnte! Nein, lieber bin ich hier in luftiger Höhe.
Manches geht mir zu langsam, ich pflege ein hohes Lebenstempo. Aber nun bin ich in Gottes Nähe. Ich muss nichts tun. Ich darf nur sein. Die Zeit mit Gott ist das Kostbarste, die Beziehung zu ihm trägt mich nach oben.
Von meinem Platz aus betrachte ich die Wolken und sehe, wie sie ziehen. Wenn ein Gewitter im Anmarsch ist, erkenne ich es von Weitem. Ich kann be-

obachten, wie es durchs Neckartal daherkommt, und in aller Ruhe abwarten, ob es der Albkette entlang weiterzieht oder ob ich mich doch besser irgendwo in Sicherheit bringen sollte.

In Gottes Nähe bin ich geschützt. Ich kann dem entgegenblicken, was auf mich zukommt. Ich kann die Angst zulassen und bin doch geborgen.

Eine weiße Spinne stakt über meine Hand, so als wollte sie mich erinnern, dass nicht nur die Ferne interessant ist, sondern auch die Nähe. Bevor es wieder an den Abstieg geht, sind deshalb unbedingt noch ein paar Schritte über den Trockenrasen nötig. Es fühlt sich an, als würde ich über einen Teppich schreiten. Eigentlich müsste ich barfuß gehen, nicht mit den schweren Bergstiefeln, damit die Füße in Thymian baden können. Ich kenne eine Stelle, wo der Enzian blüht, dorthin muss ich noch, um nachzuschauen, ob die leuchtenden blauen Blüten den Himmel spiegeln. Ich möchte einfach noch nicht hinunter; möchte hier oben bleiben, warten, bis die Abendsonne zuerst den Horizont rot färbt und dann die weißen Kalkfelsen, der Abenddunst unten im Tal die Vorhänge zuzieht und sich die Wolken wie eine Schlafdecke übers Land breiten. An einem warmen Sommerabend summen zudem sogar unzählige Junikäfer ein Abendlied, während sie die knorrigen Bergahornbäume am Trauf umschwirren. In der Dämmerung zieht der Fuchs auf Patrouille seine Spur und kümmert sich dabei keinen Deut um mich, als gäbe es mich nicht. Die Rotte Wildschweine wechselt im Wald auf der Albkuppe seinen Standort, wohlgeordnet, der Keiler voran, die Bachen hinterher und zum Schluss torkeln aufgeregt die Frischlinge. Und dort, nicht weit entfernt, queren ein paar Rehe mit riesigen Sätzen die stille Hochebene. Es ist ruhig hier und friedlich. Aber ich muss wieder hinunter. Doch die Stille nehme ich mit.

Ich ziehe meine Schuhe aus und bleibe im heiligen Land bei Gott – auch wenn ich nun zurückgehe. Die Beziehung zu ihm bleibt. Er geht mit mir in meinen Alltag. Ich bin gesegnet.

Der Abstieg ist steinig, trotzdem lasse ich die lockende Bank links liegen. Ich trete wieder aus dem Hangwald und überquere die Wiese, die im Sommer übersät ist mit Klappertopf. Große Stauden mit Salbei, Margeriten, Storchschnabel und Bocksbart scharen sich zu einer bunten Vielfalt. Aber das ist noch nicht alles! Auf einer kleinen Wiese ganz in der Nähe blühen im Frühling die Küchenschellen. Und etwas weiter und tiefer hinab ist die verwunschene Stelle der Orchideen. Hier halten die majestätische Händelwurz, die Kugelorchis und das Knabenkraut Hof, umgeben von der bescheidenen Ragwurz in unzähligen Variationen. Und noch ein Stückchen weiter kenne ich eine Stelle, wo im Februar der Seidelbast als Erster seine Blüten öffnet und seinen Duft verströmt, um anzuzeigen, dass der Winter vorbei ist. Aber all diese Geheimnisse bleiben heute in der Dämmerung verborgen. Ich muss zurück, es wird Nacht.

Ich spüre, wie Stolz und Hochmut auf mich warten. Der Segen Gottes ist nicht mein Besitz, er steht mir zwar zur Verfügung, aber er gehört mir nicht. Auch als Gesegneter will ich demütig bleiben. Nur so widerstehe ich der Nacht.

Mein Weg hinunter ist nun zu einer Ameisenstraße geworden. Sie haben sich den Weg als Autobahn zu ihrem mächtigen Bau ausgesucht und wuseln hin und her. Es bleibt mir nichts anderes übrig, als meinen eigenen Pfad durchs Unterholz zu bahnen. Dabei entdeckt mich eine Eichhörnchenfamilie. Kaum haben sie festgestellt, dass ich sie beobachte, beginnen sie auch schon mit einer atemberaubenden Vorstellung ihrer Kletter- und Sprungkünste, dass mir schier schwindelig wird. Ich klatsche Beifall und gehe rasch weiter. Sie lugen hinter dem Baumstamm hervor und sind enttäuscht, dass ich nicht bleibe.

Aber das kann ich ja nicht. Ich muss wieder hinab. Dort wartet mein Alltag auf meine bescheidenen Kunststücke. Ich komme unten an, meine Gedanken haben sich geordnet. Mein Weg endet, wo der Bach im Untergrund verschwindet. Aber in meinem Herzen ist Weite.

Jetzt greifen die täglichen Anforderungen nach mir, die Gedanken überschlagen sich: Was ist alles zu tun? Ich muss mich stellen, zeigen, was ich kann. Ganz bewusst gehe ich zurück in meinen Alltag. Aber ich weiß: Gott ist bei mir. Damit ist alles anders: Ich komme heim und bleibe unterwegs. Ich erlebe Bedrängnis, bin aber frei. Ich bin beschäftigt, aber der Friede Gottes umgibt mich. Das Chaos meiner Welt hat einen festen Rahmen: die Ordnungen Gottes und seine Gerechtigkeit.

Zum Weiterdenken:
– Es ist beides wichtig: aufbrechen und ankommen.
  Aber das Ankommen ist am Wichtigsten.

Der Weg ist schmal, der zum Leben führt.
(Matthäus 7,14)

Christus Jesus hat dem Tode die Macht genommen und das Leben und ein unvergängliches Wesen ans Licht gebracht durch das Evangelium.
(2. Timotheus 1,10)

Ein langer Rückweg

Der Zug rattert durch die Nacht. Er ist der letzte auf dieser Strecke vor morgen früh. Eine schläfrige Müdigkeit beherrscht das Zugabteil, die Fahrgäste dösen vor sich hin, es ist schon spät und alle wollen nach Hause.

Nur am Ende des Wagens lümmeln sich vier Jugendliche, die sich lautstark unterhalten, auf den Bänken. Sie haben eine ganze Batterie Bierdosen dabei und verhalten sich so, als ob sie schon einiges getrunken haben. Die Mitreisenden tun, als wären die Störenfriede nicht da, obwohl jeder im Abteil ihre Unterhaltung mitbekommen muss.

Endlich steigen drei der Krachmacher aus, nur einer bleibt zurück. Die Mitreisenden atmen erleichtert auf, nun haben sie endlich Ruhe. Aber als der Zug weiterfährt, legt der Zurückbleibende seine Füße auf die gegenüberliegende Sitzbank und steckt sich eine Zigarette an. Die anderen Fahrgäste werden unruhig. Sie schnuppern und drehen sich um, ein paar vergewissern sich, dass doch das Rauchen grundsätzlich verboten ist: Es stimmt! Der junge Mann lässt sich davon nicht beirren. Nun tut er so, als würde er nichts bemerken.

Eine ältere Frau steht schließlich auf und weist den Raucher in freundlichen, aber bestimmten Worten auf sein falsches Verhalten hin. Der junge Mann schaut desinteressiert aus dem Fenster, als wäre er in die Betrachtung der vorbeiziehenden Landschaft vertieft. Dabei ist es draußen dunkel, er sieht höchstens in den sich spiegelnden Scheiben, wie die Fahrgäste sich nach ihm umdrehen und sich über ihn aufregen. Er scheint diese Aufmerksamkeit zu genießen.

Ein Mann kommt, um die Frau zu unterstützen: „Hören Sie nicht, was diese Dame hier gesagt hat. Sie verlassen sofort dieses Abteil oder machen Ihre Zigarette aus!" Der Ton ist so bestimmt, dass sich der junge Mann provoziert fühlt. Aggressiv wendet er sich dem Mann zu, der ihn angesprochen hat: „Du hast mir hier gar nichts zu sagen, kümmer' du dich um deinen eigenen Sch …! Ich bleibe bis Altbach hier in diesem Abteil und rauche meine Zigarette, wo ich will, da kannst Du gar nichts machen."

Weitere harsche Worte kommen dazu, ein Streit beginnt. Die Beschimpfungen werden härter und angreifender. Schließlich sieht es aus, als würde die Auseinandersetzung zu einem Handgemenge ausarten.

Ganz ruhig sitzt ein etwas korpulenter Herr im Wagen, der alles genau beobachtet. Als der junge Mann dem älteren gerade an den Kragen gehen will, holt er seelenruhig sein Handy aus der Tasche, tippt darauf herum und sagt nur in lautem Ton: „Ich rufe jetzt die Polizei an." Die Streithähne halten inne, dadurch bekommt der junge Mann mit, wie der Mann mit dem Handy in aller Ruhe der Polizei Meldung macht: „Hier in unserem Abteil ist ein junger Mann, der die anderen Fahrgäste angreift. Er steigt in Altbach aus, bitte kümmern Sie sich um ihn." Er sagt noch seinen eigenen Namen und gibt an, wann der Zug ungefähr in Altbach eintreffen wird. Dem jungen Mann wird es jetzt doch ungemütlich. Mit der Polizei will er nichts zu tun haben, er will heim und nicht die Nacht in einer Ausnüchterungszelle auf dem Polizeirevier verbringen müssen.

Der junge Mann macht die Zigarette aus und setzt sich. Der Zug fährt in Altbach ein. Und ist das da nicht ein Streifenwagen? Im diffusen Dämmerlicht lässt sich das kaum erkennen. Aber Der junge Mann bekommt nun Angst. So bleibt er einfach sitzen und steigt nicht aus. „Hier ist Altbach, hier müssen Sie aussteigen", sagt der Dicke freundlich zu ihm. Darauf der junge Mann: „Ich lasse mir doch von Ihnen nicht vorschreiben, wo ich aussteigen soll!" Der Mann zuckt mit den Schultern.

Der Zug fährt wieder an. Nach einiger Zeit sagt der Reisende zu dem jungen Rowdy, der nun eher müde wirkt: „Sie hätten ruhig aussteigen können, ich habe die Polizei gar nicht angerufen Das Handy war aus."

Nun ist der junge Mann erst recht durcheinander, seine Aggressivität ist verflogen. „Dann steige ich eben an der nächsten Haltestelle aus", sagt er trotzig, aber unsicher. Er will nicht als Verlierer vom Platz gehen und fürchtet das schadenfrohe Grinsen der Mitreisenden.

Der nächste Stopp des Zuges ist nur ein Haltepunkt auf der Strecke, weit und breit gibt es keine Häuser. Der junge Mann steigt forsch aus, er will die Auseinandersetzung mit erhobenem Kopf räumen. Sein Gegenüber steht auf und zieht das Fenster herunter. „Und wie wollen Sie nun heimkommen?" fragt er den jungen Mann, der auf dem Bahnsteig steht. „Der nächste Zug fährt erst morgen früh!" Der Schaffner pfeift, der Zug fährt an, zurück bleibt einsam und allein der junge Mann. „Immer den Gleisen nach zurück!", ruft der freundliche Mann ihm zu, „in ungefähr zehn Kilometern sind Sie in Altbach." Dann ist der junge Mann aus der Sicht- und Hörweite verschwunden.

Ob dem jungen Rowdy dieser lange Rückweg durch die Nacht eine Lehre war und er sich künftig weniger aggressiv verhalten wird?

Zum Weiterdenken:
– Manchmal sind weite und mühsame Wege nötig, bis das eigene Wesen ans Licht kommt und Rückkehr möglich ist.
– Überlegen Sie: Wie hätten Sie in dieser Situation gehandelt? Gibt es für diese Geschichte eine Fortsetzung? Welches andere Ende hätte die Geschichte nehmen können?

Weg hast du allerwegen, an Mitteln fehlt dir's nicht; dein tun ist lauter Segen, dein Gang ist lauter Licht; dein Werk kann niemand hindern, dein Arbeit darf nicht ruhn, wenn du, was deinen Kindern ersprießlich ist, willst tun.
(Paul Gerhardt, EKG 361, 4)

Weißt du nicht, dass dich Gottes Güte zur Buße leitet?
(Römer 2,4)

17. Sonntag nach Trinitatis

Unser Glaube ist der Sieg, der die Welt überwunden hat.
(1. Johannes 5,4)

Die ganze Welt

Der kleine Hund wurde mit drei anderen kleinen Welpen in einem Zwinger geboren, der genauso groß ist wie der Garten der Villa am Stadtrand. Zusammen mit seinen Geschwistern wuchs er hier auf, geschützt und bewahrt von dem großen Drahtzaun, der ihr Reich umgab. Es gab keine Gefahren und an jedem Tag wurden sie mit ausreichend Futter versorgt.

So war der Zwinger ihre Welt und die erfahrene Hündin brachte ihren Jungen bei, dass es nur diese eine Welt gab, dieses Gebiet zwischen den Zäunen, die Fläche von zwanzig mal zehn Meter. Am Zaun sei die Welt zu Ende, sagte die Hundemutter, und prägte es ihren Kleinen ein: „Dort draußen gibt es nichts mehr, dort kann niemand leben – es ist gut, dass wir hier drinnen sind."

Das „Drinnen" kam dem kleinen Hund bald sehr eng und eingeschränkt vor. Er kannte jeden Winkel und jeden Grashalm. Gern hätte er einmal etwas anderes erlebt und seine ganzen Kräfte und seine Schnelligkeit eingesetzt. Aber das war in dem Zwinger mit seinen begrenzten Ausmaßen und dem Zaun an allen Seiten nicht möglich. Er hatte sich damit abzufinden, dass die Welt eben begrenzt und eng war.

Nur an einem Tag war die Tür zum Hundezwinger nach der täglichen Futterration offen geblieben. Der kleine Hund schob seine Nase vor den Zaun. War hier tatsächlich die Welt zu Ende? Gab es da draußen wirklich nichts mehr?

Aber seine Mama hatte das ja so gesagt, dann würde es wohl stimmen. Mit einem Seufzen kehrte er um und trottete zu seinem Platz in der Hundehütte. Ja, ja – da draußen gab es ja tatsächlich nichts. Damit war sein Ausflug in die große weite Welt ein für alle mal beendet.

Zum Weiterdenken:
– Die Welt ist größer als der Bereich, den wir überschauen.
  Der Glaube hilft, diese Grenze zu überwinden.
– Und wie ist des mit der Welt des Glaubens?

Ich sah einen neuen Himmel und eine neue Erde.
(Offenbarung 21,1)

Die Wunschgemeinde

Wir waren im Urlaub in einer kleinen Dorfkirche weit draußen auf dem Land. Hierher verirrte sich wahrscheinlich selten ein Fremder. So wurden wir mit großem Interesse unverhohlen beobachtet.

Die Kirche war schlicht, ohne jeglichen Schmuck, ein einfacher Altar, ein ebensolches Kreuz an der Wand dahinter; jede Bankreihe hatte ihre eigene Tür, die mit einem Riegel zu verschließen war und sich quietschend öffnete. Das einzige Schmuckstück war eine monumentale Kanzel, die weit in das Kirchenschiff hineinragte wie die Kommandobrücke eines richtigen Schiffes. Der Kirchenraum strahlte Geborgenheit und eine derbe Einfachheit aus, wie es den Leuten, die dort zum Gottesdienst gingen, entsprach.

Etwa 20 Menschen versammelten sich zum Gottesdienst an diesem Sonntag. Sie füllten die letzten vier Reihen und redeten fröhlich miteinander, bis der Pfarrer vor den Altar trat und der Gottesdienst begann.

Der Pastor machte einen müden und resignierten Eindruck. Er war nicht mehr jung, aber auch noch nicht alt. Er begrüßte die Gemeinde freundlich und nickte uns als Fremden persönlich zu. War er enttäuscht über den geringen Besuch des Gottesdienstes, hatte er mehr erwartet oder hatte er sich mit dieser kleinen Gemeinde bereits abgefunden?

Schleppend leitete er die Liturgie, quälte sich durch die einzelnen Teile des Gottesdienstes, sichtlich darauf bedacht, sie hinter sich zu bringen.

Dann kam die Predigt – der Pfarrer bestieg mit langsamen Schritten die große Kanzel. Oben kniete er zum Gebet nieder, während die Gemeinde mit Hilfe der Orgel ein Lied sang. Als er sich dann erhob, war er ein anderer geworden. Frisch und energisch legte er sich sein Predigtmanuskript zurecht, schlug die Bibel auf und verlas mit donnernder – gar nicht müder und mutloser – Stimme den Predigttext und begann dann mit feurigen Worten, heftigen Gesten und geschliffener Rede seine Predigt.

Die hatte es in sich, spritzig formuliert, tiefsinnig, ausgefeilt, gründlich durchdacht, theologisch durch und durch. Eine Predigt fegte über die kleine Gemeinde hinweg wie sie in einer vollbesetzten Stadtkirche nicht besser hätte sein können. Die Gemeinde duckte sich unter den gewaltigen Worten, denn sie schien das gewöhnt zu sein. Aber ob etwas ankam bei diesen bodenständigen guten Leuten?

Da hatte man dem Pfarrer eine Gemeinde auf dem Land gegeben, dessen größter Wunsch es war, als Prediger einer großen Universität-Gemeinde zu dienen, und er versah nun seinen Dienst treu, aber ohne große Begeisterung.

Nur wenn er sonntags auf der Kanzel stand, wurde dieser alte Wunsch in ihm wach und lebendig, und er sah sich in seinem Geiste auf der Kanzel einer großen Stadtkirche stehen, vor Studierenden, die ihm kritisch aber interessiert zuhörte und begeistert seine gelehrten Gedanken aufnahmen. Wenn er predigte, war er nicht in der kleinen Dorfkirche, sondern an dem Ort, an dem er eigentlich sein wollte. Hier war sein Platz, hier lebte er auf.

Und die Gemeinde? Ihr Wunsch war es, einen Pfarrer zu haben, der ihr entsprach und mit sehr verständlichen warmherzigen Worten auf sie einging. Sie wollte als das angenommen sein, was sie war: eine einfache, kleine Gemeinde. Die Gemeindeglieder sehnten sich nach Worten, die sie verstanden. Sie liebten ihren Pfarrer, der so gewaltig über ihre Köpfe hinwegdonnerte, dass sie erschauerten, aber sie hatten den Eindruck, dass er sie gar nicht meinte. Sie spürten, dass sie nicht seinem Wunsch entsprachen und dass er statt ihrer eine ganz andere Gemeinde vor Augen hatte, wenn er predigte. Das machte sie traurig.

So leben beide, die Gemeinde und ihr Hirte, aneinander vorbei und jeder hat ganz andere Vorstellungen vom anderen.

Zum Weiterdenken:
– Wer glaubt, sieht weiter – er befindet sich immer im weiten Raum Gottes. Dort trifft er auf das Du, den anderen Menschen.

Und als Jesus das Volk sah, jammerte es ihn; denn sie waren verschmachtet und zerstreut wie die Schafe, die keinen Hirten haben.
(Matthäus 9,36)

Dies Gebot haben wir von ihm, dass, wer Gott liebt,
dass der auch seinen Bruder liebe.
(1. Johannes 4,21)

Was ihr getan habt einem dieser meiner geringsten Brüder …

Die Gemeinde ist im Lobpreis-Gottesdienst zusammen. Mit erhobenen Händen stehen alle vor Gott und flehen ihn an: „Herr, komme zu uns, zeige uns deine Gegenwart, offenbare deine Macht und Herrlichkeit!" Die Menschen singen und beten mit sehnsüchtigen Worten. Immer eindringlicher bestürmen sie den Herrn, wollen ihn erfahren, seine Göttlichkeit erleben. Sie sehnen sich zutiefst nach dem lebendigen Gott, weil sie spüren, dass ihr Leben sonst leer und fruchtlos ist.

Sie hören nicht auf, strecken sich immer mehr aus nach Gott, sie wollen seinen Thron berühren, ihre Lieder werden lauter und eindringlicher, unbedingt wollen sie den Vater erreichen, die Bitten werden kraftvoller, sie rufen zu Gott, dass er in ihre Mitte komme.

Und während die Gemeinde so vor Gott steht und sich ihre Gesichter der nackten Wand des Gemeindehauses zuwenden, die Arme sich zur fleckigen Decke strecken und die Verstärkeranlage der Lobpreisband immer lauter dröhnt, geht hinten, im Rücken der Versammelten, die Tür auf und ein kleines Kind kommt leise herein. Es sucht nach seiner Mama. Aber die bemerkt ihr Kind nicht, sie ist zu beschäftigt, denn im selben Augenblick hat jemand den Eindruck: Gott ist hier!

Die Gebete und Lieder werden noch lauter, alle wollen spüren und erfahren, dass Gott anwesend ist, jeder will von seiner Größe und Schönheit in sich aufnehmen.

Das Kind verlässt enttäuscht den Raum.

Da ruft jemand – einem inneren Gespür folgend: „Gott hat sich entfernt: Suchet mich, dann will ich mich von euch finden lassen!" Darauf werden die Gebete wieder intensiver: „Wir suchen, Herr, dein Angesicht!"

Kurze Zeit später, die Gemeinde ist immer noch dabei, sich mit aller Kraft nach Gott auszustrecken, geht erneut die Tür auf. Ein Nichtsesshafter kommt herein. Er ist vor nicht langer Zeit aus dem Gefängnis entlassen worden und sucht nun einen Ort, an dem er bleiben kann – und wenn es nur für diese eine Nacht ist. Die inbrünstig Betenden bemerken den Besucher nicht. Sie sind mit dem Gesicht der Wand des Gemeindehauses zugewandt und wie eine Klagemauer wird sie mit den sehnlichsten Bitten überschüttet: Gott, wo bist Du?

Der nächste prophetische Eindruck eines Gemeindegliedes bekräftigt: Gott ist hier! Die Gemeinde atmet auf. Die Gläubigen wollen Gott fassen und festhalten, sie wollen ihm die Ehre geben und bekennen, dass sie seine Kinder sind, ihm gehören und ihm für immer nachfolgen.

Der Fremde hat sich in die letzte Stuhlreihe gesetzt und verfolgt kopfschüttelnd den Gottesdienst. Niemand bemerkt ihn. Hier gibt es für ihn nichts zu holen. Er steht wieder auf und geht verärgert hinaus. Ungehalten fasst er sich an den Kopf: Die spinnen wohl!

Wieder hat ein Betender den Eindruck – und teilt ihn der Gemeinde: Gott ist fortgegangen. „Weil du weder kalt noch heiß bist, habe ich dich verlassen. Kehre zurück zur ersten Liebe!"

Einige Menschen in der Gemeinde weinen, es geht ihnen ans Herz, sie wollen Buße tun. Aber es ist zu spät.

Erschöpft gehen sie nach diesem Abend heim. Sie haben alles getan und sind trotzdem leer geblieben. In ihren Herzen ist nach wie vor die Sehnsucht nach Gott und sie wünschen sich immer noch, ihn zu erfahren. Sie nehmen sich vor, noch mehr zu beten, Gott noch mehr zu lieben und in ihrem Lobpreis noch glühender und hingebungsvoller zu sein.

Auf dem Nachhauseweg kommen sie schweigend an einem Obdachlosen vorbei, der mit einem kleinen Mädchen begeistert „Schnick-schnack-schnuck" spielt. „Mama", sagt es fröhlich, „das ist Erwin. Kann der bei uns übernachten?"

Zum Weiterdenken:
– Wenn wir Gott begegnen wollen, dann müssen wir nicht
  in die Ferne schauen, sondern wahrnehmen,
  was in unserer unmittelbaren Nähe passiert.
– Lies Matthäus 25,31–46 und Lukas 10,25–37

Heile du mich, Herr, so werde ich heil; hilf du mir, so ist mir geholfen.
(Jeremia 17,14)

Der Kampf

Halb benommen durch die gellenden Schmerzen und getrübt von den starken Medikamenten höre ich den Arzt: „Er hat kaum eine Chance!" Ich bin in die Mühle des Krankenhauses geraten, umstellt von bedrohlich aussehenden Apparaten, für das Klinikpersonal ein Fall unter vielen, versorgt bis in die letzte Zelle meines Körpers, überwacht, jeder Herzschlag wird registriert. Ich bin nicht mehr ich selbst, sondern eine Zusammenballung von Schmerzen und Wunden, ein menschlicher Klumpen mit ein bisschen Leben, das am seidenen Faden hängt. Die Sinne sind vernebelt, die Wirklichkeit verschwimmt, drohend dröhnt der Pulsschlag und erinnert mich, dass die Zeit verrinnt, meine Zeit, mein Leben.

„Nein!" Ich lehne mich auf und ziehe alle meine Kräfte zusammen, „nein, ich gebe mein Leben nicht aus der Hand, es ist mein Leben!" Ich wehre mich dagegen, nur behandelt zu werden. Nicht andere sollen um mein Leben kämpfen – ich kämpfe um mein Leben, es gehört mir!

Mühsam richte ich mich auf. Neben meinem Bett steht ein Pferd. Es scharrt mit den Hufen, es sprüht vor Energie. Unter großen Anstrengungen ziehe ich mich in den Sattel. Das Pferd stiebt davon, ich kann mich kaum auf seinem Rücken halten. Wo will das Pferd mit mir hin? Ich kralle mich in der Mähne fest. Nicht das Pferd soll den Weg bestimmen, ich will zurück ins Leben. Ich nehme alle Kräfte zusammen und versuche das Pferd zu lenken. Tatsächlich: Es reagiert, verlangsamt sein Tempo und lässt sich führen.

Jetzt schaue ich mich um: Wir befinden uns in einer kargen, leblosen Wüste. Wir müssen von hier fort! Ich treibe das Pferd an, nun will ich, dass es galoppiert, wenn ich auch jeden Hufschlag spüre, als würde ich geschlagen. Fort von hier, hinaus ins weite Land, wir müssen neuen fruchtbaren Boden finden.

Am Horizont ragt eine Gebirgskette empor. Unser Weg führt direkt darauf zu. Ich spüre, wie mir die Kräfte schwinden. Aber wir müssen hinüber, können nicht zurück.

Wie von weit her höre ich die Stimme des Arztes: „Jetzt kommt die Krise, wenn er es schafft, ist er über dem Berg."

Aus allen Poren bricht mir der Schweiß aus, eine unfassliche Angst türmt sich vor mir auf, höher als das Gebirge. Ist das das Sterben? Was ist, wenn ich es nicht schaffe? Ist dann alles aus?

Nein! Nein! Nein! In mir bäumt sich erneut das Leben auf. Das schwache Licht flackert und rußt, aber es will nicht verlöschen. Wir müssen hinüberkommen! Ein grauenvoller Aufstieg liegt vor uns, das Pferd schwitzt und schnauft. Ich kann nicht mehr, hänge auf seinem Rücken, bin nicht recht bei Bewusstsein. Das Tier findet seinen Weg, die Luft wird dünn, ich bekomme nicht mehr genügend Sauerstoff, das Blut rauscht mir in den Ohren wie ein Wasserfall.

Dann sind wir endlich oben. Bleiben wir hier? Es wäre gut, wenn alles zu Ende wäre. Ich bin so müde und will nur noch schlafen. Aber das Pferd bleibt nicht stehen. Es steigt hinab, es trägt mich auf die andere Seite. Bedeutet sie Leben oder Tod? Es ist mir schon alles egal. Nur ankommen, Ruhe finden, am Ziel sein – für immer.

Plötzlich höre ich den Hufschlag des Pferdes nicht mehr. Ich wache auf, schaue mühsam um mich. Wir sind noch unterwegs, nur hat sich die Umgebung geändert. Wir schreiten über weiches Gras. Eine herrliche Landschaft tut sich auf, wie ein Garten, schön, belebend frisch. Der Glanz eines neuen Morgens liegt über dem Land, tropfnasser Tau zaubert einen Hauch von Leben über das Gras, die Blumen und die herrlichen Bäume.

Sind wir – sind wir auf der anderen Seite, ist dies das Paradies? Es ist wunderschön hier, der frische Atem dieses neuen Tages erquickt mich. Ich atme ganz neu, tief und ruhig. Dann schaue ich in die Weite, der Schimmer des Morgenrotes zeigt sich, obwohl es nicht richtig dunkel war. Es ist der Moment, kurz bevor die Sonne den Horizont durchbricht.

Da sehe ich ihn. Er steht genau inmitten der Strahlen der neuen Sonne. Es ist Jesus, er kommt mir entgegen, er schaut mich an mit Augen voller Liebe und Erbarmen. Bin ich bei ihm? Darf ich bei ihm bleiben?

Im Morgenlicht des neuen Tages sehe ich mich in seinen Augen: Eine armselige, schmutzige Gestalt tritt mir entgegen. Ich sehe mich selbst im Schmutz und Elend der vergangenen Jahre. Tränen des Schmerzes und der Reue füllen meine Augen, alles verschwimmt und so sehe ich nicht, wie das warme Licht der Liebe Gottes des Schmutz, den Schmerz und die Schande wegwischt, auslöscht, überflutet und für immer fortnimmt.

Ich rutsche von meinem Pferd, zerschlagen und ohne Kraft. Er fängt mich auf und nimmt mich in seine Arme. Wie gut das tut! Neues Leben durchströmt mich. „Gut gemacht!" Jesus tätschelt meinem Pferd den Rücken, es bläst ganz zutraulich Jesus mit seinen Nüstern ins Gesicht, als kennten sie sich schon lange. „Du hast Deine Sache wieder gut gemacht!" Das Pferd freut sich über das Lob seines Herrn.

„Er wird es wohl schaffen, es ist möglich, dass er durchkommt!" höre ich wie aus weiter Ferne, dann schlafe ich in den Armen Jesu ein, ein wohliger, guter und erfrischender Schlaf.

Zum Weiterdenken:
- Jesus steht an der Tür zwischen Leben und Tod.
  Nur er kann sie öffnen oder schließen.
- Wie stellen Sie persönlich sich diesen Übergang vor?
  Welches Bild würden Sie dafür verwenden?

Jesus Christus hat dem Tode die Macht genommen und das Leben und ein unvergängliches Wesen ans Licht gebracht durch das Evangelium.
(2. Timotheus 1,10)

20. Sonntag nach Trinitatis

Es ist dir gesagt, Mensch, was gut ist, und was der Herr von dir fordert, nämlich Gottes Wort halten und Liebe üben und demütig sein vor deinem Gott.
(Micha 6,8)

Der größere Gewinn

Zwei Brüder hatten eine gemeinsame Bergtour verabredet. Sie nahmen sich einen anspruchsvollen Weg vor, der lange Strecken durch einsame Hochtäler führte. Frühmorgens standen sie auf und wanderten los, als es noch dunkel war. Dann ging die Sonne hell strahlend auf und die Gipfel grüßten die Wanderer in frischer Pracht.

Bald wurde es heiß. Und als sich die zwei zur ersten Rast niederließen, bemerkte der eine, dass er vergessen hatte, Getränke in seinen Rucksack zu packen. „Das kann ja heiter werden", dachte er und schaute neidisch auf die Flasche, die sein Bruder auspackte.

Listig sagte er zu ihm: „Es ist doch schön, wenn zwei Brüder das miteinander teilen, was sie haben." Und als sein Bruder fröhlich nickte, fuhr er fort: „So können wir doch auch das Wasser teilen. Du bekommst die Flasche und ich den Inhalt."

Das war nicht ganz ernst gemeint, umso erstaunter war er, als sein Bruder sofort zustimmte, ihm die Flasche reichte, wartete, bis er sie ausgetrunken hatte, und dann das leere Gefäß wieder im Rucksack verstaute. Im Weitergehen schüttelte er den Kopf.

Aber sein Erstaunen verwandelte sich bald immer mehr in Wut über sich selber: Hätte er doch niemals diesen Handel vorgeschlagen!

Denn an jedem Brunnen, an dem sie vorbeikamen, füllte der Bruder seine Flasche. Und da sie immer wieder eine Wasserstelle fanden, hatte der ständig genug zu trinken bei sich, während er selbst immer nur dann einen Schluck bekam, wenn das erquickende Nass gerade sprudelte.

Zum Weiterdenken:
– Jeder Inhalt benötigt ein Gefäß. Sind Sie ein Gefäß?
  Was transportieren Sie darin?

Jesus spricht zur Samariterin: Gib mir zu trinken!
(Johannes 4,7)

Aber am letzten Tag des Festes trat Jesus auf und rief:
Wen da dürstet, der komme zu mir und trinke!
(Johannes 7,37)

Was lange währt …

Ein Bauer lebte mit seiner Familie weit oben in den Bergen in einem einsamen Dorf. Sein Leben war kärglich: Im Sommer trieb er seine kleine Herde Ziegen auf die Weide, von deren Milch er dann Käse herstellte, den er unten im Tal in der Stadt verkaufte.

Der einzige Trost war, dass er dieses Leben mit allen anderen Bewohnern des kleinen Bergdorfes teilte. Niemanden ging es besser, so fand man sich mit diesem harten Leben ab, stöhnte und seufzte ob seines Schicksals, aber fand sich letztlich resignierend darein, weil doch nichts daran zu ändern war.

Der Weg ins Tal war weit und mühsam. Frühmorgens mussten die Bauern los und spät abends kamen sie zurück. Der Pfad hinab war am beschwerlichsten, weil dann die knochigen Maultiere schwer beladen waren mit den dicken Käselaiben. Der Rückweg fiel leichter, obwohl es steil bergauf ging – nicht nur deshalb, weil die Last abgeladen war und die Tiere unbeschwerter gehen konnten, sondern weil ein Teil des Erlöses in Schnaps umgesetzt worden war.

Nur unser Bauer war anders. Er wollte sich das harte Leben nicht durch billigen Fusel erträglicher machen. Im Gegenteil, er machte sich das Leben noch schwerer. So zumindest dachten das die anderen Bauern aus seinem Dorf, die ihn wegen seines Handelns verspotteten.

Denn immer wenn er sich auf den Rückweg aus dem Tal machte, lud er seinen willigen Lastenträger voll mit einem Stoß Lehmziegel, die er sich für den Erlös des Käseverkaufs erstand. Und so mühsam und beladen, wie er mit seinem Maultier den Berg hinuntergestiegen war, so mühsam kroch er ihn auch wieder hinauf.

Wenn die anderen in seinem Dorf mitbekamen, wie er spät in der Nacht ins Dorf humpelte, während sie bereits den erfolgreichen Verkauf feierten, johlten sie zu seinem Empfang: „Man kann sich das Leben auch noch zusätzlich schwer machen!" Und sie schrien ihm ihren Spott hinterher: „Lastenträger, Steineschlepper, Ziegelkönig!" Für einen Tor, der nicht ganz richtig im Kopf war, hielten sie ihn.

So ging es viele Jahre. Der Haufen an Ziegeln hinter der Hütte des Bergbauern wurde immer größer. Bei jedem Weg hinab brachte er unbeirrt die nächste Ladung mit. Den Hohn und die Verunglimpfungen beachtete er einfach nicht.

Dann eines Tages – er war bereits nicht mehr der Jüngste – begann er mit diesen Ziegeln zu bauen. Das Gelächter verstummte und die Dorfbewohner standen betreten, als sie sahen, wie er sich aus den Lasten der vielen mühsamen Wege ein solides Zuhause baute – für sich und seine Familie.

Und während die anderen im Dorf weiterhin in ihren zugigen Bretterbuden hausten, wohnte der Bauer sicher und behaglich in seinem steinernen Haus, das er sich Stück für Stück zusammengetragen hatte. Die unzähligen schweren Aufstiege hatten sich gelohnt, aus vielen Einzelteilen hatte sich ein Ganzes ergeben, das ihn schützte und barg.

Zum Weiterdenken:
– Es kommt bei vielem im Leben darauf an, was am Ende daraus wird.

Wenn aber jemand auf den Grund baut Gold, Silber, Edelsteine, Holz, Heu, Stroh, so wird das Werk eines jeden offenbar werden. Der Tag des Gerichts wird's klar machen; denn mit Feuer wird er sich offenbaren. Und von welcher Art eines jeden Werk ist, wird das Feuer erweisen.
(1. Korinther 3,12–13)

21. Sonntag nach Trinitatis

Lass dich nicht vom Bösen überwinden, sondern überwinde das Böse mit Gutem.
(Römer 12,21)

Die Brille

Es sollte ein ganz besonderes Wochenende werden. Das Ehepaar hatte sich in einem teuren Hotel in einem vornehmen Touristenort eingemietet. Sie wollten einmal in die „ganz feine Welt eintauchen", wie er sagte. O ja, da war sie gleich dabei! Einmal die reiche Dame spielen, mit Noblesse, sich bedienen lassen, einmal prominent und wichtig sein – das war schon lange ihr geheimer Traum. Sie hatten sich extra einen teuren Wagen gemietet, mit dem sie standesgemäß vorfahren konnten, warfen sich in Schale und dann hatten sie den devoten Empfang im Hotel genossen, sich das Gepäck auf die Zimmer bringen lassen und sich in der Hotelhalle verhalten, als sei es ihre tägliche Umgebung, als seien sie es gewöhnt, dass andere Menschen für sie arbeiteten. Die Suite, die sie gemietet hatten, war luxuriös und großzügig eingerichtet. Alles vom Feinsten. Ja genau, so sollte es sein!

Der Mann bestellte als erstes beim Zimmerservice Champagner. Der Kellner war höflich und diskret. Dann wurden aus der Minibar einige Fläschchen Whiskey geleert, anschließend trank der Mann ein Bier und die Frau einen Wein, den sie sich wieder aufs Zimmer bringen ließen. Und so wurde fröhlich gefeiert, standesgemäß und selbstbewusst, genauso, wie sie es von Prominenten immer gelesen hatten. Großzügig gönnten sie sich ein paar Tage in Saus und Braus. Und wirklich: Jetzt hatten sie das Gefühl am Leben voll teilzuhaben, jemand zu sein. So hatte das Leben erst einen Sinn! Wunderbar. So konnte es ruhig immer bleiben. Warum auch nicht?

Am Abend gingen sie ins Restaurant und bestellten sich ein ausgiebiges 5-Gänge-Menü. Ein bisschen fielen sie auf, da sie etwas zu laut und zu betont vornehm waren – oder besser: taten. Aber die Bedienung ließ sich nichts anmerken, sondern bewirtete sie mit ausgesuchter Höflichkeit. Das Trinkgeld war trotzdem mager.

Und so ging es weiter. Das Wochenende war ein einziges Schwelgen in Luxus und Wohlstand. Sie bewiesen es sich bis in alle Einzelheiten, dass sie sich das leisten konnten und dass es in Wirklichkeit ihr eigentliches, ihr richtiges Leben war. So stellten sie sich das vor und tauchten ganz ein – vergessen der Alltag, die Sorgen, die Banalität.

Dann am Sonntagmorgen kam die Ernüchterung. Nein, es war nicht die Rechnung – sie hatten sich auf einen hohen Betrag eingestellt. Aber als der Mann noch ein letztes Mal nach dem Zimmerkellner läutete, dieser eintrat und nach ihrem Wunsch fragte, bestellte er wiederum eine Flasche Champagner. Besser: Er wollte ein Flasche Champagner bestellen, doch der Kellner sagte zur großen Überraschung des Ehepaars: „Nein!" Er bot ihnen doch glatt Selters oder Mineralwasser an und wies auf die große Auswahl an Fruchtsäften hin, aber Champagner konnte er keinen mehr bringen. Und begründete seine Weigerung nicht einmal. Das Ehepaar war völlig sprachlos. Ja geradezu entsetzt. Wie konnte das sein? Wie konnte ausgerechnet ihnen so etwas passieren? Eine Unverschämtheit!

Das „Nein!" genügte, um den Mann in Wut zu bringen. Das „Nein!" hatte ihn in die Wirklichkeit zurückgeholt, eine Wirklichkeit, die er jetzt nicht wahrnehmen wollte, eigentlich nie mehr wahrhaben wollte. Das einfache „Nein!" eines einfachen Kellners hatte ihnen ihre Grenzen aufgezeigt und das erfüllte sie mit Wut und Aggression. Sie wollten und konnten diese Grenze nicht akzeptieren, dadurch wäre das ganze Wochenende verdorben, der Lebenstraum zerplatzt und das Kartenhaus einer eingebildeten Vornehmheit eingestürzt. Das war unmöglich!

„Wir werden ihnen schon zeigen, dass wir am längeren Hebel sitzen. Wir sind hier schließlich die Gäste, also haben wir auch ein Recht darauf, uns so zu benehmen; wir haben schließlich alles bezahlt", wütete der Mann und die Frau pflichtete ihm bei. Und in ihrem gekränkten Stolz verwüsteten sie das noble Zimmer, dass es aussah, als hätte eine Bombe eingeschlagen.

„Sie sollen sehen, das man so nicht mit Gästen umgeht", sagte der Mann erschöpft, als er sein Werk begutachtete. Und die Frau setzte noch eines oben drauf, indem sie auf die Schreibtischplatte schrieb: „Ihr seid ein mieses, billiges und drittklassiges Hotel!"

Dann hatten sie sich wieder gefangen, packten ihre Sachen, begaben sich zur Rezeption und bezahlten. Im Foyer spielten sie wieder die vornehmen Herrschaften und kicherten vor sich hin, wenn sie daran dachten, welche Augen das Zimmermädchen und dann sicher auch die Hotelleitung machen würden, wenn sie in die Suite kommen würden.

So beluden sie ihr großes Auto und fuhren los. Erst nach einiger Zeit fiel dem Mann plötzlich auf, dass er seine Brille hatte liegen lassen. Er wusste sogar noch recht genau, wo: Sie lag auf der Ablage im Bad. In all dem Durcheinander war ihm nicht aufgefallen, dass er sie dort vergessen hatte. Die Frau wurde blass. Was sollten sie tun? Wieder umkehren, wieder im Hotel vorsprechen und nach der Brille fragen? Dort hatten sie inzwischen bestimmt das Chaos entdeckt!

Aber es blieb ihnen nichts anderes übrig. Die Brille war zu teuer, um sie nun dem Hotel zu überlassen, sie mussten zurück.

Kleinlaut sprachen sie an der Rezeption vor und fragten nach dem liegengebliebenen Gegenstand. Sie erwarteten Vorwürfe, Anklagen oder eine eiskalte Abfertigung.

Nichts von alledem geschah. Die Empfangsdame griff unter die Theke und holte lächelnd die verlorene Brille. „Bitte sehr, wir haben sie gefunden, als wir ihr Zimmer in Ordnung gebracht haben." Kein Vorwurf? Kein Rausschmiss? Nur Freundlichkeit. Beschämt verließen sie das Hotel.

Jesus sagt: Siehe ich mache alles neu!
(Offenbarung 21,5)

22. Sonntag nach Trinitatis

Bei dir ist die Vergebung, dass man dich fürchte.
(Psalm 130,4)

Die sinnvolle Beschäftigung

Lukas war ein sehr beschäftigter Mann, überaus erfolgreich in seinem Beruf und weit oben auf den Sprossen der Karriereleiter. Aber seine hohe und gut dotierte Stellung hatte einen Nachteil: Er hatte keine Zeit. Doch, natürlich hatte er Zeit, aber die Zeit, die ihm zur Verfügung stand, steckte er eben fast ausschließlich in seine Arbeit. Von morgens bis abends war er in seiner Firma und auch die Wochenenden verbrachte er mit Besprechungen, Präsentationen und Konsultationen.

Zuhause wohnte seine 17-jährige Tochter Melissa. Sie war tagsüber oft allein, denn auch ihre Mutter ging einem Beruf nach, der sie sehr beanspruchte. So wuchs Melissa ohne ihre Eltern auf und es wusste gar nicht, was Familienleben bedeutete. Sie konnte sich gut selber beschäftigen. Aber in ihrem Herzen war an dem Platz, der für Vater und Mutter vorgesehen war, nur ein leerer Raum. Und so fühlte sich Melissa zuweilen ohne wirkliches Zuhause, ungeborgen, verlassen und nicht geliebt.

174

Wenn sie alleine war, weinte sie oft – aber niemand merkte es. Niemand kümmerte sich wirklich um das Kind. So wuchs in der Tochter langsam der Gedanke, dass sie sich eines Tages auf den Weg machen wollte, um für sich selbst eine Heimat zu suchen, ein Zuhause, in dem sie sich wohl fühlen könnte, wo sie Geborgenheit und Wärme erfahren würde. Irgendwann würde sie das Elternhaus verlassen und sich ihr eigenes Nest suchen.

Der sehr beschäftigte Vater hatte immer mehr zu tun. Er kam kaum noch hinterher, Dinge blieben unerledigt. Da kaufte sich Lukas ein Buch, in dem Ratschläge zu finden waren, wie man seine Zeit intensiver nutzen konnte. So beschäftigte sich der beschäftigte Mann nun zusätzlich mit der Frage, wie er noch mehr tun konnte.

Der Ratgeber griff grundsätzliche Fragen auf und brachte auch Beispiele. So las Lukas am Abend in seinem einsamen Büro, während die anderen Mitarbeiter bereits nach Hause gegangen waren, um den Abend bei ihren Familien zu verbringen, von einem einsamen Mädchen, das sich nach ihren Eltern sehnte:

„Sie war tagsüber oft allein, denn auch ihre Mutter ging einem Beruf nach, der sie sehr beanspruchte. So wuchs sie ohne ihre Eltern auf und wusste gar nicht, was Familienleben bedeutete. Sie konnte sich gut selber beschäftigen. Aber in ihrem Herzen war an dem Platz, der für Vater und Mutter vorgesehen war, nur ein leerer Raum. Und so fühlte sie sich zuweilen ohne wirkliches Zuhause, ungeborgen, verlassen und nicht geliebt.

Wenn sie alleine war, weinte sie oft – aber niemand merkte es. Niemand kümmerte sich wirklich um das Kind. So wuchs in der Tochter langsam der Gedanke, dass sie sich eines Tages auf den Weg machen wollte, um für sich selbst eine Heimat zu suchen, ein Zuhause, in dem sie sich wohl fühlen könnte, wo sie Geborgenheit und Wärme erfahren würde. Irgendwann würde sie das Elternhaus verlassen und sich ihr eigenes Nest suchen."

Der Mann hielt inne. Eine innere Stimme verschaffte sich Gehör: Das war ja sein eigenes Kind! Das, was hier stand, hätte genauso von seiner eigenen Tochter stammen können! Auf einmal überkam ihn eine unerklärliche Angst, dass er etwas versäumt hatte. Er spürte plötzlich seine eigene Einsamkeit und gleichzeitig das Alleinsein seiner Tochter. Eilig riss er den Mantel vom Haken, schnappte sich seine Tasche und verließ so schnell sein Büro, dass er vergaß, das Licht auszumachen. Das würde morgen einen Tadel geben! Aber Lukas hatte jetzt nur noch eines im Sinn: Er musste zu Melissa, musste ihr sagen, dass er ihr Vater war, dass er sie lieb hatte und dass er nachholen wollte, was er versäumt hatte. Sein Leben kam ihm auf einmal so leer vor, seine Beschäftigung so sinnlos. Hatte er am eigentlichen Leben vorbei gelebt?

Als er zuhause ankam und die Tür zu seiner Wohnung aufstieß, war es dunkel. Keine Menschseele! Er schaute in das Zimmer seiner Tochter, es war leer. Ihre Schultasche war fort, ihr Mantel hing nicht mehr an der Garderobe. Zu spät!

Lukas war verzweifelt. Er hatte seine Tochter um kurze Zeit verpasst, er war ein klein wenig zu spät zur Besinnung gekommen!

Hilflos rannte er hinaus, er rannte durch die Straßen der Stadt, ob er seine Tochter irgendwo wiederfinden würde. Als Vater hatte er versagt, es war nie wieder gut zu machen – diese Erkenntnis traf ihn schlagartig.

Am Bahnhof suchte Lukas nach Melissa, aber die Leute schauten ihn nur belustigt an, wie er mit wirrem Haar und offenem Mantel umherhastete. Sie dachten wohl, er hätte zu viel getrunken: typisch, ein Manager mit Schlips und Anzug, der unter der Last der Verantwortung zusammengebrochen ist und nun ausflippt!

Aber das machte ihm nichts mehr aus. Nun war er beschäftigt, seine Tochter zu finden, eine heilige, eine gute, eine wichtige Beschäftigung. Die wichtigste Beschäftigung seines Lebens! Aber er fand sie nicht, in dieser Sache blieb der erfolgreiche Mann erfolglos.

Müde und erschöpft kehrte er heim. Verzweifelt und traurig setzte er sich, ohne Licht zu machen, in seinen Sessel im Wohnzimmer. Er schluchzte und Tränen rannen über seine Wangen. Er war ein Versager, ein erfolgreicher Versager!

Und wie er so da saß und weinte, spürte er eine Hand, die nach seiner Schulter tastete. „Papa", hörte er die Stimme seiner Tochter. „Papa, bist du es?" Er zuckte zusammen und machte Licht. Da sah er Melissa mit verschlafenem Gesicht, wie sie unter einer Decke auf dem Sofa hervorkrabbelte. Ungläubig schaute er sie an, als sei sie ein Gespenst, allmählich nur gewöhnten sich seine Augen an das Licht. „Papa, was ist los? Warum weinst du?"

Langsam fing sich Lukas. „Was machst du hier", fragte er stockend. „Sei mir nicht böse, Papa. Wenn ich allein bin, dann lege ich mich immer hier hin. In meinem Zimmer fühle ich mich so einsam. Hier mache ich auch meine Hausaufgaben, da ich euch dann in der Nähe weiß" – und sie wies auf die beiden Fotografien von ihren Eltern an der Wand. Richtig, dort stand auch ihr Schulranzen und über der Lehne hing ihr Anorak. Sie musste wohl gleich nach der Schule hierher gekommen sein.

Und der viel beschäftigte Vater sah im Gesicht seiner Tochter die unendliche Einsamkeit. Trauer und eine neue Woge des Schmerzes und des Versäumnisses stiegen in ihm hoch. Er stürzte zu seiner Tochter und nahm sie in die Arme.

„Melissa", sagte er nur, aber so wie er es aussprach, lag darin schon ihr neues Zuhause.

Zum Weiterdenken:
– Vergebung gibt ein neues Zuhause, wem vergeben wird,
  der kommt endlich heim.

Als er aber noch weit entfernt war, sah ihn sein Vater und es jammerte ihn; er lief und fiel ihm um den Hals und küsste ihn.
(Lukas 15,20)

23. Sonntag nach Trinitatis

Dem König aller Könige und Herrn aller Herren, der allein Unsterblichkeit hat, dem sei Ehre und ewige Macht!
(1. Timotheus 6,15.16)

Auf die Ernte kommt es an

Zwei Pfarrer sind befreundet. Da ihre Wirkungsstätten aber weit entfernt voneinander liegen, treffen sie sich nur gelegentlich. Wenn dann der eine den anderen besucht, machen sie einen Spaziergang in der Umgebung und unterhalten sich über ihre Arbeit.

So ist es auch diesmal. „Meine Arbeit frisst mich auf", klagt der eine Freund dem andern, „ein Termin jagt den nächsten. Ich komme nicht zur Ruhe und zum Überlegen, wo ich meine Schwerpunkte setzen möchte. Der Alltag ist zu übermächtig, in meiner Gemeinde geht alles seinen gewohnten Gang. Will ich einmal etwas Besonderes tun, habe ich entweder nicht die Zeit dazu, oder die Gemeindeglieder stellen sich quer und machen nicht mit. Es ist alles so durchschnittlich und normal!"

Dem anderen geht das Jammern seines Freundes allmählich auf die Nerven: „Jetzt stopp mal, das kann man sich ja nicht anhören. Du machst es falsch! Schau an, wie ich es mache: Ich habe mich entschlossen, ich mache das Besondere! Ich habe mir einige Bücher gekauft und gelesen und mir einige Ziele aufgeschrieben, die ich erreichen möchte. Es gibt ja viele gute Beispiele von hervorragenden Gemeinden. Meine soll dazu gehören. Ich verweigere ab sofort das Normale und orientiere mich an den Gemeinden, die einen Spitzen-Standard haben."

Auf einmal sind sich die beiden Freunde mitten im schönen Wald eines herrlichen Frühlings-Sonnentages nicht mehr grün. Sie bekommen sich über ihre Arbeit in der Gemeinde in die Haare. Der eine sagt: „Ich gebe mich nicht mehr mit dem durchschnittlichen Alltag ab und mache nur noch das Besondere!" Der andere hält dagegen und behauptet: „Das geht nicht! Du treibst Deine Gemeinde in den Ruin – und dich dazu!"

Wütend, wortlos und innerlich kochend marschieren die beiden Freunde heim, vorbei an den Feldern, auf denen der Bauer gerade den Boden zur Bearbeitung vorbereitet und pflügt. Er hat viel zu arbeiten und obwohl noch nichts davon zu sehen ist – es ist ja zeitiges Frühjahr –, hofft er auf eine gute Ernte und arbeitet dafür.

Dabei kommt dem einen Freund eine Idee, er bleibt stehen: „Du, wir können uns ja in zehn Jahren wieder treffen und vergleichen, was aus unserer Arbeit geworden ist, dann werden wir ja sehen." „Ach was, in zehn Jahren", erwidert der andere, „fünf Jahre genügen mir und du wirst sehen, ich bin ganz oben!" Also verabreden die beiden Pfarrbrüder, dass sie sich in fünf und in zehn Jahren wieder treffen, um zu sehen, was aus ihnen und ihren Gemeinden geworden ist.

Der eine fährt heim, holt seine Pläne aus der Schublade und beginnt sie umzusetzen. Mit gewaltigen Maßnahmen verändert er seine Gemeinde. Er arbeitet Tag und Nacht an der Umsetzung seiner Ideen, viele Ausschüsse werden gebildet, Sitzungen einberufen. Wo Veränderungsmaßnahmen nicht auf die sanfte Tour möglich sind, wird Druck eingesetzt oder manipuliert. Größere Neuerungen heben die Gemeinde aus den Niederungen des Durchschnitts und kontinuierlich wird diese Arbeit immer bekannter. Die entsprechenden Zeitschriften berichten bald über die erfolgreiche Arbeit, sie wird zum Modell für andere Gemeinden und der Pfarrer ist auf vielen Konferenzen ein begehrter Redner. Er ist nun etwas Besonderes und die Menschen, die ihre Gemeinde alltäglich und normal erleben schauen zu ihm auf und bewundern ihn.

Der andere Pfarrer müht sich weiter mit dem Alltag seiner Gemeinde. Aber er tut das Normale mit immer mehr Hingabe und Nachdruck. Er weiß: Gott ist nicht ein Gott des Außergewöhnlichen, nein, er ist dem Kleinen und Schwachen nahe und unterstützt die, die in Treue ihren Weg gehen. Das predigt und lehrt er immer und immer wieder. Die Gemeindeglieder spüren die Entlastung, atmen auf und werden langsam mehr zu dem, was sie sind: ganz normale, durchschnittliche Menschen.

Schnell vergehen die fünf Jahre. Die beiden ehemaligen Freunde treffen sich zum verabredeten Zeitpunkt. Stolz präsentiert der eine seine Erfolge: „Es ist doch möglich, das Gewöhnliche zu durchbrechen. Wir waren eine ganz normale Gemeinde, aber jetzt sind wir etwas Besonderes! Alle reden von uns und nehmen uns als Beispiel!" Er zieht die vielen Berichte und Zeitungsartikel aus seiner Aktentasche. Ja, er ist etwas geworden, er ist begehrt und nicht mehr nur der Nullachtfünfzehn-Pfarrer! Man sieht es ihm an – so wie er dasteht, mit Schlips und Anzug verkörpert er den Erfolg. Er ist nicht mehr der Pfarrer, der unter seiner Gemeinde leidet und sich mühsam durch den gewöhnlichen Alltag seiner Gemeinde quält. „Natürlich war es harte Arbeit, aber die hat sich gelohnt! Wie bei diesem Feld", sagt er lachend und zeigt auf das Feld, auf dem Halm an Halm steht, gewachsen und gereift in der Hitze des Sommers.

Der andere hat nichts vorzuweisen: „Ich habe dir doch gesagt, dass ich zehn Jahre brauche, fünf Jahre sind zu kurz. Wir haben kleine Fortschritte gemacht. Meine Gemeindeglieder fangen an, sich füreinander zu interessieren und sie reden langsam miteinander. Die Gemeinschaft wächst nur sehr langsam, aber dafür sind unsere Beziehungen schon tiefer und echter geworden, aber das braucht Zeit. Wir wollen schließlich in die Tiefe wachsen, damit wir wirklich Frucht bringen könne. Nicht so wie bei diesem Feld." Bei diesen Worten zieht er eine Getreideähre aus dem Boden. Sie hat kaum Wurzeln. Durch das trockene Frühjahr und den heißen Sommer sind die Ähren zwar schnell gewachsen, aber sie haben kaum Getreidekörnchen ausgebildet. „Schau mal hier, alles leer und hohl, nur Spelzen, aber kein Weizen."

Dann, nach zehn Jahren, treffen sie sich wieder. Der eine macht einen müden und resignierten Eindruck, diesmal kommt er ohne Krawatte. „Wir haben in unserer Gemeinde einen schlimmen Krach gehabt, es gab viele Schwierigkeiten. Eine große Gruppe meiner Gemeindeglieder ist ausgetreten. Danach ist die blühende Gemeindearbeit zusammengebrochen. Man will nun sogar, dass ich die Gemeinde verlasse. Dabei habe ich mich so eingesetzt!" Der Pfarrer ist ganz verzweifelt und den Tränen nahe. Er erinnert sich daran, was sein Freund vor fünf Jahren gesagt hat und zeigt auf das Weizenfeld. Ein Gewitter mit Sturm und Hagel hat die stolzen Halme zu Boden geworfen, das Feld sieht wüst und unordentlich aus, die Getreidekörner haben sich mit der Erde vermischt. Das wird keine gute Ernte geben! Mit Tränen in den Augen verweist er auf das Feld: „So ist es mir auch gegangen", bekennt er, „die ganze Arbeit war umsonst!"

Sein Freund legt ihm den Arm um die Schultern. Er ist nicht überheblich und stolz, als er nun von sich erzählt: „Wir haben es geschafft, langsam ist aus unserer Gemeinde etwas geworden. Es war mühsam und wir sind immer noch eine ganz normale Gemeinde. Aber wir sind es gern. Niemand von außerhalb interessiert sich für uns, kein Reporter schreibt einen Bericht über unsere tollen Gemeinde-Events, aber wir interessieren uns füreinander. Die Anteilnahme aneinander und das Miteinander ist so gut geworden, dass wir gern zusammen sind. So ist mit der Zeit jeder Alltag zu einem Sonntag geworden. Wenn wir uns treffen und uns begegnen, ist es immer etwas Besonderes. Schau, bei uns war es wie bei diesem Maisfeld." Dabei verweist der Pfarrer auf das Feld, das neben dem verhagelten Getreide liegt. „Der Weizen ist fast schon reif und fertig zur Ernte, da sehen die Maispflänzchen immer noch klein und kümmerlich aus. Man denkt, dass sie es nie bis zur Reife schaffen. Aber ich weiß, im Herbst steht hier ein dichter Wald großer, mächtiger Maispflanzen und die Kolben glänzen golden zwischen den dicken Halmen."

Beiden ist klar, als sie schweigend und nachdenklich miteinander weitergehen: Es kommt nicht auf die Arbeit und den Einsatz an, sondern auf die Ernte.

Zum Weiterdenken:
– Die eigene Ehre ist sehr vergänglich, die Ehre Gottes währt ewig.
– Wer Unvergängliches sucht, der ehrt Gott.

Ich bin das A und das O, der Erste und der Letzte, der Anfang und das Ende.
(Offenbarung 22,13)

Mit Freuden sagt Dank dem Vater, der euch tüchtig gemacht hat
zu dem Erbteil der Heiligen im Licht.
(Kolosser 1,12)

Die besondere Gabe

Rita hatte von Gott die Gabe der Beobachtung bekommen. Nein, nein, nicht dass Sie denken, Gott hätte ihr ganz besonders scharfe Augen gegeben, im Gegenteil, sie benötigte eine Brille. Aber sie „sah", was dahinter lag. Sie sah mit ihrem Herzen, das war ihre Gabe!

Wenn Rita irgendwo hinkam, dann spürte sie, „was Sache war", betrat sie einen Raum, so konnte sie ziemlich schnell herauszufinden, was hier vor sich ging. Wenn es eine Schwierigkeit gab, stellte sie es fest. In kurzer Zeit konnte sie entdecken, warum etwas nicht klappte.

Nur – das Problem war: Niemand wollte ihre Beobachtungen wissen. Wenn Rita den Menschen erklären wollte, was sie sah und wahrnahm, wandten sie sich ab. Die Wahrheit war ihnen zu unbequem.

Entweder sie stempelten sie als Lügnerin ab oder sie sagten mit einem Schmunzeln: „Nun übertreibe mal nicht so!" Andere begannen zu diskutieren und erklärten ihr, warum ihre Analyse so nicht stimmen konnte. Dann gab es auch Leute, die ihr aus dem Weg gingen. Für sie war sie nur die Pessimistin, der Miesepeter, der hinter allem den Pferdefuß entdeckte und ihnen die Stimmung verdarb.

So kam es, dass Rita ziemlich einsam war. Ihre Gabe, die ihr doch Gott gegeben hatte, wollte niemand in Anspruch nehmen. Das bekümmerte sie, sie wusste doch, dass Gott seine Gaben dazu vergibt, damit sein Reich gebaut wird, und sie dachte: „Wie gut wäre es doch, wenn die Menschen aus meinen Beobachtungen die nötigen Rückschlüsse ziehen, Veränderungen vornehmen und weiterkommen konnten!"

Rita begann, sich christlichen Gruppen-Leitern zu empfehlen, weil sie dachte, dass diese am ehesten an ihren Erkenntnissen und Beobachtungen interessiert sein mussten. Aber zu ihrer großen Enttäuschung musste sie feststellen, dass gerade sie von der Wahrheit auch nichts wissen wollten. Zu sehr waren sie dabei, ihre eigenen Entwürfe von der Wirklichkeit zu konstruieren, sie wollten nicht, dass sie dabei hinterfragt und gestört wurden.

Verstrickt in ihre Visionen und Vorstellungen, ließen sie keinen anderen Blickwinkel zu.

Schließlich bot Rite ihre Dienste verschiedenen Mitarbeiterkreisen an. Sie luden sie auch gern ein. Es war gut, einmal von einem anderen Blickwinkel zu hören, eine neue Sichtweite zu erleben. So nahm die Frau wahr, dass viele Menschen in ihre Vorträge kamen und sie wegen der tiefen Wahrheit ihrer Worte bewunderten. Und dennoch: Es veränderte sich nichts. Ihre Gedanken wurden danach beurteilt, ob sie zu einem spannenden Abend verhalfen. Es war wichtiger, wie sie etwas sagte, als was sie sagte. Die Menschen lauerten darauf, dass sie treffende Wahrheiten aussprach, und sie waren vor allem dann begeistert, wenn sie die anderen betrafen und man sich selbst genüsslich die Hände reiben konnte: „Da hat sie es ihnen aber gegeben!"

Bald verlor Rita die Freude an ihrem Dienst, weil sie den Eindruck hatte, dass ihre Gabe vorgeführt wurde wie ein alter Löwe im Zirkus.

Zu guter letzt begann die junge Frau, ihre Beobachtungen aufzuschreiben. Mehrere Bücher in klarer Sprache und mit eindeutigen Aussagen schrieb sie. Rita wollte die Menschen wachrütteln und konfrontieren. Sie wollte ein Nachdenken provozieren und ihnen helfen, selbst die Dinge zu bewerten, indem sie sie zu einer neuen Sichtweise führte. Doch auch hier musste Rita wieder enttäuscht erleben, dass ihre Werke nicht gefragt waren. Die Verleger sagten daraufhin: „Das können wir nicht verkaufen. Das wollen die Leute nicht lesen, es fehlt in Ihren Büchern an Spannung und Abenteuer. Sie müssen Ihre Botschaft in eine ansprechende Handlung verpacken, dann kommt sie vielleicht an."

Verzweifelt und traurig wollte Rita ihre Gabe an Gott zurückgeben. Sie haderte mit ihrem Schicksal und kam sich nutzlos und überflüssig vor. War denn die Wahrheit nirgends mehr gefragt? Sie war doch zu einem seltenen und kostbaren Gut geworden, und trotzdem gab es niemanden, der sie hören wollte?

Wirklich niemand?

Verzagt und enttäuscht gab Rita auf und zog sich auf einen kleinen Hof im Grünen zurück. Es verging einige Zeit, man schien sie schon vergessen zu haben, da klopfte jemand an ihre Tür. Eine junge Erzieherin trat ein und stellt sich vor. Ja, sie habe vor Jahren einen ihrer Vorträge gehört, hatte sich aber damals in der Menge nicht getraut, sie anzusprechen. Sie suche Rat und wollte fragen, ob Rita ihr helfen könne.

Rita hörte zu, hakte nach, hatte Vorschläge und Ideen. Zufrieden zog die Erzieherin am Nachmittag wieder ihrer Wege.

Als hätte sie den ersten Anstoß gegeben, kamen ab jetzt immer mal wieder Ratsuchende zu dem entlegenen Hof.

Es waren oft verstörte, irritierte und verzweifelte Menschen, die bei ihr vorsprachen und sie um die Wahrheit baten. Sie kamen einzeln, aber mit einer großen Sehnsucht im Herzen. Sie waren ausgelaugt und sehnten sich nach einem Wort, dass sie aus Traum und Trug erlöste. Rita sprach mit ihnen, hörte geduldig zu und half, dass die Menschen selbst eine Lösung fanden. Und dabei öffneten sich ihre Augen, als Sehende gingen sie von ihr, glücklich, befreit, mit einem neuen Blick für die Wirklichkeit. Einige gaben ihren Namen nicht preis, andere kamen bei Nacht. Aber das Bedürfnis nach der Wahrheit war da. Und Rita konnte diesen Menschen das mitteilen, was sie sah. Sie wusste nicht, was sie mit ihren Erkenntnissen machten, sie merkte nur, dass sie ihre Worte auch dann begierig aufnahmen, wenn sie hart waren, ja dass sie auch dann nach Klarheit lechzten, wenn sie weh tat.

Zunehmend verstand sie, dass ihre Gabe nicht für die große Öffentlichkeit bestimmt war, dass sie sie nicht auf dem Markt feilbieten und damit groß herauskommen konnte. Es wurde ihr klar, dass es eine verborgene Begabung blieb, die wie ein unterirdischer Fluss strömte und das Land von unten her bewässerte. Rita hatte es nicht in der Hand, was aus ihrer Gabe wurde, Gott war als Geber dafür verantwortlich. Das war die harte Wahrheit, die sie erkennen musste. Und doch auch so entlastend.

Zum Weiterdenken:
– Wirklich erfolgreich ist der Mensch, der sich Schätze im Himmel erarbeitet und all sein Kapital in die Ewigkeit einzahlt.

Dient einander, ein jeder mit der Gabe, die er empfangen hat,
als die guten Haushalter der mancherlei Gnade Gottes.
(1. Petrus 4,10)

Siehe, jetzt ist die Zeit der Gnade, siehe, jetzt ist der Tag des Heils.
(2. Korinther 6,2)

Der Weltuntergang

Michael hat große Probleme. Ein riesiger Schuldenberg hat sich aufgehäuft, in seiner Familie gibt es oft Streit und im Beruf läuft nichts so, wie es sollte.

„Ach, wenn doch jetzt die Welt unterginge", denkt er „dann wäre ich alle Sorgen los!"

„Gut", sagt da Gott zu ihm, „du darfst den Zeitpunkt für das Weltende bestimmen. Wenn du es sagst, werde ich die Welt untergehen lassen."

Der Mann erschrickt. Sollen seine Probleme der Auslöser dafür sein, dass alles aus ist? Er schaut zum Fenster hinaus und sieht, wie Kinder auf der Straße spielen. Soll es für sie keine Zukunft mehr geben? Er denkt an seine erwachsenen Kinder, die gerade ihre eigene Existenz aufgebaut haben. Und erinnert sich, wie sein Sohn für den Schulabschluss gebüffelt und die Tochter mühsam um eine Ausbildungsstelle gekämpft hat. Sollte das umsonst gewesen sein?

Michael sieht, wie die junge Frau aus dem Nachbarhaus auf die Straße tritt. Sie ist schwanger. Im Stockwerk darüber lehnt sich die alte Frau Mestermeier aus dem Fenster, glücklich, dass sie nach einer langen Krankheit endlich wieder die Sonnenstrahlen genießen kann.

Seufzend wendet sich Michael wieder seinen Rechnungen zu, die er nicht bezahlen kann. Seine Sorgen sind wirklich erdrückend und seine Zukunft sieht düster aus.

Aber rechtfertigt das ein Ende für alle? Und nach welchen Kriterien soll er Gott anweisen, den endgültigen Schlussstrich zu ziehen? Genügen *seine* schwierigen Lebensumstände? Ist das Elend der Welt ausreichend, von dem er im Fernsehen erfährt? Sind die Worte der Politiker und Unheilspropheten, die eine Weltuntergangstimmung hervorrufen, ausreichend, um Gott zu bitten, den letzten Schritt zu tun?

„Nein, Herr", sagt der Mann, „nimm diese Last von mir. Entscheide du, wie du es für richtig hältst. Ich weiß nicht, wann der richtige Zeitpunkt gekommen ist." Und Gott nimmt die Bürde dieser Entscheidung von ihm. Befreit und unendlich viel leichter geht er wieder an sein schwieriges Werk.

Siehe, ich komme bald und mein Lohn mit mir,
einem jeden zu geben, wie seine Werke sind.
(Offenbarung 22,12)

Der erzwungene Erfolg

Der Schriftsteller hatte sein neuestes Werk in Händen. Er war stolz auf seinen Roman, den er mit viel Einsatz von Zeit geschrieben hatte. Er sah sich schon als erfolgreicher Autor, vielleicht sogar der gefeierte Urheber eines Bestsellers? In den kommenden Wochen waren die Listen mit den Topsellern in einer Fachzeitschrift für Literatur das besondere Ziel seines Interesses. Er lauerte darauf, dass sein Buch hier unter den zehn bestverkauftesten Titeln auftauchen würde. Aber Woche um Woche verging, ohne dass sein Buch auch nur erwähnt wurde.

Der Schriftsteller wurde immer mürrischer, zog sich zurück und magerte zusehends ab. Die Welt wollte ihm den gewissen Erfolg versagen, also hatte sie ihn auch nicht verdient!

Seine Freunde beobachteten diese Entwicklung mit Besorgnis – und sie entwickelten einen Plan, der ihm wieder die alte Lebensfreude und Schaffenskraft geben sollte. Gleich nach Erscheinen besorgten sie sich die Literaturzeitschrift, sie scannten die Seite mit den Top Ten ein und veränderten am Computer die Aufstellung so, dass nun – ganz echt – das Buch ihres Freundes in dieser Liste auftauchte. Alles war so perfekt gemacht, dass dem Schriftsteller die Fälschung nicht auffiel.

Der fiel aus allen Wolken, als er den ersten Blick auf diese Seite tat. Tatsächlich, es war geschehen, sein Buch wurde unter den zehn Besten geführt. Er kannte vor Glück und Freude keine Grenze, tanzte und tobte durch seine Wohnung, umarmte jeden, der ihm über den Weg lief, und war ein veränderter Mensch.

Der Schriftsteller schnitt die Auflistung aus und zeigte sie jedem – auch seinem Buchhändler, der sich verwundert die Augen rieb und die Fälschung auffliegen ließ.

Er war seinen Freunden nicht böse, hatten sie es doch nur gut mit ihm gemeint. Er erkannte seine Abhängigkeit von menschlichen Meinungen und dem Kitzel des Erfolgs. Von jenem Tag an warf der Schriftsteller keinen Blick mehr auf die Aufstellung der besten Bücher. Er war jetzt ein Mensch, enttäuscht im wahrsten Sinne des Wortes, aber dadurch endlich unabhängig von allem äußeren Erfolg und der Anerkennung der Menschen! Er wusste, dass er sich mit seinem Roman sehr zufrieden fühlte, das Buch hatte einfach Klasse und das genügte ihm. So bekam er gar nicht mit, als ein paar Wochen später tatsächlich sein literarisches Werk – ganz von selbst und ohne fremdes Zutun – unter den Besten auftauchte.

Zum Weiterdenken:
– Auch mit viel gutem Willen können wir vieles nicht selber machen – es muss werden.

Wer sich rühmt, der rühme sich des Herrn!
(1. Korinther 1,30)

Wir müssen alle offenbar werden vor dem Richterstuhl Christi.
(2. Korinther 5,10)

Lügen haben lange Beine

Das Jungscharlager hatte vergnügt und fröhlich begonnen. Die etwa 50 Jungen und Mädchen hatten mit großer Begeisterung ihre Zelte bezogen, die für die nächsten zwei Wochen ihr Zuhause sein sollten. Der nahe See bot viel Anreiz zu vergnüglichen Stunden, zumal die Freizeit ein herrliches Wetter überstrahlte. Es waren zahlreiche Unternehmungen geplant, abenteuerliche Geländespiele und sportliche Wettkämpfe, herausfordernde Unternehmungen und entspannende Stunden am Strand. Abends saßen die Jugendlichen am Lagerfeuer, hörten Geschichten und sangen. Sie waren schnell zu einer fröhlichen Gemeinschaft zusammengewachsen.

Dann kam die Geschichte mit der Katze. Auf einer Wanderung entdeckten ein paar der wildesten Jungen im Straßengraben eine kleine Katze. Sie war in einem jämmerlichen Zustand, abgemagert, dreckig und sie miaute kläglich. Den rauen Burschen ging das ans Herz, sofort beschlossen sie, das arme Tier zu retten. Sie wurde behutsam in einen Pullover gewickelt und vorsichtig ins Zeltlager getragen.

Dort erbot sich ein Junge, der sonst der vorlauteste war, die Pflege für die Katze zu übernehmen. Mit rührender Hingabe versorgte er sie, holte ihr aus dem Verpflegungszelt Milch und andere Leckereien, wusch sie mit warmen Wasser – was in einem Zeltlager gar nicht üblich ist -, bürstete und streichelte sie. Nachts durfte das Tier in seinem Schlafsack schlafen.

Alle Jugendlichen nahmen regen Anteil am Ergehen ihres Findlings, er wurde verwöhnt und gehätschelt. Aber es nützte alles nichts. Nach drei Tagen starb das kranke Tier. Bittere Tränen flossen, selbst die rauen Kerle, die so schnell nicht zu erschüttern waren, trauerten herzlichst um ihr Pflegekind.

Dann aber erwachte ein schlimmer Verdacht. Konnte es sein, dass die verwilderte Katze an Tollwut gestorben war? Alle Teilnehmer des Lagers erschraken: Was würde es bedeuten, wenn das Tier tatsächlich Tollwut gehabt hatte? Waren sie dann alle mit dieser schlimmen Krankheit infiziert?

Diesem Verdacht musste natürlich nachgegangen werden. Der Leiter nahm kurz entschlossen das tote Tier, packte es in einen Karton und fuhr es in die nächste Stadt, wo er es auf dem Gesundheitsamt abgab. Ihm wurde auf dem Amt beschieden, dass er frühestens in drei Tagen Nachricht erhalten könnte, wie der Befund nun tatsächlich lautete.

In den nächsten Tagen war die Stimmung im Zeltlager bedrückt, die ursprüngliche Freude verflogen, der Verdacht, mit einer so gefährlichen Krankheit angesteckt zu sein, hing wie eine dunkle Wolke drohend über allen. Mancher fühlte auf einmal einen eigenartigen Schmerz in seinem Inneren und nahm ihn als ein Vorzeichen der Erkrankung. Schlimme Gerüchte machten die Runde: Wer Tollwut hat, bekommt drei große Spritzen direkt in den Bauch! Das waren keine guten Aussichten!

Dann geschah noch etwas: In der Nacht vor dem schicksalsträchtigen dritten Tag kamen ein paar Jugendliche von zuhause, um das Lager zu überfallen. Ein solcher Überfall gehörte zur Tradition. Aber auch dieses Ereignis, das normalerweise ein Höhepunkt des Lagerlebens gewesen wäre, ging an den meisten Jugendlichen spurlos vorüber. Sie schliefen so erschöpft tief und fest, dass sie gar nichts davon mitbekamen. Erst als morgens beim Frühstück die nächtlichen Ruhestörer auftauchten und triumphierend die gestohlene Lagerfahne präsentierten, wurde klar, dass sie nächtlichen Besuch gehabt hatten. Sie waren zu allem sonstigen Schrecken auch noch ein willfähriges Opfer des nächtlichen Überfalls geworden. Nun lastete auch noch „diese Schande" auf ihnen. Die Jungen und Mädchen stöhnten.

„He, was ist denn mit euch los?", fragten die nächtlichen Besucher, „ihr tut ja so, als sei in eurem Lager die Pest ausgebrochen!" Sie lachten. Aber die Teenies blieben ernst, ihnen war nicht nach Witzen zumute.

Aber in einer Mitarbeiterin keimte eine Idee. Sie war eine von den wenigen, die sich von ihren Sorgen nicht leiten ließ: Wenn das Kätzchen nun keine Tollwut gehabt hatte, so könnte man doch so tun, als ob, um dadurch zumindest den nächtlichen Überfall zu rächen, die Sieger zu blamieren und die Mädchen und Jungen im Nachhinein zu einem großen Spaß zu bringen. Sie besprach sich mit ein paar anderen und so entstand ein Plan. Als der Lagerleiter kurz darauf aus dem nahen Dorf kam, wo er mit dem Gesundheitsamt in der Stadt telefoniert hatte, wurde er bereits auf dem Weg ins Lager abgefangen. Er hatte zwar zunächst erhebliche Bedenken, sich auf dieses Spiel einzulassen, aber schließlich willigte er dann doch ein mitzuspielen.

Kurz nachdem der Leiter des Lagers mit bedenklicher Miene den Befund verkündet hatte, dass das Tier Tollwut gehabt hatte, bog ein Fahrzeug in den Feldweg zum Zeltlager ein. Es war der Geselle des Gemischtwarenladens, der wegen seines weißen Arbeitsmantels ausgewählt worden war. Da die Lagerküche ein guter Kunde war, hatte er in dieses Spiel eingewilligt und war ausführlich in seine Rolle eingewiesen worden. Er wurde den Jungen des Lagers als Arzt des Gesundheitsamtes vorgestellt.

Eine gute Möglichkeit, die drohende Tollwut von allen Beteiligten abzuwenden, sei nun, dass jeder per Schluckimpfung eine Medizin erhalte, die aber nur dann wirke, wenn man sich gleich anschließend eine halbe Stunde bewegungslos ins Gras legen würde. In der Lagerapotheke hatte man ein Fläschchen mit scharfem Menthol gefunden, davon wurden ein paar Tropfen auf einen Würfelzucker gegeben. Jeder Junge und jedes Mädchen musste einzeln das Zelt betreten, bekam die Medizin, und musste sich draußen sofort hinlegen.

Natürlich wurde dem nächtlichen Überfallkommando klar gemacht, dass sie sich beim gemeinsamen Frühstück bereits angesteckt haben könnten.

Sie sollten als erste geimpft werden, damit sie am längsten bewegungslos in der heißen Sonne schmoren mussten.

Um die Sorgen und Ängste der übrigen Jugendlichen, die jetzt doch recht verstört miteinander diskutierten, aufzufangen, hatte die Mitarbeiterin geplant, jedem einzelnen bei „seiner Schluckimpfung" schon über den Spaß aufzuklären. Sie sollten dann dennoch so tun, als ob auch sie 30 Minuten still liegen müssten.

Aber es kam anders.

Die Jungen und Mädchen waren so sehr mit der Tatsache beschäftigt, dass sie nun vielleicht tollwütig waren, dass sie die Eröffnung über den grandiosen Bluff nicht glauben und verstehen wollten. Sie nahmen das Spiel für bare Münze, betraten ängstlich das Zelt, schluckten ihren Würfelzucker unzerkaut hinunter und legten sich dann sofort ins Gras, bewegungslos, um ja nicht die Wirkung des Medikaments zu stören. Ein paar Jungen brachen sogar in Tränen aus und ließen sich nicht beruhigen.

Der ganze so wunderbar inszenierte Spaß war Ernst geworden. Die Rechnung, dass am Ende sich alles in ein fröhliches Gelächter auflösen würde, ging nicht auf. Die Mitarbeiter standen ratlos da

Auch der Lagerleiter machte sich nun bittere Vorwürfe, als er die verstörten Jungen und Mädchen in Reih und Glied im Gras liegen sah.

Es blieb den Mitarbeitern keine andere Wahl, als das Spiel zu Ende zu Spielen. So nahmen sie den Zucker mit dem scharf schmeckenden Menthol, legten sich in die Reihe zu den anderen, um sich eine halbe Stunde nicht zu bewegen – eine unendlich lange Zeit. Und erst als dann nach dieser Einwirkungszeit jeder Junge und jedes Mädchen noch einmal das „Arztzelt" betrat, kurz mit dem Stethoskop aus dem Arztkoffer abgehört wurde, um es dann amtlich bescheinigt zu bekommen, dass keiner mehr infiziert sei, atmeten alle auf und konnten zum normalen Lagerleben übergehen.

> Zum Weiterdenken:
> – Welche Lügen haben in deinem Leben eine eigene Dynamik entwickelt. Müssen sie noch heute gepflegt werden? Wie kannst du sie loswerden?

Legt die Lüge ab und redet die Wahrheit, ein jeder mit seinem Nächsten, weil wir untereinander Glieder sind.
(Epheser 4,25)

Gerechtigkeit erhöht ein Volk; aber die Sünde ist der Leute Verderben.
(Sprüche 14,34)

Die Predigt

Es war in unserem Urlaubsort. Wir gingen in den Gottesdienst: eine kleine Kirche am Ortsrand. Die wenigen Gottesdienstbesucher verteilten sich großflächig im Kirchenschiff (eher „-schiffchen") mit viel Abstand. Ein junger Vertretungspfarrer hatte Dienst. Er verlas den Predigttext, der von der Größe und Majestät Gottes handelte.

Der Pfarrer begann seine Predigt etwa so: „Gott ist so groß, dass wir ihn nicht verstehen können. Er ist größer als unsere Vorstellung." Damit war ich einverstanden, diese Gedanken kannte ich. Ich freute mich auf die Predigt. Aber der Pfarrer fuhr fort: „Gott ist so groß, dass er auch unsere Theologie überschreitet. Wir wollen Gott heute einmal von einer anderen Seite anschauen und Gott aus der Sicht der Buddhisten kennenlernen. Wir verstehen dann mehr von dem, wie Gott ist." Meine innere Warnglocke schrillte. Das normale sonntägliche Predigthören war abrupt unterbrochen, erschreckt richtete ich mich auf.

Der Pfarrer begann aus einem Buch vorzulesen. Es waren kürzere Geschichten, die jedes Mal mit einer Sequenz buddhistischer Meditationsmusik unterbrochen wurde, damit sich die Texte „gut setzen" konnten, wie der Pfarrer sagte. Er hatte dazu einen Kassettenrecorder mit auf die Kanzel genommen.

Die Geschichten gaben ein Gespräch zwischen einem weisen Meister und seinem Schüler wider. Sie begannen alle mit einer Frage: „Meister, ich habe eine Frage …" und handelten vom Verstehen und Begreifen bzw. Nicht-Begreifen Gottes.

Ich wurde immer unruhiger. Was sollte ich tun? Das war doch keine christliche Predigt! Ich schaute verstohlen um mich. Ob es anderen hier genauso ging wie mir?

Dann entschloß ich mich zum Handeln. Nach einem Musikstück stand ich auf und rief in den Kirchenraum: „Ich habe jetzt auch eine Frage. Ist dieser Gott, der gerade dargestellt wird, nicht ein ganz anderer Gott, als der, den Jesus als Vater verkündet?" Und kurz führte ich aus, dass ich den Eindruck hätte, hier ginge es nicht um den Gott des neuen Testamentes, sondern um ein allgemeines, göttliches Prinzip. Ein himmelweiter Unterschied!

Ich setzte mich wieder. Der Pfarrer ging kurz auf meine Anfrage ein, so als wäre dieser Zwischenruf ganz normal und alltäglich. Er bedeutete mir, dass heute einfach eine große Weite und Toleranz wichtig sei und wir Gott auch auf ganz andere Weise entdecken könnten, als es die Kirche bisher dargestellt hätte. Dann setzte er seine Vorlesung fort.

Ich war wie gelähmt. Die Gemeindeglieder vor mir und neben mir – die ich beobachten konnte – rührten sich nicht. Auch während meines Einwurfes war keine Reaktion gekommen, niemand hatte sich nach mir umgewandt, mir beigepflichtet oder mich empört zur Ruhe aufgefordert.

Und das fand ich das Seltsamste an diesem Vorgang: die völlige Teilnahmslosigkeit der Gottesdienstbesucher. Auch nach dem Ende des Gottesdienstes kam niemand auf mich zu – ich blieb deswegen extra am Ausgang stehen. Jeder ging für sich heim. Was wohl in ihren Köpfen und Herzen an diesem Sonntag vorgegangen war? Sicher, ich war ein Fremder in dieser Gemeinde, man musste sich nicht mit mir beschäftigen. Aber wo ist die Gemeinde, die Anteil nimmt, die Predigt prüft, ihr Amen sagt oder falscher Lehre widersteht?

191

... bis wir alle hingelangen zur Einheit des Glaubens und der Erkenntnis des Sohnes Gottes, zum vollendeten Mann, zum vollen Maß der Fülle Christi, damit wir nicht mehr unmündig seien und uns von jedem Wind einer Lehre bewegen und umhertreiben lassen durch trügerisches Spiel der Menschen, mit dem sie uns arglistig verführen.
(Epheser 4,13–14)

Der Virus

Unsere Welt ist voller gefährlicher Viren! Im Winter, wenn die Grippewelle rollt, fallen sie einen unvermittelt an und verursachen eine längere oder kürzere Krankheitszeit. Wen diese Viren in der Zange haben, der fühlt sich viele Tage lang nicht wohl, ist beeinträchtigt oder schachmatt gesetzt.

Aber auch in der virtuellen Welt tummeln sich diese gefährlichen Erreger. Über das Internet dringen sie bis in den eigenen Computer vor, verursachen Totalabstürze oder blockieren Programme und verändern Inhalte von wichtigen Dateien. Wo sie angreifen, greifen sie tief in das private und berufliche Leben ein, bis zur gänzlichen Vernichtung von Existenzen.

Das darf nicht so sein! So kann es nicht weitergehen!

Ich habe deshalb in mühevoller Forschungsarbeit mich daran gemacht, einen ganz anderen Virus zu entwickeln. Es ist ein Virus zum Guten.

Wer diesen Virus bekommt, wird nicht krank, sondern im Gegenteil, er strotzt bald vor Gesundheit, denn er schenkt Energie und Vitalität. Die Menschen, die ihn sich einfangen, entwickeln aber nicht nur körperliches Wohlbefinden, sondern sie sind bis in ihr Innerstes frohgestimmt und sie werden zum Positiven beeinflusst. Durch diesen Virus sind sie in der Lage, auch den größten Schwierigkeiten mit Gelassenheit zu begegnen.

Aber nicht nur das: Der Virus, den ich erfunden habe, wirkt sich auch im elektronischen Bereich zum Guten aus. Dort, wo er sich in einem Computersystem niederlässt, füllt er von selbst ganze Dateien mit sinnvollem und wertvollem Inhalt auf, so dass die Arbeit am Bildschirm aufbauend und erfreulich wird, eine Labsal für die Seele und für die Augen.

Ich habe diesen Virus im Selbstversuch getestet. Schauen Sie mich an! Bin ich nicht ein hervorragendes Beispiel für die Auswirkungen dieses Virus?

Es gibt nur einen Nachteil: Es gibt noch kein Gegenmittel zu meinem Virus. Kein Medikament kann ihn beseitigen und kein Antivirenprogramm ist ihm gewachsen. Wer ihn hat, der hat ihn für alle Zeiten. Und dieses Risiko ist den meisten Menschen zu hoch. Deshalb lässt sich niemand von meinem Virus anstecken und ich werde von allen Menschen wie die Pest gemieden, weil sie Angst haben, ich würde meinen Virus auf sie übertragen.

Ach, ich habe vergessen zu erwähnen, dass mein Virus „Liebe" heißt.

Zum Weiterdenken:
– Was gibst du weiter: Gutes oder Schlechtes, Leben oder Verzagtheit?

Seid aber Täter des Wortes und nicht Hörer allein;
sonst betrügt ihr euch selbst.
(Jakobus 1,22)

Letzter Sonntag des Kirchenjahres (Ewigkeitssonntag)

Lasst eure Lenden umgürtet sein und eure Lichter brennen.
(Lukas 12,35)

Schwer oder leicht?

Es war ein schöner Tag, die Sonne meinte es gut mit der kleinen Reisegruppe, die sich auf den Weg gemacht hatte. Ehemalige Mitarbeiterinnen eines großen Milchwerkes, fanden sich zu einem gemeinsamen Tagesausflug zusammen, den die Betriebs-Sozialarbeiterin für die Ruheständlerinnen regelmäßig organisierte.

Am Morgen besuchte die Gruppe eine regionale Gartenschau, zu der sie mit dem Zug ins benachbarte Ausland fuhr. Dann versetzte eine gemütliche

Einkehr mit einem ausgiebigen Mittagessen die Frauen kräftig in Stimmung. Danach wollte man einen Berg besteigen, die große Ruine besichtigen und den weiten Blick bis zum Bodensee und weit hinein in ihr Heimatland, die Schweiz, genießen. Ein paar der Rüstigsten der Gruppe nahmen den Aufstieg mit aufmunternden Scherzen mutig in Angriff und stürmten gleich voran. Andere hatten eher Mühe, den steilen Weg zu bewältigen. Aber keine der Frauen wollte zugeben, dass sie dieser Anstrengung nicht mehr so recht gewachsen war. Schweigend und keuchend klommen auch sie in einem zügigen Tempo den Weg empor.

Fast oben angelangt, mussten sie durch den Einlass zur Ruine. Die Eintrittskarten wurden vorgezeigt und nun hatte man es bald geschafft. Die Frauen atmeten auf.

Nur Emmi nicht. Emmi war zum ersten Mal in der Runde dabei. Der Kontakt zu den anderen Frauen fiel ihr schwer, sie wäre gern für sich geblieben. Aber ihr Mann hatte gesagt: „Geh nur mit, dann erlebst du mal was Schönes und kannst dich entspannen!" Emmi hatte stumm genickt.

Ja, die letzten Monate waren schwer gewesen und sie konnte eine fröhliche Abwechslung wirklich brauchen. Seitdem ihr Mann krank zuhause lag, war er kaum noch erträglich. Die Schmerzen machten ihn unbeherrscht und ungeduldig, er wurde schnell zornig, sie konnte ihm kaum etwas recht machen. Oft fuhr er sie an, wenn sie ihm nur helfen wollte. Ließ sie ihn aber in Ruhe, pfiff er nach ihr und forderte die kleinste Handreichung, als sei sie seine Bedienstete. Es hatte sie gewundert, dass er sie einen Tag gehen lassen wollte. Ob er merkte, wie er mit ihr umging? Vielleicht tat es ihm doch leid?

Ein weiterer Kummer für sie war, dass ihren drei Söhnen die Krankheit des Vaters so egal war und sie sich auch nicht darum kümmerten, wie sie mit dieser Belastung zurecht kam. Sie waren mit sich selbst beschäftigt und fragten keinen Deut nach ihren alten Eltern. So bot der Tagesausflug mit den ehemaligen Kolleginnen eine willkomene Abwechslung. Sie wollte es sich wirklich einmal einen Tag lang gut gehen lassen!

Der Aufstieg hatte sie doch sehr angestrengt, sie war es einfach nicht mehr gewöhnt, ständig mit anderen zusammen zu sein, gute Laune zu verbreiten, bei den Witzen mitzulachen und zu zeigen, dass sie voll dabei war und die Unternehmung amüsant und interessant fand. Sie hatte auch zu viel gegessen und das Bier, das sie getrunken hatte, machte sich bemerkbar. Emmi fühlte sich furchtbar müde. Aber die Kolleginnen sollten nicht merken, wie es ihr ging, so war sie mit ihnen in einem strammen Tempo den Berg hinaufgeschritten.

Nun war ihr schlecht, am liebsten wollte sie allein sein, ihren Gedanken nachhängen …, wie es ihrem Mann jetzt ging, ob er wohl allein zurechtkam, was die nächste Zeit bringen würde und ob sie dieser Last wohl weiterhin gewachsen sein würde? Sie seufzte tief und es wurde ihr ganz schwindelig.

„Geht nur hinauf, ich bleibe hier und genieße die Aussicht", sagte Emmi zu den anderen. Sie hatte eine Bank entdeckt, dort wollte sie auf die warten.

Die andern Frauen waren darauf bedacht, nun möglichst schnell auf dem Gipfel des Berges anzukommen.

„Ja, ja, bleib nur hier und ruhe dich aus, wir sind in 20 Minuten wieder hier", sagten sie leichtfertig. Und während die Gruppe fröhlich schwatzend vollends den Berg hinaufzog, setzte sich Emmi auf die Bank. Sie hatte plötzlich einen fruchtbaren Durst. Jetzt wäre es gut, es wäre doch jemand hier geblieben und hätte ihr vom nahen Kiosk etwas zu trinken besorgen können.

Sie saß auf ihrer Bank und schaute in die Ferne: den Bodensee, dahinter die Schneegipfel der Alpen und dort in dieser Richtung lag der Ort, in dem sie wohnte und wo jetzt ihr Mann allein zuhause war. Auf einmal ergriff sie eine nervöse Unruhe. Sie stand auf, ging einen Schritt nach vorn und streckte ihre Arme aus, als wollte nach etwas greifen, was weit entfernt war. Dann kam es ihr vor, als würde in ihrem Kopf eine Bombe explodieren, eine schwarze Hand griff nach ihr. „Nein, nicht hier", stöhnte sie, dann fiel sie der Länge nach zu Boden.

Zufällig kamen in diesem Augenblick zwei andere Wanderer vorbei. Sie hatten beobachtet, wie die Frau zu Boden stürzte. Sofort waren sie bei ihr, behutsam legten sie die Ohnmächtige auf die Seite und deckten sie mit einem Regenmantel und einem Pullover zu. Sie hatten ein Handy dabei, mit dem sie den Rettungsdienst benachrichtigen konnten. Nach zwölf Minuten waren Notarzt und Rettungswagen zur Stelle, die starken Fahrzeuge hatten sich den steilen Weg hochgekämpft. Mit geübten Handgriffen, die genau aufeinander eingespielt waren, leiteten sie die Wiederbelebung ein.

Emmi lag still und unbeweglich. In dem Augenblick, in dem sie stürzte, hatten alle bisherigen Geräusche aufgehört, es war, als hätte man einen Lautsprecher ausgeschaltet und das Geräusch des Windes, das Schreien der jungen Turmfalken im nahen Horst und der Lärm, der aus der Tiefe emporbrandete, waren wie abgestellt. Emmi hörte die Geräusche aus einer anderen Welt. Wie aus weiter Ferne bekam sie mit, dass man sie ins Leben zurückholen wollte. Aber gleichzeitig spürte sie, wie die Müdigkeit ganz von ihr Besitz ergriff und wie die Last der letzten Wochen von ihr abfiel. Endlich ausruhen können! Nein, sie wollte nicht zurück in diese Tretmühle ihres Alltags. Zwar stritt in ihr das Verantwortungsgefühl für ihren kranken Mann mit der unendlichen Süße des Loslassens. Nie wieder Forderungen, nie wieder Ungerechtigkeit, nie wieder Mühsal und Beschwer, die ihr niemand dankte. Sie wollte endlich einmal das tun, was ihr guttat und sich ganz loslassen. War nicht das das Ziel dieses Ausflugs gewesen?

In diesem Augenblick schüttelte der Notarzt seinen Kopf, es war offensichtlich nichts mehr zu machen. Die Sanitäter holten ein weißes Tuch aus dem Fahrzeug und deckten die Tote zu. In ihrer Handtasche fanden sie einen Geldbeutel mit Schweizer Franken, einen Ausweis, der auf ihren Namen ausgestellt war und mit dem Geburtsdatum versehen. „Sie war 72 Jahre alt", stellte der Notarzt fest. Er schaute sich um, war die alte Dame ganz allein hier heraufgekommen? In selben Moment kamen die ersten Frauen der Gruppe vom Berg herunter. Es hatte etwas länger gedauert, die Sicht war einfach zu schön gewesen. Nun wollten sie sich bei Emmi entschuldigen, dass sie so lange warten musste.

Aber es war zu spät. „Emmi", rief eine der Frauen, „ist was mit Emmi?" Sie hatte das Sanitätsfahrzeug entdeckt. „Sie ist tot", informierte der Notarzt sachlich.

Bald war die Gruppe vollständig, fassungslos standen die Frauen um die zugedeckte leblose Gestalt am Boden. So schnell war das gegangen. Man hatte ja nichts davon geahnt. Gerade hatte man sie lebendig verlassen und nun war sie tot. Fröhlich war man heute morgen losgezogen in der Erwartung eines angenehmen Tages – und nun war alles anders. Wer würde ihrem Mann Bescheid sagen?

Die Leiterin der Gruppe traute sich, das weiße Tuch zurückzuschlagen. Tatsächlich, das war Emmis Gesicht, aber es war ganz anders. Man sah ihr die Last der vergangenen Wochen an, nun war ihr Gesicht offen und ehrlich. „Ich wusste gar nicht, was sie beschäftigt", sagte eine Frau leise, „dabei habe ich den ganzen Tag mit ihr geredet." Und eine andere machte sich bittere Vorwürfe: „Wäre ich doch bei ihr geblieben, ich hatte so ein ungutes Gefühl, als ich sie allein hier ließ. Nun ist es zu spät." Eine andere Frau weinte hemmungslos, der Tod war zu plötzlich in ihr unbeschwertes Leben eingebrochen.

Kurze Zeit später war mühte sich der schwarze Leichenwagen auf den Berg hinauf. Und wo sie sich vor noch nicht einer Stunde Kräfte zehrend den Berg hinaufgequält hatte, leidend unter der Last ihres Lebens, wurde ihr Körper nun den Berg sanft hinuntergefahren, während ihre Seele frei von allen Lasten sich auf den Weg machte, höher hinauf in die ewige Welt Gottes. Und die Frauen, die so kraftvoll und munter hinaufgeeilt waren, gingen müde und beschwert den Weg hinab, als trügen sie eine zentnerschwer Last zu Tale.

Zum Weiterdenken:
– Sind Sie bereit für die Ewigkeit? Vielleicht steht sie schon an Ihrer Tür.
– Kann man sich aufs Sterben vorbereiten?

Siehe ich stehe vor der Tür und klopfe an. Wenn jemand meine Stimme hören wird und die Tür auftun, zu dem werde hineingehen und das Abendmahl mit ihm halten und er mit mir.
(Offenbarung 3,20)

Gedenktag der Entschlafenen (Totensonntag)

Herr, lehre uns bedenken, dass wir sterben müssen,
auf dass wir klug werden.
(Psalm 90,12)

Der bleibende Wert

Eines Tages erfuhr ein Mensch, dass er nur noch drei Jahre zu leben hätte. Diese Nachricht traf ihn wie ein Schlag. Er war doch noch so jung und hatte sich noch gar nicht mit seinem Tod beschäftigt! Was sollte er nun mit der kurzen Zeit anfangen, die ihm noch zur Verfügung stand? Er wollte gern alles in diese Zeit packen, wofür andere sonst ein ganzes Leben gebraucht hätten, er hatte ja nicht mehr Zeit.

Eilfertig begann er alles aufzuräumen, seine Dinge zu ordnen und das wegzuwerfen, was er nicht mehr brauchte. Das nahm ein ganzes Jahr in Anspruch, denn es gab sehr viel, was in Ordnung gebracht werden musste. Nun war bereits das erste Jahr vergangen – wie im Flug, als wäre es nur ein paar Tage lang gewesen.

Der Mensch erschrak, standen ihm doch nur noch zwei Jahre zur Verfügung. Er nahm sich vor, diese kurze Zeit besser zu nutzen. Und er begann darüber nachzudenken, was er mit der verbliebenen Zeit noch anfangen wollte, es sollte genau das Richtige sein, das, was ihm entsprach. Über diesem Nachdenken verging beinahe das zweite Jahr, da er sich nicht entscheiden konnte. Am Ende dieses Jahres hatte der Mensch tatsächlich zu sich selbst gefunden und wusste jetzt, was er wollte.

Aber nun bliebt ihm nur noch dieses eine Jahr, um es umzusetzen. Er wusste, dass das in dieser Zeit nicht zu leisten war. Nein, er wollte doch etwas tun, was ihn überdauerte und was mehr war, als nur sich selbst zu verwirklichen. Was könnte es sein? Die eine große Tat, mit der er sich selbst ein Denkmal setzte und von der noch nach Jahren die Menschen redeten und dabei ehrend an ihn dachten. Er grübelte und dachte nach, machte Pläne und verwarf sie wieder – so verging auch das dritte Jahr. An seinem Ende war noch nichts vollbracht, der Mensch war verzweifelt: sollte er so dahinscheiden, sollte er, ohne etwas Besonderes getan zu haben, diese Welt verlassen?

Als er seine letzten Tage bereits erahnte, gewann er endlich Klarheit über das wichtigste, was noch zu erledigen war: Er rief all die Menschen, die für ihn etwas bedeuteten, zu sich, nahm sich für sie Zeit, um sich ausgiebig von ihnen zu verabschieden. Wo er sie verletzt hatte, brachte er es, wenn möglich, in Ordnung. Und dann sagte er zu jedem, warum er für ihn wichtig gewesen war. So gab er jedem Menschen einen eigenen, besonderen Wert und eine tiefe Bedeutung. Und dabei war er sich bewusst, dass dieser Wert, den er anderen zusprach, ein bleibender sein würde, der noch lebendig wäre, wenn er schon tot war. Er hatte mit seiner Anerkennung und Wertschätzung sich selbst verteilt und weitergegeben und etwas geschaffen, was zeitlosen Bestand hatte.

Zum Weiterdenken:
- Weil unsere Zeit begrenzt ist, ist sie wertvoll. Jeder Tag ist ein Schatz aus der Welt Gottes, der uns der Ewigkeit näher bringt.
- Was ist Ihnen im Leben das Wichtigste? Und hat sich das im Laufe der Zeit gewandelt?

Leben wir, so leben wir dem Herrn, sterben wir, so sterben wir dem Herrn.
(Römer 14,8)

Der ewige Doppelgänger

Christoph hatte ein Problem: Er konnte sich nicht damit abfinden, dass er älter wurde. Wenn er sich vorstellte, dass er eines Tages sterben sollte und er dann tot war, war ihm gar nicht feierlich zumute. Er wollte sich einfach mit dieser Tatsache nicht abfinden!

Und da er ein Computerspezialist war, setzte er sich an seinen Bildschirm und begann zu rechnen, zu konstruieren und zu programmieren. Er gab endlos viele Daten ein und verknüpfte alles auf hochkomplizierte Weise. Dann – nach vielen Jahren – hatte er es geschafft. Er hatte einen virtuellen Doppelgänger geschaffen.

Dieser Avatar, wie man diese Figuren so nennt, war sein zweites Ich, ausgestattet mit den gleichen Erfahrungen und Kenntnissen, ein Mensch, der denken, fühlen und handeln konnte, eine tatsächliche Existenz – nur nicht wirklich. Der Doppelgänger war ein Computerprogramm, hochkomplex zwar, aber eben nur auf den engen, eingeschränkten Rahmen des Bildschirms begrenzt.

Das besondere an diesem Avatar zeigte sich daran, dass er eigenständig denken und handeln konnte. Der Mann konnte sich tatsächlich mit seinem anderen Ich unterhalten. Er antwortete auf seine Fragen oder stellte selbst welche. Der virtuelle Doppelgänger war in der Lage, selbst zu überlegen, was er tun wollte, er hatte einen Willen und konnte Ziele für sich entwickeln.

Dem Mann war es tatsächlich gelungen, ein Programm zu konstruieren, das sich selbst weiterentwickelte, und er hatte dieses Programm mit seinen eigenen menschlichen Zügen versehen, ihm seinen Namen und seine Identität gegeben!

Nur eine Sache konnte der Computerspezialist nicht ändern: Sein zweites Ich war eingesperrt in der Festplatte seines Rechners und er war beschränkt auf die Größe seines Bildschirms, er konnte reden, denken und handeln, er war eine eigene Persönlichkeit – aber er war festgelegt auf einen winzigen Bewegungsspielraum. Das war natürlich auf die Dauer kein Leben. Und deshalb, als der Mann sein Ende kommen spürte, entließ er seinen Doppelgänger mit einem zufriedenen Grinsen in die unendliche Weite des Internets. Er öffnete ihm einfach die Tür seines Modems und ließ ihn hinausspazieren. Mit allem Nötigen ausgerüstet für den virtuellen Überlebenskampf, hatte er ihm alles beigebracht, was ihm ein ewiges Überleben sicherte. Er hatte ihn auch mit einem undurchdringlichen Schutzschild versehen, so dass kein Antiviren-Programm und keine Löschtaste ihm etwas anhaben konnte.

Christoph wusste, dass er nun in seinem virtuellen Doppelgänger ewig weiterleben würde, er würde seinen Platz übernehmen. Nun konnte er beruhigt sterben.

Und so geistert sein zweites Ich seither durch das Internet. Es wird älter, ohne zu altern, es lernt immer mehr, aber es kann nichts damit anfangen, es saugt immer kompliziertere Informationen in sich auf, aber es wächst nicht dabei. Das virtuelle Ich kann sich in einem unendlichen Raum bewegen, aber es hat keinen tatsächlichen Platz. Diesen Doppelgänger gibt es ganz real, aber doch nicht wirklich. Er trägt die Gedanken seines Schöpfers weiter und weiter – bis in alle Ewigkeit, oder bis das weltweite Netz zusammenbricht. Er denkt, entwickelt und handelt – doch ohne jede Auswirkung. Er kann überall hin und ist doch nirgends. Er ist nichts weiter als ein Bündel von kompliziert zusammengesteckten Bits. Was ist das für ein Leben? Was ist das für eine Ewigkeit?

Ist das der Himmel oder eher die Hölle? Niemand kann nun diesem anderen Ich ein Ende setzen, es ist verdammt dazu, immer und immer weiter durch die verschiedenen Computer zu streifen, ohne sie jemals verlassen zu können.

Wenn du ihm einmal beim Surfen begegnest, dann grüße ihn herzlich. Dabei wirst du feststellen, dass er alles kann, nur eines nicht: Er kann keine Gefühle empfinden. Das ist aber nicht schlimm bei ihm, oder? Und kein Grund, ihn zu bedauern. Denn dein Gefühl kommt gar nicht erst bei ihm an und bedeutet ihm auch nichts. Ja, er versteht nicht einmal dein Mitleid. Ein armes Geschöpf! Oder unsere Zukunft?

Zum Weiterdenken:
– Wer nicht an sein Ende denken möchte, muss damit rechnen,
  dass der momentane Augenblick unendlich währt. Ist das besser?

Ich bin das A und das O, spricht Gott der Herr, der da ist und der da war und der da kommt, der Allmächtige.
(Offenbarung 1,8)

Aller Augen warten auf dich, Herr, und du gibst ihnen ihre Speise zur rechten Zeit.
(Psalm 145,15)

Die andere Nahrung

Die zwei kleinen Mädchen wachsen in einem sehr reichen und vornehmen Haushalt auf. Sie wohnen in einer ansehnlichen Villa mit einem großen Park, der von einem Gärtner versorgt wird. Die beiden kleinen Mädchen haben alles, was sie brauchen: Der Tisch ist mit köstlichen und besonders feinen Speisen gedeckt, sie haben alle Spielsachen, die sie sich wünschen und viel Platz zum Spielen.

Am liebsten gehen die zwei in ihren sauberen Kleidchen durch die Grünanlagen spazieren. Sehr gern schauen sie dann in das kleine Häuschen des Gärtners. Dort hat sich der Mann, der immer so schön nach frischer Luft und Erde riecht, eine gemütliche Ecke eingerichtet.

Einmal schauen sie ihm zu, wie er, hungrig von der Arbeit, seine Mahlzeit einnimmt. Er schneidet sich von einem großen Brot mit einem klobigen Messer ein kantiges Stück ab, bestreicht es dick mit Butter und isst es langsam und genüsslich kauend. Der Gärtner sieht die großen Augen der Mädchen und bemerkt, wie sie ihn beobachten. „Möchtet ihr auch etwas haben?", fragt er sie gutmütig. Beide nicken wortlos. So schneidet er auch ihnen jeweils ein Stück ab, streicht Butter darauf und fordert sie mit einer Handbewegung auf zu essen. So etwas Köstliches haben sie noch nie gegessen. Das schmeckt aber gut! Mit vollen Backen sitzen sie da und fühlen sich wie in einer andern Welt.

Daheim haben sie keinen Hunger mehr. So geht es eine Weile. Immer wieder gehen sie zum Gärtner und bekommen von dem wunderbaren Brot und der frischen Butter. Der Gärtner denkt: „Die armen Kinder, sie bekommen wohl nicht genug zu essen!" Die Mutter macht sich Sorgen, warum ihre Kinder so wenig essen. Eines Tages entdeckt sie dunkle Brösel auf dem Kleidchen eines Mädchens. Sie fragt nach und erfährt die ganze Geschichte. Sie ist empört und schimpft: „Kinder, ihr bekommt doch hier nun wirklich genug zu essen!" Und sie denkt, der Gärtner hätte die Kinder verführt und wolle sie abspenstig machen. Prompt wird der Gärtner entlassen und die beiden kleinen

Mädchen bleiben zurück in ihrem vornehmen Haus und dem großen Garten. Sie verstehen nicht, was sie falsch gemacht haben und warum der Gärtner nun nicht mehr da ist. Immer wenn sie am Gärtnerhaus vorbeikommen, haben sie ein sehnsüchtiges Gefühl und spüren den Geschmack des Brotes in ihrem Mund. Sie wünschen sich dann wieder einen Bissen davon und sie haben Hunger, obwohl sie satt sind.

Eines Tages bitten sie ihre Mutter, selbst einmal den Tisch decken zu dürfen. Erstaunt willigt sie ein. Und wie wundert sie sich erst, als er nur klares Leitungswasser und frische Brotscheiben mit guter Butter aufweist. Aber die Augen ihrer Töchter strahlen. Und die Mutter beginnt zu verstehen.

Zum Weiterdenken:
– Wer nicht satt wird, sucht sich woanders nach Nahrung.

Schmecket und sehet, wie freundlich der Herr ist.
Wohl dem, der auf ihn trauet!
(Psalm 34,9)

Nachwort

Der Geschichtenfinder

Der Geschichtenfinder sitzt auf einer Bank in der Sonne und stellt fest, dass gute neue Geschichten rar sind. Während man früher überall eine Erzählung finden konnte, sind heute alle möglichen Geschichten bereits entdeckt und in vielen Variationen verarbeitet worden. Es liegen einfach keine neuen Ideen mehr auf der Straße. Gute Geschichten muss man suchen, aber auch die letzten Winkel sind von anderen Geschichtenfindern bereits abgegrast. Der Geschichtenfinder seufzt trotz der warmen Sonne, die ihn freundlich anstrahlt. Was soll er tun? Soll er seinen geliebten Beruf an den Nagel hängen?

Da kommt ein schwarzbraunes Eichhörnchen und pflanzt sich vor dem bekümmerten Geschichtenfinder auf. Es schaut ihn vorwurfsvoll an und sagt: „Du bist ein schlechter Geschichtenfinder, wenn du denkst, eine Geschichte sei so einfach zu entdecken. Nur dumme und einfältige Geschichten sind dort, wo alle suchen. Du musst an der Stelle nach einer Erzählung suchen, wo keiner sie vermutet, wo niemand danach schaut. Du musst dorthin gehen, wo du es nicht für möglich hältst, dass dort eine gute Geschichte zu finden wäre. Und du darfst gar nicht erst erwarten, dass du hier fündig wirst. Tue so, als wärst du gar nicht auf der Suche, als würdest du dich für keine noch so gute Geschichte interessieren. Dann wirst du wie absichtslos die besten erkennen und unbemerkt einsammeln."

Sagt das Eichhörnchen, huscht auf die dicke Eiche und macht mir eine lange Nase. So ein frecher Kerl! Sagt mir einfach, was ich tun soll – und hat auch noch recht dabei …

Seither treibe ich mich dort herum, wo keiner eine Geschichte vermutet. Im schlimmsten Trubel und in den heftigsten Auseinandersetzungen, im verlassensten Schweigen und in der dicksten Dunkelheit halte ich mich auf. Was hier alles an guten Geschichten herumliegt, ich kann es Ihnen kaum sagen! Ich muss sie nur einsammeln und aufschreiben …

Die vergessene Geschichte

Neulich ist mir plötzlich eine Geschichte eingefallen. Wie ein Blitz zuckte sie durch meinen Kopf. Vor meinem inneren Auge erstand sofort die Handlung, so logisch, so klar und eindeutig und das Ende der Geschichte war einleuchtend und voller Witz und von einer tiefsinnigen Moral.

Aber dann habe ich die Geschichte wieder vergessen. So plötzlich, wie sie in meine Gedanken geschossen war, so schnell verschwand sie auch wieder. Es blieb nur die Ahnung zurück: Da war doch etwas, eine sehr gute Geschichte …

Ich zermarterte mein Gedächtnis, versuchte mich an Einzelheiten zu erinnern – aber die Geschichte blieb verschwunden. Sie handelte doch von einem kleinen Hund und einer älteren Dame? Nein, das war es nicht! Ging es um den Nachbarn und seinen Sohn oder hat mich der übervolle Briefkasten auf eine Geschichte gebracht? Zu dumm! Ich weiß es nicht mehr. Diese gute und tiefsinnige Geschichte bleibt verborgen, sie bleibt unerzählt im Dunkel, sie wird niemals ans Licht des Bewusstseins dringen – wie so vieles im Lauf eines Lebens.

Bibelstellenverzeichnis